기독문학이란 무엇인가

CHRISTIAN LITERATURE

성서의 미적 정서를 통한 감동

기독문학이란 무엇인가

송영옥 지음

한국학술정보㈜

추천사 _____

예영수 A.D., Ph.D., Th.D.
국제크리스천학술원 대표원장

　이 책의 저자인 송영옥 작가는 오래전부터 등단이라는 절차를
거쳐 작품 활동을 해 왔고 국제 PEN 클럽 정회원으로 여섯 권의
창작집을 출간한 중견작가이다. 그가 이번에 문학이론서인 이 책
을 집필한 것은 기독문학에 대한 사명 때문이라고 고백하고 있다.
그러나 사명이 있다고 누구나 이 일을 할 수 있는 것은 아니다.
영문학으로 박사학위를 취득하기 까지 그는 문학이론에 대하여 실
력을 키워왔다. 그래서 기독학문학회에서 학회 역사상 최초로 기
독문학이란 주제로 두 차례 논문을 발표할 수 있었다. 나는 우선
이점을　매우 높이 산다. 한국에서는 이러한 자격을 갖춘 작가가
흔치 않기 때문이다.

　그의 사명감은 창조적 상상의 언어적 소산인 문학이 기독문학
안에서 더더욱 창조적인 생명력을 지닐 수 있다는 깨달음이었다.
그로 인하여 본서는 기독문학의 본질에 의한 문학적 비전을 제시
하고 있다. 즉 일반문학이론을 기독문학적인 관점으로 전개해가면
서 인간의 창조적 표현의 힘의 근원과 언어적 표현을 생성해 내는
강력한 문학적 힘의 원동력이 성서인 것을 증명하였다. 상상의 생
명력은 제한적인 인간의 상상이 신적 영역을 향해 열려있을 때 비

로소 가능해지므로 이 책은 한국의 밀턴이나 단테를 기대하는 문학적 비전을 갖게 만든다. 한국의 기독문학에 대한 이제까지의 관점은 문학이 선교의 도구이어야 한다는 것이었다. 그러나 송 작가는 현대 문학비평이론을 근거로 기독문학도 문학성이 우선이라고 전제하고 있다. 그리고 상상의 생명력에 의존하는 이 문학성을 영적 의미로 성령의 역사와 같다는 것을 연구된 문학이론으로 증명을 하고 있다. 이 책을 통하여 우리는 기독문학이란 광대한 문학의 영토에 하나님의 깃발을 꽂는다는 상징적 의미를 지니며 그 활성화는 하나님나라의 총체적 회복을 뜻한다는 것을 긍지롭게 인정할 수 있게 된다.

따라서 본서는 이 시대에 우리문학이 직면하고 있는 문제에 대한 대답을 시도하고 있다. 그는 문학작품의 에피파니를 거부하는 독자와 미적 정서의 불확실성으로 부랑하는 작가와 그로 인한 문학의 죽음에 대하여 기독문학의 관점으로 접근하면서 문학이 어떻게 전 영혼을 활동의 상태로 이끌고 가는지를 명확한 언어로 말해준다. 이로서 우리는 한국의 기독문학도 카푸카나 엘리엇과 같은 작가를 배출할 수 있다는 가능성을 갖게 만들어준다.

송 작가의 기독문학에 대한 이론의 명료성, 문장의 매끄러운 흐름, 그리고 문학적 감동이 있는 이러한 문학 이론서는 외국문학에서도 그 예를 찾기가 쉽지 않다. 뿐 만 아니라 한국문학사에서 현제와 미래의 기독문학의 진로와 발달을 위한 예리하고 심오한 통찰력에는 찬탄을 금치 못한다. 그리고 무엇보다 내가 예찬하고 싶은 것은 하나님의 신비롭고 무한한 창조의 세계를 작가의 상상력과 정서로 표현한 점이다. 이 문학적 표현이야말로 작가적 능력이 아닌가 한다. 송 작가의 도전적인 믿음의 마음이 나를 매우 감동시킨다.

다시 한 번 본서의 출간을 축하한다. 기독문학에 뜻을 둔 사람들은 물론 문학세계에서 작품의 불멸하는 생명력을 꿈꾸는 사람들은 한번쯤은 읽어두어야 할 대단히 좋은 책이라 생각되어 이 책을 적극 추천하는 바이다.

　"기독문학이란 무엇인가?" 이 주제는 소위 기독 작가라 불리는 나에게 있어서 언제나 하나의 커다란 부담이었다. 오래전 등단이라는 절차를 거쳐서 우쭐거리며 글을 쓰던 때도 이 부담은 예외가 아니었다. 그러나 어느 날 기독문학이 내게 주어진 하나의 사명이라는 것을 깨닫게 되었다. 그 순간 내가 썼던 글들이 죽은 언어의 나열처럼 느껴져 부끄럽고 후회스러웠다. 그러나 다행스러운 것은 그때부터 나의 글쓰기나 글 읽기가 전 영혼을 활동의 상태로 이끌고 가는 것을 느낄 수 있었다. 문학은 창조적 상상의 언어적 소산인데, 이러한 나의 문학관이 기독문학 안에서만 생명력을 지닐 수 있다는 깨달음이었다. 이 깨달음으로 나의 문학은 거대한 꿈과 연결되었다.

　나는 기독문학이 일반문학과 달라야 한다고 생각하지 않는다. 모두 다 문학이란 하나의 울타리 속에서 조화를 이루며 피어나는 것이다. 삶의 모든 정서, 자연의 아름다움과 사랑의 달콤함과 쓰라림, 그리고 그리움과 기다림, 삶의 뒤안길을 헤매며 부르짖는 처절한 절규, 혹은 진한 감동으로 주체할 수 없이 흘러내리는 눈물 등 모든 것들은 문학으로 표현된다. 이처럼 인간의 삶에는 희로애락은 있기 마련이다. 그런데 기독 작가에게서는 삶에서 직면하는 희로애락에서도 어쩔 수 없는 하나님에 대한 경외와 은총에 대한 감사가 묻어난다. 그러나 우리나라의 경우는 과다한 종교적 열정 때문에 기독문학은 전도를 위한 수단으로만 인식되어 일반 독자들이 외면하는 변방의 문학으로 격하되고 말았다.

따지고 보면 모든 문학은 하나님이 창조하신 크고 놀라운 그러면서도 너무나 세세하고 치밀한 자연의 반영이다. 그분의 형상을 따라 지음을 받은 독특한 인간들이 서로 부딪히며 엮어내는 다양한 관계에서 발생하는 정서와 사상을 상상력을 발휘하여 형식에 맞춰 써나가는 글이 문학이다. 이것들은 모두 하나님의 창조세계를 벗어날 수 없는 그 세계 안에서 이루어지는 사건들에 지나지 않는다. 그러므로 문학은 하나님의 창조세계 안에서만 가능하다 판단되고 그 안에서 비로소 의미를 갖는다. 문학을 통하여 하나님과 교류하는 것이며 그 안에서 사는 방법 중의 하나이다.

그런 의미에서 나는 기독문학을 전력적으로 인식하고 있다. 내게 있어서의 문학은 곧 기독문학일 수밖에 없으며 기독문학만이 진정한 의미의 문학이라 확신하기 때문에 기독문학이란 용어를 따로 사용할 필요가 없다는 소신을 갖고 있다. 그럼에도 불구하고 본서가 기독문학을 강조하는 이유는 문학의 사명을 새롭게 깨닫게 하고자 함이다. 앞에서 말했듯이 내가 기독문학에 대한 사명을 깨달을 때 문학이 전혀 새롭게 내 속에서 생명력 있게 용솟음친 것과 같은 이치라 생각한다. 그리고 또 하나는 기독문학세계를 이해하는 데 있어서 그 하나의 준거를 제시하고자 함이다.

문학사조나 문학관들은 다양하게 그어진 경계선에 따라 문학이라는 하나의 울타리 속에서 조화를 이루며 피어난다. 문학의 정의 역시 역사적으로 항상 개념적 이론적 규정의 틈과 문학론이라는 제도적 울타리를 부수면서 새로운 영토를 창출해 왔다. 이러한 속성은 우리 자신이 세계 내에서 지각했다고 생각하는 기술된 부호나 발화된 음성을 우리의 정신이 반창조하는 것과 마찬가지로 우리 자신이 타인의 정신으로부터 받아드렸다고 생각하는 의미나 명제들을 우리의 정신이 반창조하는 데 기인한다. 때문에 문학은 새로운 문화적 단계, 예를 들면 관심의 방향, 이데올로기, 철학 쟁점 등이 나타남으로써 그에 대응하여 혁신될 수밖에 없다. 그러므로 끊임없이 변화하는 문학의 속성을 한정적으로 확정짓는 논리는 불가능하다. 그럼에도 불구하고 내가 문학이라는 광대한 영토에서 기독문학을 논하는 것은 적어도 문학 이론 중에 몇 가지는 문학세계를 이해하는 데 있어서 탁월한 기준이 될 수 있어야 한다고 생각하기 때문이다.

본서는 모두 6장으로 구성이 되었다. 제1장은 기독문학을 정립하기 위한 토대로서 일반문학이론을 기독문학적인 관점에서 살펴보았다. 그 결과로 독자들은 문학이라고 하는 하나의 울타리 안에서 기독문학을 읽을 수 있는 능력을 갖게 될 것으로 본다. 또한 이제까지 논의된 일반 문학이론이 결국 성서에서 상상할 수 있는 내용을 뛰어 넘지 못함을 확인할 수 있다.

제2장에서는 기독문학의 본질을 필요성, 목적, 기능이란 측면에서 다루면서 경험과 상상이 기독문학을 어떻게 전개하는지를 설명하였다. 이로서 독자는 문학이 곧 기독문학일 수밖에 없음을 깨닫게 될 것이다. 세계에 걸쳐 있는 인간의 창조적 표현이 서로 이해

될 수 있고 전달될 수 있는 성격과 힘이 있음은 인간의 본성이 창
조주의 속성을 닮고 있기 때문이다. 그리고 성서는 이미지와 설문
인유와 다른 형식의 언어적 표현을 생성해 내는 강력한 문학적 힘
의 원동력이다.

따라서 문학의 요소 중 가장 핵심이 되는 경험은 결국 하나님의
창조세계의 반영이며 상상의 생명력은 제한적인 인간의 상상이 신
적 영역을 향해 열려 있을 때 비로소 가능해진다. 또한 2장은 한
국의 기독문학에 대한 비전이기도 하다. 본서는 분명히 서구문학
에 못지않을 기독적인 작가와 작품을 잉태할 토양이 될 것이라 믿
는다. 우리나라에서도 밀턴의 「실락원」이나 단테의 「신곡」 못지않
은 기독문학작품이 나와야 할 것이니 어쩌면 본서는 이를 위한 나
의 몸부림침의 형상화인지도 모르겠다.

그리고 제3장에서는 한국기독문학의 흐름을 작가 중심으로 고찰
함으로써 한국기독문학의 현주소를 짚어보고 문제점을 분석하여
기독문학의 활성화를 시도하였다. 2천 년에 가까운 기간 동안 기
독교의 정신이 그 바닥에 면면히 흐르는 서구의 문학과 달리 한국
의 문학은 기독문학이 서식하기에 척박한 풍토였다. 복음의 전래
와 함께 전래한 신학문은 식자들의 주목을 끌기에 족하였다.

문학가들은 처음 대하는 기독교의 참신성과 성서가 제시하는 새
로운 세계관에 몰입하여 기독교적인 내용을 주제로 하여 작품을
썼다. 그러나 작가의 글쓰기가 소재적 한계에 갇힘으로써 예술성은
떨어지고 독자의 잘못된 기대와 맞물리면서 기독문학은 홀대를 면
키 어려웠다. 그 때문에 이 땅에 복음이 전해진 지 100년이 넘는
지금까지 기독문학에 대한 올바른 개념마저 정립되지 못하고 있다.

이러한 분석의 결과로 기독문학의 활성화는 작가와 독자 그리고 출판사의 공동의 노력을 필요로 한다는 것을 알게 될 것이다.

　제4장에서는 기독문학이란 관점에서 발표된 논쟁 중인 작품들의 기독문학성을 검토하고 몇 편의 대중문학작품을 기독관점에서 읽기를 시도하여 일반문학은 기독문학의 범주에서 이해되어야 한다는 것을 설명하고자 하였다. 텍스트의 독자들은 현저하게 서로 다른 기호 성향을 갖는 세 부류—다른 작가들, 전문적인 학자나 비평가, 일반 독서대중—으로 분류할 수 있다. 그 개개의 독자에 의한 깊고 다양한 구체화 속에 문학작품은 생명을 유지한다. 때문에 나는 한 작가가 어떤 의도로 작품을 썼든 간에 독자의 세계관에 따라서 그 작품은 기독문학작품으로도 재창조될 수 있다고 본다. 독자들은 본장을 통해서 오늘날 대중 속에서 널리 읽히고 있는 작품들을 어떻게 기독교적 관점으로 읽을 수 있는가를 이해하게 될 것이다.

　그리고 마지막의 두 장인 제5장과 제6장은 한국기독학문학회에서 발표한 논문들이다. 기독문학의 개념 정립 및 과제를 구명하고 제시한 논문을 수정하여 게재하였다. 한국 기독학문학회의 23년의 역사 속에서 기독문학이라는 이 주제는 본 논문이 최초의 것이었다. 때문에 언론에서도 관심을 기울였으며 타 분야의 학자들의 감동과 찬사도 있었다. 본 논문의 게제는 기독문학을 학문의 영역으로 끌어올려 그 중심을 지키고자 함이다. 논문의 성격상 다른 장들과 중복되는 부분이 있음을 불가피하였다.

　마지막으로, 한국기독교영성총연합회 회장이신 예영수 교수님의

추천사로 이 책의 무게가 더하여졌음을 기뻐하며 감사드린다. 목
사님이시기도 한 예 교수님은 한신대학교 대학원의 원장과 한국외
국어 대학교의 학장을 지내셨고 모두가 인정하는 영문학 분야와
신학분야의 태두이시기 때문이다. 또 기독문학의 강좌를 개설하고
강의가 이루어지도록 주선해 주신 이의근 대신대학교 총장님께 감
사를 드린다. 이로서 기독문학이 자랄 수 있는 토양이 마련되고
미래를 향한 비전이 더욱 분명하게 되었다. 또한 원고를 읽어주시
고 조언을 아끼지 않으신 정충영 경북대학교 명예교수의 노고에
감사드린다. 또한 지난 3년동안 '기독문학론'을 연재할 수 있도록
나에게 지면을 허락해준 크리스천 투데이와 이 책의 출판을 맡아
주신 한국학술정보(주)에 고마움을 전한다. 끝으로 이 모든 과정
이 하나님의 은혜이었음을 고백한다.

2008년 2월
美枝 송영옥

차 례

제1장

기독문학을 위한 접근

1. 기독문학을 위한 변명

1) 문학론

문학이란 무엇인가? 문학의 정의의 가장 흥미로운 특성은 그 불안정성이다. 새로운 문화적 단계가 나타남으로써 문학의 정의는 문화적 변화―새로이 나타나는 관심의 방향, 이데올로기, 철학 쟁점 등―에 대응하여 혁신되기 때문이다. 그러나 짧은 안목으로 볼 때는 중대한 문화적 변화가 생기는 것을 의식하지 못하기 때문에 문학의 현장적 정의(field definition)를 인정할 수밖에 없다. 현장적 정의는 비규범적이며 고도의 문화 수준에서 나오는 문학뿐 아니라 그 밖의 모든 수준에서 발견되는 문학적 담화를 문학 속에 포함시키는 것이다.

나는 문학을 순전히 객관적인 사실로도 보지 않고 순전히 주관적인 의식으로도 보지 않는다. 우리 자신이 세계 내에서 지각했다고 생각하는 기술된 부호나 발화된 음성을 우리의 정신이 반(半)창조하는 것과 마찬가지로 우리 자신이 타인의 정신으로부터 받아드렸다고 생각하는 의미나 명제들을 우리의 정신은 반창조한다.

때문에 끊임없이 변화하는 문학의 속성을 한정적으로 확정짓는 논리는 불가능하다. 그러나 최소한 문학에 관한 일부 이론 중에 몇 가지는 문학세계를 이해하는 데 있어서 탁월한 기준이 될 수 있어야 한다고 생각한다. 바로 이 점이 내가 '기독문학이란 무엇인가?'를 쓰고자 한 이유이다.

문학은 사람의 인식 자체의 주관성이 다른 학문에서보다도 더 강력하게 작용한다. 이 때문에 하나의 문학론을 수용하는 사람은 그 순간부터 그 담론에 따라서 문학에 대한 스스로의 관점을 형성하게 된다. 그 결과 문학에 대한 다른 관점의 이해나 다양한 각도의 인식에 방해를 받을 수도 있다. 이런 의미에서 문학은 다른 학문보다도 비체계적이고 비논리적이다. 따라서 한 사람이 자신의 이론으로 문학을 논한다 하더라도 문학이라는 다채로운 무지개를 완벽하게 포착하지는 못한다. 단지 문학을 논하는 것은 문학이라고 하는 거대한 무지개의 수많은 찬란한 색깔들 중 그 한두 개의 색을 어렴풋이 보여주는 것에 불과하다. 그럼에도 불구하고 우리가 문학을 숙고하고 논할 필요가 있는 것은 문학론이 사람들로 하여금 무지개 그 하나의 색깔에서도 독특한 아름다움을 느낄 수 있도록 도와주기 때문이다.

그렇다면 가장 비체계적인 문학을 체계적이고 합리적으로 논한다는 것이 어느 정도 가능할까. 문학은 역사적으로 항상 개념적 이론적 규정의 틈과 문학론이라는 제도적 울타리를 부수고 헤집으면서 새로운 영토를 창출해왔다. 굳이 그 영토를 구분한다면 아마도 추상적인 학술적 문학론으로부터 안이한 문학개론, 학문적 이론 없이 단지 예술가의 직관에 의해 쓰인 에피그램(epigram) 형식의 문학론 등이 될 것으로 생각한다.

나는 이 책에서 이러한 영역과는 조금은 다른 문학론, 즉 문학으로서의 기독문학론을 쓰고자 한다. 일반적인 문학이론에 근거하여 성서를 대할 때에도 누구에게나 성서가 문학으로 매우 자연스럽게 수용될 수 있는 문학론을 말한다. 독자에게 이성과 지성으로 성서의 문학적 조건들을 인지함과 동시에 영성으로 성서문학의 생명력을 경험할 수 있는 기회를 제공해주고 싶은 것이다. 다시 말하면 "성서의 미적 정서를 통한 감동"이 기독문학론의 집필 목적이다.

때때로 문학하는 사람들은 '문학이 밥 먹여주나 옷을 주나?'라는 말을 듣는다. 사실 일부 작가들을 제외하고는 문학으로 밥을 먹고 살기는 어렵다. 그러나 문학은 경제와 제도에 직접 참여하지는 않지만 허구성을 이용하여 그 문화의 잉여를 수정하거나 붕괴시키는 능력을 갖는 하나의 담화다. 문화의 경제적 상호작용의 패턴을 지지하고 수정하고 또 파괴하는 능력도 갖는다. 그 때문에 비록 문학이 밥을 먹여주지 못해도 문학은 문화의 중심에 서서 끊임없이 논의의 대상이 되는 것이다.

2) 성서문학

그런데 성서는 진리의 말씀이고 문학은 허구의 세계인데 어떻게 성서와 문학이 어울릴 수 있을까.

원래 성서문학(biblical literature)이란 문학으로서의 성서와 성서가 문학에 끼치는 영향에 대해 연구하는 학문분야를 가리킨다. 이를 위해서는 두 가지 방법이 있을 수 있다. 그 하나는 성서를 하나님이 계시한 책일 뿐만 아니라 하나의 문학서로 간주하고 연구하는 것이며 다른 하나는 성서가 문학에 끼치는 직접적인 영향을 함께 포함하여 연구하는 것이다.

그러나 이 책에서 '성서문학'이란 의미는 성서의 진리를 문학적 형식으로 표현한 것, 다시 말하면 성서의 내용을 표현하는 방식이 문학적이라는 의미로써 이 책이 다루고 있는 기독문학의 한 부류로 사용한다. 언어적 형식으로 표현된 그 말속에 아무리 오묘한 진리가 있다 하더라도 그 표현이 학술적이거나 신학적이라면 독자에게 감동을 주기 어렵다. 미적 감동이 없는 글은 문학일 수 없다.

인간은 문학을 통하여 길을 찾고 진리를 모색하고 생명을 꿈꾼다. 문학을 통해 찾아가는 길은 감동이라고 하는 심리적 반응을 통해서이다. 감동이라는 이 울림은 한 인간이 대상을 자기의 온몸으로 직관으로 파악하는 행위이다. 인간은 문학적 감동을 통해 자신과 다른 사람의 삶의 기쁨에 동참한다. 그리고 슬픔과 고통을 확인함과 동시에 그것들이 자기의 일부일 수도 있다는 느낌을 갖게 된다.

이 느낌으로 자신의 삶을 반성하고 이 반성으로 인한 각오가 우리를 억압하는 것과 억압당하는 것의 정체를 파악하게 만들며 그것의 부정적 힘을 인지하게 한다. 인간을 억압하는 이 부정적인 힘에 대한 인식이 우리로 하여금 세계를 개조하여 보다 살기 좋은 세상을 만들고자 하는 열망을 갖게 한다. 에덴 회복에의 열망은 인간의 잠재된 욕망이다.

우리가 '문학의 세계'에서 '성서문학'을 관찰하고자 한다면 이러한 시각의 양식을 통하여 보이는 것이 무엇일까. 나는 이 책에서 그것에 초점을 맞추어 문학적 반응을 유발하고 그 보상으로 언어 구조물을 바탕으로 해서 기독문학의 개념을 형성하고자 한다. 문학이 인간에 의해 '말하여지고 만들어진' 인간을 위한 진리의 길이라면 성서문학은 인간을 위해서 '하나님이 말하고 그에 의해 만들어진' 진리의 길이다. 때문에 인간이 문학을 통해서 찾고자 하는 길은 결국 성서문학 속에 숨겨져 있는 길이 아닐까 한다. 내가 기독문학을 전력적(全力的)으로 인식하는 이유는 이 때문이다.

그리고 '기독문학이란 무엇인가'라는 논의 자체는 오늘날 이 시대가 문학성이라 규정하는 것으로부터 자유로울 수 없다는 것을 전제한다. 문학의 개념정립은 역사의 산물이다. 오늘날 우리가 문학이라고 부르고 있는 것은 18세기 이후의 문학을 보는 관점에 의해서 규정하고 있기 때문이다. 오늘날의 문학이론은 어쩌면 다음 세대의 새로운 관점에 의해서는 문학이 아닌 것으로 취급이 될 수도 있다.

예를 들면 고대의 하나의 주문이나 주술이, 중세의 하나의 노동요가 지금은 문학으로 취급을 받는다. 또 작가라는 명칭도 지금은 문학으로 밥을 먹고 사는 사람들이 자신의 직업을 작가라고 말하지만 예전엔 논밭에서 일하는 농부들이 시인이었고 옛날 얘기를 들려주던 할머니 할아버지가 소설가들이었다. 이것은 문학과 일상이 매우 밀접해 있으며 문학을 논한다 함은 삶이라는 현실성 위에서 가능한 것임을 나타낸다.

미술 사가들은 미술의 기원을 원시인의 동굴벽화에서 찾는다. 문학 사가들은 인간의 모방충동이나 쾌락본능에서 그 기원을 찾기도 한다. 그러나 문학이라는 개념이 없는 곳에서는 문학적이라고 추론할 수 있는 활동이라 해서 그것 자체가 문학이 아니다. 그것을 문학으로 인지하는 것은 오늘날의 문학적 관점이지 고대의 문학적 관점이 아니기 때문이다.

우리는 고대의 사가(saga)나 끊임없이 이어져 내려온 민담

(folktale), 오늘날의 익살까지도 구전문학작품으로 간주하고 있다. 그리고 서사 장르들인 무대극과 오페라 영화 라디오 극, 발레나 무언극과 같은 비언어적 이야기로 전달하는 예술까지를 포괄하여 문학을 논하기도 한다. 그리고 이 잡다한 딜레마와 함께 현대문학의 관심의 중심으로 들어온 것이 "문학으로서의 성서"이다.

그동안 문학의 변방에서 홀대받던 기독문학이 문학의 관심으로 들어오게 된 것은 시대의 변화에 따른 여러 가지 원인이 있을 수 있다. 그러나 문학적 관점에서는 성서는 미적 정서의 최고의 기능인 열정과 그 열정의 최상위 단계에 자리잡고 있는 사랑을 다루고 있기 때문이다. 영어의 passion의 어원 passio는 '고통을 받는다'라는 뜻이다. 열정은 단순히 사랑한다는 감정의 차원을 넘어서 사랑하기 때문에 자기의 전부를 희생하고 그 고통을 감수하는 상태이다. 성서는 바로 이러한 미적 정서로 감동을 주는 작품이기 때문에 이 시대가 목말라 찾는 구원의 길이 될 수 있다고 본다.

3) 문학에의 접근

그렇다면 '문학이란 무엇인가'라는 질문을 발하는 의미와 목적은 무엇일까. 문학을 정의하려는 대부분의 시도는 어떤 종류의 교육적 목적을 위한 문학의 용도를 정당화하려는 사람들에 의해서 나오는 것 같다. 대학의 교수가 무엇을 가르치고 어떻게 가르쳐야 하는가를 판단하는 기준으로 문학의 이론적 정의가 필요하다. 또한 공유할 만한 가치가 있는 통찰의 전통을 지속시키기 위해서 이론의 정의의 필요성이 대두된다. 그리고 더 넓은 문학적 의미에서는 미학적 개념의 정립으로서의 문학이론이다.

  때문에 문학이란 무엇인가를 규정하기 위해서는 이제까지 연구된 결과가 보여주는 안정되어 있는 엄격한 접근법도 중요하지만 불안정하지만 융통성 있는 접근법 역시 이점을 지니고 있다. 불안정하지만 융통성 있는 접근법은 개개의 독자에 의한 문학이론의 구체화를 가능하게 한다. 독자들은 때때로 문학적 규준 형성과 과정의 원칙들에 대하여 매우 날카로운 통찰력을 보여주며 좋은 문학과 그렇지 못한 문학을 판단할 수 있는 근거를 제시해주기도 한다.

  이에 대해 잉가르덴(Roman Ingarden)은 "개개의 독자에 의한 깊고 다양한 '구체화'(concretizations) 속에 문학작품은 '생명'을 갖는다"[1]고 하였다. 이 개념으로 맥패든(George McFdden)은 잠재적으로 문학작품의 생명력을 지속시켜 주는 모든 텍스트의 독자를 현저하게 서로 다른 기호 성향을 갖는 세 부류 즉, 작가, 전문적인 학자나 비평가, 일반 독서 대중으로 분류하였다.[2]

  문학의 정의를 교육적인 것과 연관하든 미학적인 것으로 인지하

---

1) Roman Ingaeden,, *Das Literarische Kunstwerk*(1931), 3rd rev. ed. (Tibingen, 1975).

2) Roman Ingarden(1893~1970)은 폴란드의 철학자(phenomenologist)로서 존재론과 현상학(ontologist) 그리고 미학분야(aesthetician)의 세계적인 권위자이다. 그는 문학이론서 Literary Work of Art(1931)를 통해서 문학의 규준형성의 과정과 그 원칙들과 근거를 제시하였는데 오늘날 전세계의 문학연구가와 비교문학, 문학비평가들이 잉가르덴의 문학 이론을 자신과 접목시켜 발전시키고 있다.
그중의 한 사람이 비교문학과 문학비평분야의 학자인 미국 아이오와 대학의 영문학과 교수인 George McFadden이다. 맥패든은 그 권위를 자랑하는 '미국근대 어문학회(Modern Language and Literature Association of America)' 1975년차 회의에서 잉가르덴의 문학의 정의로부터 Literature: A Many-Sided Process(문학: 다면적 과정)를 발표하였고 그 이론을 본 '기독문학론'에서 하나의 근거로 적용한다.

든 아니면 독자의 중층적 구체화의 결과로 수용하든 간에 복잡 미묘한 문학적 구조물들의 연구를 통해서 습득되는 지적 훈련의 결과는 소통전반에 대한 우리의 이해와 참여도를 높여준다. 동일한 집단 안에서도 문학에 관한 현대적 관념들이 서로 다양하게 상충하고 있는 현상을 생각할 때 문학 이론들은 국경을 초월한 지평선에 관한 의식을 보여주어야 할 것이다. 비록 현실적으로 불가능하다 할지라도 우리는 개개의 독자에 의한 깊고 다양한 구체화를 통해서 문학의 이 길에 좀더 가까이 갈 수가 있다.

이런 의미에서 기독문학이란 무엇인가를 숙고해본다는 것은 매우 의미 있는 일이라 생각한다. 인간을 억압하는 세상의 모든 것은 유용하고 유용한 것이기 때문에 권력을 지닌다. 그러나 문학은 인간을 억압하지 않는다. 문학적 감동의 원초적 느낌의 단계는 힘이 아닌 쾌락이다. 쾌락은 반성과 각오를 통해 삶의 본질을 총체적 파악할 수 있도록 도와주고 인생에 대하여 비전을 갖도록 만들어준다. 이것이 문학을 통해서 인간이 찾고자하는 길이다. 이 책은 기독문학을 통하여 그 하나의 길을 제시하고자한다.

2. 문학을 보는 관점에 대하여

1) 기독문학의 관점

기독문학에 대한 나의 관점은 첫째, 성서는 '창조적 상상'의 '언어적 소산'이라는 점이다. 창조적이라고 하는 말은 어떤 것에서도 그 대응물을 찾을 수 없는 독특한 담화라는 특성을 갖는다. 어떤 특수한 행동양식 속에만 갇혀 있을 수 없다는 의미이다. '언어적 소산'이란 문학은 언어에 의해 '말하여진 것'과 언어에 의해서 '만들어진 것'으로서 구화의 패러다임을 근거로 언어적 소통의 맥락 안에서만 그 의미를 정의할 수 있다는 뜻이다.

그러나 기술된 텍스트의 패러다임을 근거로 하면 우리는 예술적 창조나 노작(勞作)이라는 맥락을 머리에 떠올리게 된다. 따라서 우리는 문학이라든가 문학성이라는 특질은 실제의 텍스트나 발화에서 찾는 동시에 언어에 의해 촉발된 정신행위 속에서도 찾을 수 있다. 이 두 가지가 애매해질 정도로 서로 상호작용을 한다. 그리하여 문학작품이 문학적이라고 간주되기 위해서는 그 작품자체나 작품의 특성이나 반응이 문학적이어야 한다는 것을 보여준다.

둘째, 성서문학은 의미론적으로 진리를 담고 있다. 문학은 어떤 철학적이거나 도덕적 진리를 예증한다든가 또는 절대적이며 문학 이외의 것으로도 표현할 수 없는 진리를 제공해 준다. 내 생각에는 일반문학에서 이러한 주장을 할 때 이것은 어떤 면에서는 '진리'라고 하는 매우 찬사적인 용어를 사용함으로써 문학에 가치를 부여하려는 노력에서 나온 것이라 생각한다. 그러나 성서는 가식 없는 진리의 글이다.

세 번째는 성서문학은 미적 통일성과 일관성을 갖는다. 통일성과 일관성이란 사실 판단의 문제이지만 그럼에도 불구하고 문학의 정의를 사회문화적인 정의의 방향으로 이끌어간다. 결말이 나지 않은 소설의 플롯이나 시 속의 모순된 두 연이 있을지라도 문학의 미적 통일성은 이 정의 속에 미래의 가능성을 포함하고 있다. 미래의 가능성에 대한 확신은 성서가 유일신이며 절대자인 하나님과 연관되어 있기 때문이다.

네 번째는 성서문학은 '문체'를 특성으로 하는 담화이다. "문학은 문체를 통해서 의미론적 기능이나 작품에서 말하고자 하는 내용을 '초월하는 역기능적'(dysfunctional)측면을 지닌다."3) 우미, 우아, 매력, 호소력 등의 단어들이 이 역기능적 속성을 표현하는 말들이다. 성서는 인간이 어떠한 문체로도 표현하기 힘든 초월의 담화를 다루고 있다. 그것은 하늘나라의 사건을 인간의 문체로 표현할 때의 어려움인 것이다.

2) 문학의 네 조건과 문학의 기원설

문학이 존재하기 위해서는 작품이 있어야 하는데 한편의 문학작품은 인간의 삶을 담아서 독자들에게 읽힐 목적으로 쓰인다. 그래서 에이브람스(Abrams, M. H.)는 '문학의 네 가지 조건은 작품과 재료 그리고 작가와 독자'4)라고 하였다. 문학은 우주와 자연과 인생 그리고 삶과의 관계에서 재료를 취하여 독자들에게 즐거움을 주기 위해 감동을 줄 수 있는 언어로 표현한 예술이다.

일반적으로 문학의 기원을 이야기할 때에 우리는 에이브람스의 문학의 성립요건을 들어 그 재료와의 관계로부터 모방설을, 독자와의 연관 속에서 문학의 효용론을 언어구조의 면에서 존재론을 그리고 작가와의 관계에서 표현론을 주장해왔다.

---

3) Morse Peckham, "Literature": Disjunction and Redundancy in the *What is Literature*? ed., Paul Hernadi (Bloomington: Indiana Univ. Press, 1978).

4) M. H. Abrams, *The Mirror and Lamp: Romantic Theory and the Critical Tradition*(Oxford Univ. Press, 1965).

(1) 모방론의 문학관

문학은 왜 생겨났을까? 문학의 기원은 어디에 있으며 문학의 기능은 무엇인가? 이러한 물음으로부터 우리는 문학을 보는 관점을 정립할 수 있다. 일반적으로 문학의 기원에 대한 학설은 세 가지로 나눌 수 있다. 첫째는 심리학적 기원설이며 둘째는 발생학적 기원설, 그리고 셋째는 발라드 댄스설이 있다. 에이브람스의 모방이론은 심리학적 기원설에 속하는 것으로서 문학예술의 창작심리를 중심으로 문학을 고찰하는 것이다. 심리학적 기원설은 모방본능설(imitative impulse)과 함께 유희본능설(play impulse), 자기표현본능설(self expression instinct)을 포함한다.

앞에서 언급하였지만 오늘날까지 문학이론에 가장 설득력 있는 영향을 미치고 있는 모방 본능설은 아리스토텔레스(Aristoteles, 384~ B.C.322)의 시학(Poetica)에 근거한다. 그는 시의 발생은 일반적으로 인간 본성에 내재하고 있는 두 가지 원인에 기인한 것으로서 모방하고자 하는 인간의 본능이 문학의 원동력이라고 주장하였다. 인간이 다른 동물과 다른 점도 모방하고자 하는 인간본성에 있다고 보았으며 모방에 의해 지식을 습득함으로써 쾌감을 느끼며 그러한 사실을 경험이 증명할 수 있다고 보았다.

유희본능설은 칸트(Immanuel Kant, 1724~1804)가 그의 『미적 판단 비판』에서 "예술은 노동이 아니다. 아무 목적도 없는 유희다"라고 말한 것에 기인하며, 쉴러(Schiller, 1759~1805)는 이 말에서 힌트를 얻어 그의 논문 「인간의 미적 교육」에서 "유희 충동은 감각충동과 형식충동이 가장 잘 조화되었을 때에 발생한다"는 학설을 주장하였다.

그 후 스펜서(Herbert Spencer, 1820~1903)가 두 사람의 이론에 사회학적 해석을 함으로써 문학을 포함한 예술 이론을 체계화하여 정력의 과잉이 유희본능을 이루고 문학과 예술을 창조하게 한다고 말했다. 모든 동물들은 두 가지 근본본능, 즉 감각충동과 형식충동을 만족시키기 위하여 모든 정력을 소비해 버리지만 인간은 이를 다 소비하지 않음으로 정력의 과잉이 생기게 되며 이 정력의 과잉이 유희본능을 이루고 문학과 예술을 창조하게 한다는 것이다.

'문학은 우주에 존재하는 삼라만상과 연관을 갖고 있다는 것과 우주의 일면이나 또는 그 본질을 모방하고 재현해 내는 것'[5]이라는 생각은 가장 오래되고 보편적인 것으로서 고대로부터 근세까지 유럽문학론의 가장 중심적인 사상이다. 비록 낭만주의 시대에 이르러 모방이라는 말이 퇴색해진 감이 있었으나 현대문학에서도 모방이론은 그대로 적용이 되고 있다.

문학을 개인정신의 자유로운 분출, 표현 창조로 본 낭만주의 시대에는 인간의 상상이 창조성을 지닐 수 있다고 보았기 때문에 모방이나 재현이라는 말은 호소력을 상실하였지만 문예사조의 변화와 함께 재현과 모방의 개념은 우주와 이데아의 반영, 사실의 반영, 자연의 재현, 객관적 제시라는 낱말로 변형되어 여전히 리얼리즘 문학 이론에 적용이 된다.

인간은 매일같이 외부세계와 교섭하며 거기서 진실을 발견하고 질서화하려고 노력하며 그것을 가치 있는 삶으로 생각한다. 문학의 경우에도 외부세계, 넓은 의미의 우주와의 관계에서 진실을 발

---

5) 아리스토텔레스, 『시학』 천병희 역(서울 문예출판사, 2006).

견하고 구현하려는 노력이 필요하게 된다. 즉 문학을 통하여 그 노력의 가치를 정당화하는 것이다. 모방이란 바로 이러한 노력을 일컫는 말이다.

구약의 창세기에는 하나님의 형상을 따라 하나님의 모양대로 인간이 만들어졌음을 말해준다. 그래서 인간은 영적으로 하나님을 모방하고자 한다. 하나님의 속성에 따라 영원을 사모하며 영생을 꿈꾸며 구원을 열망하며 창조주 안에서 만물의 영장으로서의 진리의 길을 찾고자 한다. 때문에 성서는 인간이 넓은 의미의 우주와의 관계에서 진실을 발견하고 구현하는 길을 보여주고 있으며 그 속에 문학적 모범에 대한 모방을 포함하고 있다.

> 우리의 형상을 따라 우리의 모양대로 우리가 사람을 만들고 그로 바다의 고기와 공중의 새와 육축과 온 땅과 땅에 기는 모든 것을 다스리게 하고……(창세기 2:26)

문학에서의 모방은 문학적 모범에 대한 모방을 뜻한다. 특히 로마시대에는 작가의 글쓰기 훈련을 강조하였는데 이 훈련을 통하여 베르길리우스(Vergilius)는 호머(Homer)의 『일리아드』와 『오디세이』의 방법을 모방하여 『아니네아스』를 남겼다. 모방이라는 것은 그대로 베끼는 것이 아니라 그 작품의 창작원리를 따른다는 뜻이다. 신고전시대 이후 모방이라는 낱말은 재현(representation)으로 바뀌었다.

모방이 인간의 본질적 특성인 보편성 또는 우주적 실재를 모방하는 것이라면 재현이란 사물, 특히 인간 생활의 표면을 사실적으로 보여주는 것에 초점을 둔다. 그러나 재현은 다시 근대 사실주

의 소설문학의 발전과 함께 반영으로 바뀐다. 결국 모방론의 핵심
은 리얼리즘의 문예 사조와 맞물리면서 반영론으로 귀착되어. 문
학은 현실의 반영이요 역사의 반영이며 삶의 반영이라는 관점을
형성한다.

그러나 문학의 궁극적인 가치는 개인과 개인이 사는 시대와 환
경을 초월한다. 그 세계는 작가의 직관의 힘에 의해서 파악할 수
있는 이성적인 균형, 또는 조화의 표현이다. 그래서 19세기와 20세
기에 걸쳐 살다간 대소설가 헨리 제임스(Henry James, 1843~
1916)는 "문학의 본질은 근본적으로 삶이라는 현실성이지만 인간
은 문학을 통하여 삶의 주어진 현실을 뛰어 넘을 수 있다. 이런
의미에서 문학은 삶과의 경쟁이다"6)라고 하였다. 이는 문학의 현
실의 상응성과 문학의 초월적 현실을 말한 것이다. 문학작품은 경
험적 현실이나 그 현실의 직접적 묘사와 혼돈되어서는 안 될 독특
한 미적 현상을 제시한다.

(2) 효용론의 문학관

독자와의 관계에서 본 문학의 효용론은 발생학적 기원설로서 요
청설이라고도 한다. 이는 실생활의 필요에 의해 문학이 발생했다
고 보는 문학론이다. 문학의 실용론은 문학이 독자에게 어떤 영향
을 주는가. 문학이 궁극적으로 지향하는 바가 무엇인가를 규명하
는 문학이론이다. 이는 문학이 왜 존재하는가. 문학은 무엇을 할
수 있는가라는 물음에서 출발하는 문학관이다.

---

6) Walter Besant and Henry James, *The Art of Fiction*(Boston: De
 Wolfe, Fiske & Co., 1934).

헌(Yrjo Hirn, 1870~1924)은 "원시시대의 어떤 종류의 장식품 중에는 오늘날 우리에게 단순한 장식품 즉 심미적인 아름다움만을 지니고 있는 것으로만 보일지라도 사실은 옛날 그들 종족들에겐 지극히 실제적인 효용성의 의미를 지니고 있었다."[7]고 주장했다. 그로세(Ernst Grosse, 1862~1927)도 "원시민족의 예술 작품의 대부분은 심미적 동기에서 이루어진 것이 아니고 어떤 실재적 목적에 알맞도록 계획되어 있다"고 하였다. 때문에 원시시대의 시가는 주로 그 소재가 수렵, 전쟁, 풍자, 노동, 애곡 등으로 일상생활과 밀접한 관계를 가지고 있었다. 문학은 일상인의 언어로서 일상인의 것이었다.[8]

작품이 독자에게 주는 효과는 심리적인 효과와 교육적인 효과로 나눌 수 있다. 감동으로 독자의 감정을 움직이는 것은 전자에 해당되며 삶에 유익한 지식을 알려준다거나 교훈을 주는 것은 후자의 영역이다. 문학의 목적이 사회적 필요에 의한 교훈에 있느냐 아니면 한가한 사람들의 유희에 있느냐라는 논쟁은 결국 개인과 사회의 문학적 취미를 반영하는 동시에 한 개인의 인생에 대한 태도의 문제이기도 하다. 결국 문학의 효용론은 독자를 향한 문학의 기능을 논하는 것이며 문학을 어떤 목적을 위한 수단 내지는 도구의 일부로 보는 관점이다. 더구나 현대에 이르러서는 문학도 생산자와 소비자라는 자본주의 원칙에 따라 독자중심으로 작품의 가치

7) Yrjo Hirn, *Origins of Art: A Psychological & Sociological Inquiry* (Blom Publication, 1979).

8) Ernst Grosse, *The Beginnings of the Art* (D. Appleton and Company, New York, 1899).

를 판단하게 되었다.

모방론이 객관적인 자연이나 우주의 형상이나 질서를 반영하는 것이었다면 실용론은 역사와 현실 속에 살고 있는 인간의 윤리와 정서의 문제를 중시하는 것이다. 현대의 두드러진 특징은 감성적이고 정서적인 문학의 실용성이다. 과거에는 문학은 감성적인 것이기 때문에 비실용적으로 인식되었다. 그러나 현대에서는 감성과 정서적인 것이기 때문에 오히려 실용성이 있다는 주장이다. 감성지수(Emotional Quotient: EQ)가 중시되고 문학 치료의 효용성이 주장되는 것이 그 예이다.

또한 문학의 발생학적 기원설은 발라드 댄스설을 포함한다. 몰턴(R.G. Moulton, 1849~1924)은 "문학의 형태의 근본적 요소는 발라드 댄스"[9]라 하였다. 그는 문학이 처음 자연발생적으로 나타나는 경우에는 운문과 음악의 반주와 무용의 필연적인 결합이 있었다고 보았다. 그리고 구체적인 예로서 이스라엘 사람들이 홍해의 승리를 얻은 후에 가무를 즐긴 것과 다윗 왕이 예루살렘 창시 때 여호와 앞에서 힘을 다해 춤을 춘 것을 발라드 댄스라고 설명하였다. 홍해의 기적을 보면서 모세와 이스라엘 자손들은 다음과 같이 노래를 부른다.

여호와여 주위 오른손이 권능으로
영광을 나타내시나이다.
여호와여 주의 오른 손이

---

9) Richard Green Moulton, *The Modern Study of Literature: An Introduction to Literary Theory and Interpretation*(Kessinger Publishing, LLC, 2007).

원수를 부수시니이다.
주께서 주의 큰 위엄으로
주를 거스른 자를 엎으시나이다.
주께서 진노를 발하시니
그 진노가 그들을 초개같이 사르니이다.
주의 콧김에 물이 쌓이되
파도가 언덕같이 일어서고
큰물이 바다 가운데 엉기니이다.
대적의 말이 내가 쫓아 미쳐
탈취 물을 나누리라
내가 그들로 인하여 내 마음을 채우리라
내가 내 칼을 빼리니
내 손이 그들을 멸하리라 하였으나
주께서 주의 바람을 일으키시매
바다가 그들을 덮으니
그들이 흉흉한 물에 납같이 잠겼나이다.

(출 15:6 – 10)

우리는 시를 내용상으로 분류할 때에 서사시와 서정시로 나눈다.
서사시는 영어로 epic poetry라고 하는데 epic은 그리스어의 이야
기 또는 말을 의미하는 epos에서 나왔다. 따라서 서사시의 특징은
이야기를 소재로 서술한 이야기 시(narrative poem)로서 소설적인
형식의 이야기를 객관적으로 서술해 가는 시를 말한다. 허드슨은
서사시의 종류를 성장의 서사시와 예술의 서사시로 나누었다.

성장의 서사시(epic of growth)는 고대 및 중세의 서사시로서
영웅호걸이나 집단적 운명을 그린 민족적 서사시로서 구전 중에
형성된 시이다. 그 대표적 작품이 호머의 『일리아드』와 『오디세이』
버질의 『아에네이스』, 영국의 『베오울프』, 독일의 『리벨룽겐의 노

래』 등이 이에 속한다. 예술의 서사시(epic of art)는 르네상스 이후의 서사시로서 작가가 인간적인 면에 중심을 두고 예술적으로 창작한 시이다. 단테의 『신곡』, 탓소의 『예루살렘의 해방』 밀턴의 『실낙원』과 『복락원』 등이 이에 속한다. 몰톤은 인생의 서사시(epic of human)를 더 추가하였는데 이것은 장르의 발달이론에서 말하는 근대 소설을 뜻한다. 그러나 서사시는 근대문학에 있어서도 여전히 그 존재를 확인할 수 있다. 롱펠로우의 『에반젤린』과 테니슨의 『이코노 아덴』은 근대의 서사시이다.

한편 서정시는 어원적으로 그리스의 lyricos에서 나왔으며 라이어(lura)라는 악기에 맞추어서 부르는 노래를 뜻한다. 엘리어트는 서정시의 특징은 시적화자의 순간의 감정의 표현으로 보고 이를 "극적순간의 구조물"이라 하였다. 서사시가 객관적인 것이라면 서정시는 주관적이고 개인적이며 정서가 중심이 되며 시의 음악성인 리듬을 중시한다. 또한 현재적인 표현으로서 형태에 있어서는 압축미를 요구한다. 그러나 이러한 특징은 유동적이며 시대의 흐름과 함께 변모하면서 다양성을 지니고 있다.

영미문학사에서는 서정시의 장르가 음악과 같이 노래를 부르는 형식인 오우드(ode), 14행시 소곡인 소네트(sonnet), 애상적인 개인감정을 노래한 비가 또는 만가인 엘레지(elegy), 그리고 전원생활을 노래하는 서정시인 패스토럴(pastoral) 등이 있다. 이외에도 풍자시인 쌔타이어, 경구가 섞인 소 풍자시 에피그램이 서정시에 속하며 현대문학에 이르러서는 대부분의 시가 서정시라고 할 만큼 보편적이 되었다.

몰턴이 예시한 출애굽기의 시는 하나님에 대한 자신의 감정을 표현한 문학의 한 양식이다. 그리고 자신의 감정을 드러내는 방식에 있어서 이 시와 서정시는 공통점을 갖는다. 사실 성서에서 야훼 하나님에 대한 체험, 간구, 감사, 찬양, 예배 등의 언어적 표현은 모두 서정적이다. 찬송가의 가사도 서정적인 노래(lyric songs)이다. 이 시에서 여호와와 주를 반복적으로 부르는 돈호법과 여호와의 능력과 주의 능력을 점층적으로 강조하는 표현은 서정시의 전통적인 방법이다. 특히 '파도가 언덕같이 일어나고 주의 바람이 일어나 그들이 흉용한 납같이 잠겼다'고 한 표현은 현대시의 훌륭한 비유법이다. 이러한 구성으로 여호와와 주의 능력을 구체화하면서 송가의 진면목을 보여주고 있다. 우리는 여기에서 몰턴의 견해의 타당성을 충분히 인정할 수 있다.

(3) 존재론적 문학관

존재론적 문학관은 문학작품을 하나의 독립된 실체로 보고 그것의 존재를 그것만으로 규명하고자 하는 것이다. 모방대상과의 관계에서 본 모방론과 독자와의 관계에서 대두되는 효용론과 표현의 주체인 작가와의 관계에서 성립되는 표현주의 문학관과는 달리 아무런 연관을 맺지 않는 상태에서의 작품 자체만을 보는 관점이다. 그러나 독립된 관점이 아닌 것에 주지해야 할 필요가 있다.

아리스토텔레스는 사물이 존재하기 위해서는 그것을 만든 사람과 그 목적과 재료와 형식이 필요하다고 하였다. 한 문학작품은 한 작가가 어떤 목적에 의해 재료를 사용하여 문학의 형식에 담아낸 실재이다. 그중에서 재료와 형식은 작품 자체의 본질과 관계된

다. 작품의 형식과 내용이라는 이분법적 논리가 아니라 내용의 골
격과 구조의 원리로서 그 작품의 특질을 나타내는 말이다.

표현론적 문학관에서 중요하게 인식되는 인간의 실체를 정립하
는 정신과 이성, 의식 그리고 상상이라는 개념은 작품 창작과정을
거치면서 실존의 개념으로 형상화된다. 실존은 정의될 수 없고 오
직 구체적인 경험을 통하여 각자가 깨달아야 하는 개념이다. 때문
에 실존론적 문학관에서는 한 작품이 작가의 총체적인 삶과의 관
계 속에서 의미를 지니게 되며 독자는 그 관계 속에 존재하는 그
무엇, 붙잡아서 실체를 보여 줄 수는 없지만 감득되는 공기의 흐
름 같은 그 어떤 의식, 그것을 찾아내야 한다. 단순히 '작품을 읽
는다'라는 행위를 초월하여 그 작품을 실존하는 모든 것의 총체로
받아드려야 한다.

(4) 표현론의 문학관

표현론의 문학관역시 문학의 심리학적 기원설의 하나인 자기표
현 본능설에 근거한다. 허드슨(W. H. Hudson, 1814~1922)의 주
장으로 문학이나 예술은 자기표현의 욕구를 충족시키기 위해 발생
했다는 학설이다. 그는 문학의 존재 목적은 "자기표현에 대한 인
간의 욕구, 그리고 인간과 그들의 행위에 대한 우리의 흥미, 그리
고 인간들이 살고 있는 현실의 세계와 실존을 떠오르게 하는 상상
세계에 있어서의 우리의 흥미 또 형식으로서의 형식에 대한 우리
의 사랑 때문"10)이라 하였다.

---

10) W. H. Hudson, *An Introduction to the Study of Literature* (Dover
Publication, London 1958).

문학작품을 그것을 쓴 작가와의 연관성 위에서 연구하게 될 때에 표현론적 관점이 대두된다. 문학은 작가의 내면세계인 사상이나 감정을 상징물들을 통해 형상화한 것이다. 이것은 작가의 주관적 체험내용이 문학이 된 것으로 보는 것이며 이 때문에 문학의 가장 중용한 요소를 체험과 상상에 두고 있다. 문학이 삼라만상을 모방한다는 관점과 외부세계의 사물이 작가의 내면적 정신상태에서 용해되어 나오는 표현론적 관점은 서로 대립적 관계처럼 보인다. 모든 작품이 작가 자신의 감정의 범람이고 발언이며 투사인 표현론에서는 한 작품의 독창성과 천재성이란 작가 자신의 새로운 체험을 향한 끝없는 탄구의 결과인 것이다.

따라서 모방론적 반영이나 재현이나 효용론에서 주장하는 실제적 효과는 표현론에서는 근본적으로 내면세계의 구현이 된다. 표현론의 관점에서는 문학은 현실을 담아내는 그릇이나 거울이 아니라 그 스스로 빛을 발하는 등불이다. 우리가 문학작품을 읽고 감동을 받는 것은 그 작가의 개인적 체험과 상상의 결과이므로 표현론적 문학관은 한 작가에 대한 총체적인 파악을 요구한다. 문학비평에 있어서 전기적 비평이나 심리주의 비평은 표현론적 문학관의 좋은 예이다.

3. 문학의 특성과 성서적 근거

문학적 현상과 비문학적 현상을 구별하려는 시도는 항상 좁은 의미에 있어서의 언어 예술적 효과를 중시해왔다. 인간의 최대의 관심이 삶에 직접 필요한 것인가. 아니면 부적절한 것인가로 구별

되듯이 문학의 기능은 실용성과 쾌락성으로 구별이 된다. 그 결과 문학이 인간에게 무엇을 할 수 있는가라는 담론으로부터 문학의 효용론을 주장하게 되었고 문학은 효용성 이상의 가치를 인생에게 부여해준다는 관점에서부터 문학의 쾌락설이 주장되었다.

우리는 살아 있는 동안 이 세상의 모든 사람을 모두 만나볼 수도 없거니와 그들 삶을 함께 경험할 수도 없다. 그러나 문학은 그 모든 삶을 두루 체험하게 한다. 이 세상의 모든 사람들을 사랑할 수는 없지만 문학은 그것을 가능하게 해준다. 그래서 문학의 보람은 문학 자체를 넘어선다.

문학의 특성에는 문학의 기능은 무엇인가라는 물음과 함께 우리에게 문학이란 무엇이며 왜 문학이 존재하는가라는 질문을 포함한다. 윈체스터(C. T. Winchester)는 이 문제에 대하여 문학은 그 특성상 항구성(permanence), 보편성(universality), 그리고 개성(individuality)적인 예술이라고 주장하고 있다.[11] 이 책에서는 상기의 문학을 보는 관점과 연계하여 이 특성들에 대하여 논의하고자 한다.

(1) 항구성

문학은 정밀하고 정확한 균형의 법칙이 아니라 하나의 살아 있는 생명체인 유기체로 그 자유분방한 활동이 허용되어야 한다. 과학은 지식의 소산이지만 문학은 상상력과 정서의 소산이다. 그럼에도 불구하고 문학의 기능과 효용 또는 목적에 관한 논의는 인간

---

11) C. T. Winchester, *Some Principles of Literary Criticism* (New York: Macmillen Company, 1950).

의 인식을 전제로 하기 때문에 가치관이나 시대적 상황에 따라 달라진다. 이제까지 논의된 문학의 기능은 대체로 두 가지로 압축된다. 문학의 실용성과 쾌락성이다.

드 퀸시(De Quincey, 1785~1859)는 문학을 지식의 문학(The literature of knowledge)과 힘의 문학(The literature of power)으로 나누었다.[12] 지식의 문학은 문학의 교육적 기능이며 힘의 문학은 사람을 감동시키는 문학으로서 문학의 쾌락성과 연계된다.

아리스토텔레스는 그의 카타르시스론에서 모방이란 즐거운 행위이며 인간은 실재의 상황보다 모방을 대할 때 더 순수하고 큰 기쁨을 경험하게 된다고 하였다. 코리지(Samuel Tayer Coleridge, 1772~1834)는 "모든 예술의 공통적인 본질은 미를 매개로 해서 쾌락이라는 직접목적을 위하여 정서를 자극함에 있다. 따라서 문학 역시 독자에게 쾌락을 줌을 직접 목적으로 하고 있으며 쾌는 정서를 자극함으로써 얻어지는 즐거움이다. 이때의 정서는 반드시 미를 매개로 자극받는다."[13]라고 하였다.

쇼펜하우어(A. Schopenhauer)도 문학의 본질은 미의 추구에 있다고 하였으며 하나의 체험으로서의 미적 쾌락을 강조하였다. 브래들리(A. C. Bradlley) "이 미적 체험으로서의 경험은 현실세계의 복사가 아니라 그 자체가 목적이며 그 자체만으로 완전하며 가

---

12) De Quincey, *Essay on the Works of Alexander Pope*, (North British Review, August, 1848).

13) Samuel Tayer Coleridge, *Biographia Literaria; or Biographical Sketches of My Literary Life and Opinions*. Eds. James Engell W. Jackson Bate. Princeton UP, 1983.2 vols. No.7 of The Collected Works of Samuel Taylor Coleridge.

치적이라 함으로써 인간이 세속적인 이해에서 해방되는 그 자체의
쾌감을 주장하였다."14) 윤리나 도덕과는 일차적으로 단절된 이런
체험이 진정한 쾌감을 준다고 한 칸트의 '무목적의 목적성'을 뒷받
침하는 말이다. 사람을 감동시켜서 즐거움을 느끼게 하는 것은 감
정의 작용이다. 그렇다면 문학작품이 전달하는 감정의 성질과 다
른 감정이라고 할 수 있을까?

이에 대하여 심리학자이며 미학자인 마셜(Henry Rutgers Mar-
shall)은 그의 미학 이론에서 고통, 쾌락을 미학적으로 설명을 하
면서(Pain, Pleasure and Aesthetic) "감정의 예술성의 판단은 쾌
감의 지속성 여하에 의해 결정된다"고 하였다. 그는 일시적인 쾌
감은 미감이 될 수 없다고 보았다. 뒷날에 어떤 종류의 쾌감을 회
상해 보았을 때 우리로 하여금 여전히 고통과 쾌감을 느끼게 하는
그러한 감정만이 미감이 될 수 있다는 뜻이다.15) 그러므로 어떤
감정이 정말 미감인지 아닌지는 쾌락의 지속성 여하에 따라 결정
되는 것이다. 이 미감의 항구성은 문학에도 그대로 적용이 된다.

웬체스터가 문학의 항구성을 그의 문학비평의 제 원리로 삼고
문학의 영구적인 흥미와 가치를 논함으로써 쾌감의 중요성을 강조
한 것은 이러한 원리에서이다. 그는 쓰인 문자로 인간이 만든 비
문학적 서적들과 문학적 작품이 구별되는 것은 전자(예를 들면 달
력이나 법률서적 또는 어떤 보고서 등)는 단지 진리를 함유하고
있을 뿐 그 자체가 불멸의 흥미와 영구적인 진리를 지니고 있는

---

14) A. C. Bradley, *Oxford Lectures on Poetry* (Lincoln-Rembrandt
    Publication, 1986).

15) Henry Rutgers Marshall, *Aesthetic Principles* (Adamant Media
    Corporation, 2001).

것이 아니라는 뜻이다.

　달력이 지닌 영구적인 진리나 항구적인 유용성은 여러 가지 다른 것에 적용되고 다른 형식으로 표현되고 또 실생활에 유용하게 쓰인다. 그것이 비록 사라진다 하더라도 그 진리에는 변함이 없다. 그럼에도 사람들은 그것을 다시 들추어 보고 싶은 흥미를 느끼거나 그를 통해 쾌감을 갖지는 못한다.

　그러나 문학은 대할 때마다 그 감흥이 새롭고 동일한 주제임에도 한 작품과 다른 작품에서 느끼는 쾌감이 전혀 다르다. 그 자체에 불멸의 흥미와 영구적인 진리를 지니고 있다. 그것이 인간의 감정과 정서에 호소하는 힘이며 그 힘으로 사람을 감동시킨다. 그러나 지식은 영속적인 힘인 데 비해 감정과 정서는 얼마나 쉽게 변하고 또 신속하게 사라져버리는가. 지식은 일종의 영구적인 습득이지만 정서는 끊임없이 변하는 감정의 연속이다.

　우리가 한편의 시에서 느낀 정서적 쾌감은 한두 시간 후에는 사라져 버릴 수 있다. 그러나 얼마간 지난 후에 그 시를 다시 읽는다든가 그때의 경험을 회상하게 될 때에 처음보다 더 큰 감동으로 우리의 마음이 움직이기도 한다. 그래서 그 작품을 다시 또 읽게 된다. 만약 그 작품이 불멸의 문학성을 지닌 것이라면 평생을 두고 다시 읽어도 여전히 감동이 새로울 것이다. 이것은 문학이 항구적인 불멸성을 지니고 있기 때문이다. 성서의 다음 시를 보자

　　　여호와는 나의 목자시니
　　　내게 보족함이 없으리로다
　　　그가 나를 푸른 초장에 누이시며
　　　쉴 만한 물가로 인도하시는도다

　　　　　　　　　　　　　　　　　　　　(시편 23:1-2)

『시편』에 기술된 이 시는 우리 맘을 움직이는 시적인 문학의 형식으로 기술되어 있다. 문학적 기술이란 언어의 리듬감과 내용의 은유와 상징성을 말한다. 구체적이면서도 감각적이어서 감동을 준다. 이 시의 저자 다윗은 여호와를 목자라는 시적 이미지로 표현하면서 나에게 가장 좋은 것으로 만족시켜 줄 수 있는 사람, 나와의 사랑의 관계에 있는 하나님을 그리고 있다.

이 시를 읽을 때마다 우리가 감동을 느끼는 이유는 목자의 품에 있는 나의 삶의 모습을 그려보기 때문이다. 우리가 인생이라고 하는 고해의 바다, 모래바람 이는 황량한 사막의 길에서 방황할 때마다 여호와가 나를 쉴 만한 곳으로 인도해준다는 믿음을 심어준다. 그 믿음이 나를 감동시키고 그 감동으로 인해 삶을 긍정적으로 바라보며 소망 중에 즐거움을 누리도록 하기 때문이다. 목자가 인도해주는 곳은 언제나 푸른 나무숲으로 둘러싸여 있는 물 흐르는 동산이다. 인간의 삶이 지속되는 한 앞으로도 이 시는 항구성이라는 문학적 특성을 잘 보여주리라 생각한다. 다음 글에서도 우리는 항구적인 쾌감을 느낀다.

> 사람이 사는 동안에 기뻐하며 선을 행하는 것보다 나은 것이 없는 줄을 내가 알았고 사람마다 먹고 마시는 것과 수고함으로 낙을 누리는 것이 하나님의 선물인 줄을 또한 알았도다.
>
> (전도서 3:12-13)

> 사람이 하나님이 주신 바 그 일평생에 먹고 마시며 해 아래서 수고하는 모든 수고 중에서 낙을 누리는 것이 선하고 아름다움을 내가 보았나니 이것이 그의 분복이로다.
>
> (전도서 5:18)

이 글에서 우리는 인생의 원리를 발견한다. 하나님은 인간에게 모든 좋은 것들을 주는 분이며 그 목적은 인간들로 하여금 그것을 즐기도록 함에 있다. 성서에는 즐거움과의 동의어로 아름다움이라는 말을 많이 쓰고 있다. 『시편』 16절에는 "내게 줄로 재어준 구역은 아름다운 곳에 있음이여 나의 기업이 실로 아름답도다" 하였고 "이러므로 내 마음이 기쁘고 내 영광도 즐거워하며 내 육체도 안전히 거하리니"(9절)라고 하였으며 11절의 내적인 자아의 참된 표현이라 하였다. "주의 우편에 있는 영원한 즐거움"은 아름다움과 동시에 넘쳐나는 즐거움을 보여준다. 우리는 여기에서도 단편적이지만 쾌감의 지속적성을 말하는 미감으로서의 문학의 특징과 함께 문학작품으로서의 성서의 항구적인 불멸성을 찾을 수 있다.

(2) 개 성

과학적 객관적인 사실의 기록에 대해서는 누가 기술하여도 변함이 없기 때문에 우리는 그 기술의 객관성에만 흥미를 가지며 기술자가 누구인가에 대해서는 별로 관심을 두지 않는다. 그러나 문학에 표현되는 정서는 작가 개인의 정서이며 그 정서를 통해 감동을 느끼는 것도 독자 개인이다. '사랑'이라는 같은 주제의 글에서도 작가마다 그 정서가 다르기 때문에 작가와 작품이 똑같이 문제가 되는 것이다. 문학이 개성적인 특질을 가지는 것은 이 때문이며 이는 곧 작가의 인격과 동일한 개념이다.

괴테(Goethe, 1749~1832)는 그의 『시와 진실』 제3부에서 "한 작가의 작품 속에는 그의 엄격한 오성, 순진한 감성, 활발한 구상력, 인간의 다양성에 대한 훌륭한 관찰, 각종의 차이에서 오는 특색 있는 묘사가 있다."고 하였고 『에커만(Eckermann)과의 대화』에서는 "작가의 문체는 그의 내적인 자아의 참된 표현이다"라고 하였다. 괴테는 누구든지 명석한 문체를 쓰려면 우선 그 정신을 명석하게 하여야 하고 누구나 위대한 문체를 가지려면 우선 그 자신 위대한 정신의 소유자가 되어야 한다고 생각하였다. 위대한 정신의 소유자만이 위대한 문체를 낳을 수 있다는 뜻이다. 괴테의 주장은 '인격을 문학의 발달의 원리'(The Principle of literary growth)로 보는 관점과 일치한다.

프랑스의 작가 뷔퐁(G. L. L. Buffon, 1707~1788)은 "문은 곧 인이다"라고 하였으며 헌트는 "사람은 문체다"(The man is the style)라고 말함으로써 문학과 인격과의 관계를 단적으로 보여주고 있다. 작가의 인격문제는 문체뿐만 아니라 모든 예술에 다 적용된다. 프랑스의 미학자 골티에(Paul Gaultier)는 그의 『예술의 의의』에서 "예술작품이 그 양식에 의해서 우리에게 무엇인가를 보여준다면 그것은 무엇보다도 그 사람의 인격이다"라고 하였다.

우리는 다음 시에서 어떻게 한 시인의 감정에 우리가 동화되는지를 살필 수 있다. 어떻게 시인의 내적 세계가 파악되며 다시 그 세계에서 태어나는 정서를 감득함으로써 우리 속에 글쓴이의 인격을 부활시킬 수 있는지 느껴보자.

> 하늘이 하나님의 영광을 선포하고
> 궁창이 그 손으로 하시는 일을 나타내는도다.
> 날은 날에게 말하고

밤은 밤에게 지식을 전하니
언어가 없고 들리는 소리도 없으나
그 소리가 온 땅에 통하고
그 말씀이 세계 끝까지 이르도다
하나님이 해를 위하여
하늘에 장막을 베푸셨도다.
해는 그 방에서 나오는 신랑과 같고
그 길을 달리기 기뻐하는 장사 같아서
하늘 이 끝에서 나와서
하늘 저 끝까지 운행함이여
그 온기에서 피하여 숨은 자 없도다.

(시편 19: 1-6)

　시인이 세계를 바라보는 사유 방식은 하나님 중심적 세계관을 형성하게 한다. 세계나 우주는 우연한 자연 현상이 아니라 창조주의 계획 속에 질서를 따라 존재하며 인간 역시 그의 피조물이라는 인간관을 보여준다. 우리는 이 시를 통하여 해와 하늘과 궁창과 밤과 낮의 질서와 조화에 대한 미감을 공유하게 된다. 그러나 이 모든 자연은 하나님의 권능의 상징성이며 하나님의 속성의 은유적 표현일 뿐이며 하나님 자체는 아니다.

　시인은 하나님의 존재 없이는 자연이 존재할 수 없다고 보았으며 자연은 그분의 사랑의 결과일 뿐으로 표현하고 있다. 시인 스스로 하나님에 대한 그의 인격을 자연을 통해 형상화함으로써 우리들의 인격을 그와 같은 정서로 감동시킴과 동시 확대시켜 준다. 이처럼 우리가 문학작품에서 경험하는 정서는 그것을 쓴 작가가 경험한 정서와 동일한 차원인 동시에 우리 각자에게는 독특하고 개성적인 것이다.

(3) 보편성

흔히 우리는 인간이 추구하는 가치를 진과 선과 미로 요약한다. 진(眞), 선(善), 미(美)는 인간의 문화 활동을 보증하며 자극하는 가치 이념이다. 진을 인간의 지성이 추구하는 가치라 한다면 선은 인간의 의지가 지향하는 가치이다. 그러나 심오한 학문이나 종교와 관계를 깊이 맺지 않는 사람에게는 진은 다소 거리감이 느껴지며 선은 의지가 그다지 굳세지 못한 사람에게는 실현하기에 부담스런 이념이다.

그러나 이와는 달리 미는 어느 누구에게나 그 나름대로 미적 감동으로 충실하게 체험되며 그 계기를 일상에서도 충분히 찾아볼 수 있다. 금도우신(今道友信)은 그의 『미론』에서 미적 감동의 이 보편성을 존재의 축복이며 인간의 희망이라 하였다. 「아침의 연못가」라는 다음 시를 읽어 보자

지나다가
아침의 정적 속에서 듣는
홍 방울새 노래
햇살처럼 황홀하다

조각구름에 간질이는
비단 잉어의 지느러미

바람은 일다
수초에 취하여
언덕을 넘는다.

송영옥, 『자궁의 그림자』에서

이 시에서 누구나 오월의 한날 아침의 상큼한 아름다움이 홍방울새의 노래처럼 쉽게 느껴진다. 햇살을 받아 반짝이는 호수의 표면에 머물며 비단잉어의 지느러미를 유희하는 한 줌 바람에서 신선한 아침이 느껴지고 마치 수초에 걸린 것처럼 머뭇거리며 언덕을 넘어가는 시간에서 짧은 봄날의 아쉬움이 느껴진다. 이 시에 접함으로써 우리는 시인이 직관하고 바라본 생의 흥취감에 어느 정도 접근해 볼 수 있는 것이다.

감정이나 정서는 순간적 개성적이면서도 보편적인 것이다. 사랑이나 희열뿐만 아니라 심각한 행위의 재현에서 느끼는 성찰에 대하여도 마찬가지이다.

> 내가 모태에서 적신이 나왔사온즉
> 또한 적신이 그리로 돌아 가올지라
> 주신 자도 여호와시오
> 취하신 자도 여호와시오니
> 여호와의 이름이 찬송을 받으실지니라
>
> （욥기 1:21）

시를 운율적 시형이나 주제를 다루는 시인의 태도에 따라 보편적으로는 서정시, 서사시 그리고 극시로 분류한다. 극시는 극 중 인물들로 하여금 서로 이야기를 하게 하는 대화체의 시이다. 구약의 욥기에 대해서는 게눈(J. F. Genung)은 "내면생활의 서사시"16) 라 했고 오웬(J. Owen)은 "『욥기』를 셰익스피어의 『햄릿』비길 수 있는 드라마"17)라 하였다.

---

16) Lyman Abbott, *The Life and Literature of Ancient Hebreus* (New York: Hough, Mifflin and Company, 1992).

위의 시는 욥이 천상에서 지상으로 옮겨지고 사탄이 그를 쳐서 모든 재산과 자식을 빼앗았을 때 부른 노래이다. 막대한 재산을 소유하고 있던 사막의 행복한 귀족인 욥이 하루아침에 삶의 모든 평화와 행복을 잃게 되었을 때에 그 참담한 불행은 말로 표현할 수 없는 상황이었다. 그러나 우리가 이 시에서 느끼는 것은 인간의 힘으로 어찌할 수 없는 생과 사의 문제에 대하여 철학적 성찰을 느끼게 한다.

그리고 죽음을 하나님의 섭리로 인정하는 생에 대한 철저한 긍정적 관점을 발견하게 된다. 인간의 감정과 사상의 상호작용이라는 극적인 이 드라마에서 인간이 느끼는 것은 삶과 죽음에 대한 우리의 보편적 관점이다. 우리가 욥의 시대가 지나갔음에도 불구하고 『욥기』에서 여전히 살아 있는 문학정신을 발견하는 것은 인간의 불멸하는 정서에 호소한 서사시로서 그 보편성 때문인 것을 알 수 있다.

개인의 정서는 순간적이고 개성적인 것이지만 인류의 보편적 정서와 감정은 시대를 초월하며 또 변하지 않는다. 감정과 정서의 이 보편성을 노래한 것이 문학이다. 천부의 문학적 재능이 없더라도 문학을 통해서 향수할 수 있는 이 미로 인하여 인간의 삶은 행복한 광휘를 맛볼 수 있다. 진이 존재의 의미라면 선은 존재의 기능이다. 그리고 미는 존재의 축복이다.

프랑스의 미학자 쥐요(M. J. Guyau, 1854~1888)는 그의 『사회적으로 본 예술』이란 책에서 "예술적 감정은 원래 그 본질에 있어서 사회적인 것이다. 결과로서 나타나는 개인의 생명은 좀더 큰

---

17) Lyman Abbott, *The Life and Literature of Ancient Hebreus* (New York: Hough, Mifflin and Company, 1992).

보편적인 생명과 결합시킴으로써 이것을 확대하는 것이다"라고 하였다. 즉 문학은 한 작가의 개성이 보편성을 지님으로써 그 문학적 생명이 길다고 하였다.

이상의 문학의 특성에서 살펴본 바와 같이 위대한 문학은 항구성과 보편성 그리고 가변성을 갖는다. 문학의 항구성이란 시간적으로 영속하고 생명을 지니는 특성이며 보편성이란 공간적으로 공통성을 지님으로써 영속하는 명력을 갖는다는 뜻이다. 문학작품이 이렇게 통시적으로 영원하고 공시적으로 보편성을 지니는 이유는 문학이 감동을 통해 인간의 정서에 호소하기 때문이다. 그래서 문학은 진리를 포함하는 책이 아니고 그 자체가 불멸의 흥미며 항구적인 진리이다.

지식은 한번 습득하면 오래가지만 정서는 곧 소멸된다. 지식을 위하여서는 단 한 번 텍스트를 읽어 지식을 얻은 뒤에는 다시 읽을 필요가 없지만 정서를 다루는 문학은 거듭 읽고 음미함으로써 사라져 갔던 감정을 회복시킬 수 있다. 우리가 위대한 작품을 두고두고 읽는 이유가 여기에 있다. 위대한 작품을 읽을 때마다 새로워지는 것은 정서가 부단히 변화하는 경험의 연속이기 때문이다. 이 변하는 경험의 연속은 상대적으로 문학을 시간과 공간을 초월하여 항구적인 생명을 유지하게 만드는 요인이다.

윈체스터는 그의 『문학 비평의 제 원리』에서 이 부분에 대하여 매우 명쾌한 설명을 하고 있다. 인간 개개의 정서는 순간적이지만 인간정서의 일반 특징은 크게 변하지 않는다. 연속하고 있는 각 감정의 물결은 잠깐 동안 일어나서 부서져 버리지만 물결의 대양은 여러 시대에 걸쳐서 끊임없이 물결치고 있다. 때문에 호머시대나 단테의 사랑이 오늘 날의 사랑과 별로 다를 바 없으며 오대양 육대주의 사람들의 감정이 많은 점에서 서로 닮아 있다. 변하는 것은 정서가 아니라 사상이며 정서 자체가 아니라 정서의 표현 방법일 뿐이라 하였다.

영문학 사에서 인류의 역사상 가장 오랜 감동을 주는 고전들은 호머의 『일리아드』와 『오디세이』, 단테의 『신곡』, 셰익스피어의 『햄릿』을 비롯한 4대 비극이다. 이들 작품은 지식을 논리적으로 학술적으로 쓴 것이 아니라 가장 보편적인 인간의 진실을 보편적인 인간의 정서에 호소했기 때문이다. 그리고 이에 못지않게 문학적 진실로서 영속적이고 보편적인 생명력을 지니고 있는 작품이 성서다.

> 하나님이 세상을 이처럼 사랑하사
> 독생자를 주셨으니
> 이는 저를 믿는 자마다 멸망치 않고
> 영생을 얻게 하려 하심이라
>
> (요한복음 3:16)

이 시는 자식에 대한 어버이의 사랑을 하나님만이 지닐 수 있는 속성으로 나타낸 것이지만 시의 생명력은 시대와 민족을 초월한 인류적 보편적 정서에 일치하기 때문이다. 또 인간의 역사가 계속되는 동안은 이 사랑의 속성은 변할 수 없을 것이다. 사랑은 윤리나 도덕으로 설명할 수 없다. 하나님의 사랑은, 부모의 사랑은 정서적이고 감성적이다. 연민의 감정이며 희생적이 사랑이다. 어버이의 사랑은 도덕적인 세계가 아니라 충만함을 느끼는 감동의 세계이다. 그래서 이 시에는 영원한 생명력이 존재한다.

4. 문학의 요소와 성서적 근거

윈체스터는『문학 비평의 제 원리』에서 문학의 성립요소를 정서 (emotion), 상상(imagination), 사상(thought), 그리고 형식(form) 이라 하였다. 정서란 인간이 사물에 부딪쳐서 일어나는 온갖 감정 이다. 자극이 되는 사물에 대한 지각, 환기에 따라 감정과 신체의 변화가 일어나 일정한 상태로 지속되다가 끝나거나 다른 정신 상 태로 옮아가는 의식의 과정을 말한다.

미적 정서가 문학을 만드는 기본 요소라 한다면 상상은 이 기본 적 요소를 극대화시켜 주는 문학의 과정이다. 이미지를 형성하고 문학의 독창성을 만들어 주는 요소이다. 그리고 사상은 문학작품 의 작품성을 결정해 주는 요소이다. 문학은 언어 예술이며 언어는 의미를 지닌 기호이다. 문학이 의미를 내재한 언어형식이라는 점 에서 문학의 사상성은 필수요소이다. 그리고 작가가 모든 정서와 사상을 독자에게 이식하려는 방법과 수단이 문학의 형식이 된다. 그렇다면 이 요소들이 어떤 의미를 갖는 것일까?

(1) 정 서

톨스토이(Leo Tolstoy, 1828~1910)는『예술이란 무엇인가』에서 모든 정서와 감정은 원리 면에서 문학의 요소가 된다고 하였다. 다음은 그의『예술론』에서 원문 그대로 인용한 것이다.

예술은 한 사람이 딴 사람, 혹은 많은 사람들을 자기와의 꼭 같은 감정으로 끌어넣기 위한 목적을 가지고 어떤 외적 양식으로 그 감정을 표현하는 경우에 발생하는 것이다. 극히 간단한 예를 들자면 늑대를 만나 공포를 경험한 소년이 있어, 그 경험담을 말한다고 하자. 소년은 자기가 경험한 감정을 딴 사람에게 일으키게 하기 위하여 늑대를 만나기 전의 자기의 상태와 그 주위의 사정과 삼림, 그리고 자기 자신의 멍청했던 사실을, 그리고 늑대의 출현과, 그 동작과 자기와 늑대와의 거리 등을 상세하게 말을 한다. 그것은 모두 만일 그 소년이 그 이야기를 할 때, 다시 자기가 경험한 감정을 일으켜 듣는 사람에게 감염시켜서 그들에게 자기가 경험한 것을 느끼게 하였다고 하면 그것은 예술이다.

어린 아이의 경험의 실재인 공포는 처음에는 너무나 무서워서 아무런 생각도 할 수 없게 만든다. 그러나 공포에서 벗어나 마음이 침착해졌을 때 그 일을 회상하게 되고 그것을 표현하고자 한다. 이때 회상 속에서 일어나는 경험의 공포는 최초의 것과 다르다. 최초에 느낀 경험의 공포가 실제라면 회상 속의 정서는 그림자이다. 톨스토이는 이 예를 통하여 예술은 실감에 준거하면서도 실은 그 형체를 떠나 그림자를 따르는 세계임을 설명하고 있다.

이 현상을 좀더 미학적으로 부언하면 문학적 정서란 심리적인 순화의 과정을 필요로 한다. 우리가 기쁜 일이나 슬픈 일을 당했을 때 느끼는 기쁨이나 슬픔 그대로는 문학적 정서가 될 수 없다는 뜻이다. 심리적인 순화과정을 금도우신은 '미적 과정(aesthetic process)'이라 하였다. 문학에서도 감정과 정서가 미적 정서가 되려면 이 순화과정을 거쳐야 하는데 톨스토이는 이를 '실감의 유리'와 '실감의 보수'로 나누어 설명하고 있다. 실감의 유리란 실감에서 떨어져 나간 상태로서 실감과 비슷하나 사실은 그 그림자에 불

과한 상태를 말한다. 실감의 보수란 실감을 생자 그대로 표현하는
것이 아니고 선택하고 수정하고 보완해서 표현한다는 뜻이다. 결
국 미적 과정이란 묘사하려는 소재와 대상을 실감에서 유리하여
바라보고 그것들을 작가의 의식 속에서 여과하고 정화하고 순화하
여서 그 정수를 뽑아내는 과정이다.

이러한 미적 정서를 미학적으로 주장한 이론으로는 마셜(Mar-
shall)의 『쾌감영속설』, 산타야나(George Santayana, 1863~1952)
의 『쾌감 유리설』, 립스(T. Lipps)의 『감정 이입설』, 보잔켓(B.
Bosanquet, 1848~1923)의 『관조설』 등이 있다. 이들 주장의 공통
적인 특징은 정서는 쾌감의 일종이지만 정서가 될 수 있는 쾌감은
반드시 영속적이어야 하며 상관적이고 보편적인 것이어야 한다고
주장하고 있다.

영속적 쾌감이라 함은 음식을 먹은 후의 포만감 같은 것이 아니
라 아무리 채워져도 갈증을 느끼는 그 어떤 상태에서 느끼는 쾌감
을 말한다. 상관적이란 대상의 성질 자체와 관련된 쾌감을 말하며
공통적이란 다른 사람에게 나누어 줄 수 있는 보편성을 지닌 쾌감
을 말한다. 또한 미적 정서를 경험하는 마음은 언제나 관조적이어야
한다고 했다. 관조적이란 미적 현상을 그대로 정관하는 태도이다.

> 하나님이여
> 사슴이 시냇물을 찾기에 갈급함같이
> 내 영혼이 주를 찾기에 갈급하나이다.
>
> (편 42:1)

이 시는 고라의 자손 중 한 사람이 예루살렘 성전에서 하나님을
경배하던 시절의 즐거움을 회상하면서 쓴 것인데 문학적 쾌감의

의미를 매우 잘 드러내준다.

콜리지는 그의 자서전적 문학관에서 문학은 "인간의 전 영혼을 끊임없이 활동케 한다"고 하였다. 성서가 위대한 문학이라고 생각하는 대부분의 사람들은 성서 속에 포함되어 있는 시가와 이야기, 그리고 장엄한 문체 때문이라고 하지만 내가 성서를 문학이라 보는 기준은 코올리지의 주장에 근거하고 있다. 성서는 인간의 전 영혼을 끊임없이 활동하게 한다. 그로써 영혼은 생기를 공급받고 소생하는 것이다.

코올리지의 문학의 이 원칙을 드 퀸시는 '힘의 문학'(The Literature of Power)이라 불렀다. 이는 한 존재의 지적 정서적 수준에서의 힘을 의미한다. 이러한 문학의 원칙들이 바로 성서문학에 그대로 적용되며 내가 가장 매력을 느끼는 부분들이다. 그렇다. 성서를 읽는다는 행위는 인간의 전 영혼을 활동의 상태로 가져간다는 뜻이다.

정서란 윤리적이고 사회적인 기본적 정신구조와 함께 오는 희, 노, 애, 락의 감정이다. 영국의 문예비평가 러스킨(John Ruskin, 1819~1900)은 『근대화가론』에서 미적 정서를 사랑, 존경, 찬탄, 기쁨과 이에 대응하는 미움, 분노, 공포, 슬픔으로 유형화하였다. 그러나 사람마다 같은 정서에 보이는 감정은 매우 개성적이고 또 다양하다. 정서란 마치 악기와 같아서 민감하면 할수록 외부의 미세한 자극에도 반응을 보인다. 그 때문에 늘 새롭고 신선한 것이다.

헨리 제임스는 '정서는 일종의 유기적 또는 전신적 감각'이라 보고 문학작품의 구성 요소에도 유기체적 구성 원리를 주장하였다.

그는 자극이 되는 사실의 지각과 함께 따라오는 신체적 변화에 주목하고 그 변화의 의식이 곧 정서라 하였다. 정서는 마음을 움직일 뿐만 아니라 정서의 정도에 따라 신체적 변화를 동반한다. 슬픔의 정서는 단순한 슬픔의 감정뿐이 아니라 신체의 기관들이 긴장되거나 이완되어 혈액 순환에도 영향을 미친다. 이러한 예술의 정서적 기능이 육체적인 건강과 질병의 예방에까지 영향을 미치고 있다.

이 정서의 최고의 기능은 무엇일까. 헌트는 "시란 진리와 미와 힘에 대한 열정의 발언"이라고 정의하면서 정서의 최고의 기능을 열정으로 보았다. 마태복음과 마가복음, 누가복음, 요한복음의 성서 내용을 바탕으로 하여 그리스도가 지상에 머문 마지막 12시간의 동안 겪은 고초를 그린 영화『패션 오브 크라이스트』(The Passion of The Christ)는 사랑의 최고의 단계가 열정인 것을 보여준다.

이 영화는 멜 깁슨이 제작과 각본 감독, 1인 3역을 맡고 베네딕트 피츠제럴드가 각색하였는데 이탈리아의 로마에서「브레이브 하트」로 감독상을 거머쥔 멜 깁슨은 "인간이 전할 수 있는 가장 위대한 이야기는 그리스도의 수난"이라 하였다. 그리고 여전히 21세기에도 수백 년에 걸친 인류의 역사가 건축과 조각과 회화 속에 요동치며 흘러가는 곳 로마는『패션 오브 크라이스트』로 1세기 예루살렘으로 돌아가는 듯한 효과를 낳았다.

영어의 passion의 어원 passio는 고통을 받는다는 뜻이다. 단순히 사랑한다라는 감정의 차원을 넘어서 사랑하기 때문에 그를 위하여 자신의 전부를 헌신하고 희생하는 차원의 사랑이 열정이다. 그리스도의 인류를 향한 사랑을 표현한 그의 수난(The Passion)

과 수난극(The Passion Play)이 불멸하는 생명성을 지니고 오늘날까지 감동을 주고 있는 것은 이 때문이다.

> 그가 찔림은 우리의 허물을 인함이요
> 그가 상함은 우리의 죄악을 인함이라
> 그가 징계를 받음으로 우리가 평화를 누리고
> 그가 채찍에 맞음으로 우리가 나음을 입었도다
> 우리는 다 양 같아서 그릇행하여
> 각기 제 길로 갔거늘
> 여호와께서는 우리 무리의 죄악을
> 그에게 담당시키셨도다
>
> (이사야 53:5-6)

기독교 교리의 알파요 오메가는 사랑이다. 성서는 이 사랑을 주제로 형상화한 작품이다. 성서에서 보여주는 사랑이라는 이 정서의 최고의 단계는 곧, 열정이다. 열정은 사랑의 대상에게 바치는 헌신이며 사랑하는 사람을 위한 자기희생이다.

사랑이라는 이 단순한 정서 속에 문학이 존재한다는 사실은 누구나 경험해 본 일이다. 그래서 사랑을 분석하면 그 속에 문학이 있다. 사랑하는 그 사람의 모습이 문학적 용어로는 '형상성'이다. 사랑에 빠져서 정신을 차릴 수 없는 시기에는 눈길 닿는 곳마다 그 사람의 모습이다. 내 의지와는 관계없이 그 사람의 모습이 도처에 나타난다. 그래서 눈을 감고 걷거나 눈을 뜨고 걸어도 보이는 건 그 한 사람뿐이다.

문학도 그렇다. 대상을 충만한 애정으로 바라보면 그것이 또렷한 형상으로 다가선다. 그것을 어떻게 형상화하는가는 기교의 문제이

나 대상에 대한 충만한 애정이 그리고 그 애정이 성숙하여 열정의
단계에 이르는 그 상태에 바로 문학의 본질이 있다. 그래서 진정한
문학은 기교가 대상에 침잠된 상태에서 만들어지는 것이다.

작가란 바로 자연 현상 속에 매몰되어 있는 진리와 미와 힘을
새롭게 발견하여 독자에게 전달하려고 노력하는 사람이다. 때문에
그 스스로 먼저 열정을 가져야 한다. 인간에 대하여 열정을 가진
창조주 하나님과 구세주 예수 그리스도야말로 시인 중의 시인이
다. 그를 주제로 만들어진 성서가 불멸의 가치를 지닌 문학작품인
것은 정서의 최고의 경지를 표현한 작품이기 때문이다. 하나님의
패션은 윤리적인 것이 아니고 정서적이고 감성적이다.

> 하나님이 세상을 이처럼 사랑하사
> 독생자를 주셨으니
> 이는 저를 믿는 자마다 멸망치 않고
> 영생을 얻게 하려 하심이라
>
> (요한복음 3:16)

윈체스터는 미적 정서는 문화의 요소 중에서 가장 기본적인 제
일차적 요소로 보았다. 그리고 사상과 관념까지도 정서화하여 낼
수 있는 정서적 효과의 표준을 다섯 가지로 제시하고 있다. 정서
의 순수성과 적절성(justice & propriety), 정서의 발랄성과 힘
(vividness & power), 정서의 지속성과 안정성(continuity &
steadiness), 정서의 범위와 다양성(range & variety), 정서의 격과
품위(rank & quality) 등이다. 이 효과는 정서의 조직화이며 형성
화이다. 정서의 구성화인 동시에 화신화의 과정이다. 상상이란 바
로 정서의 이러한 과정을 말한다.

(2) 상 상

헨리 제임스는 인간의 의식에 대한 현대문학적 접근은 사유하
지 않는 의식 – 무의식 – 의 영역까지도 포함한다고 보고 이 영역
에 해당하는 것을 상상이라 하였고 라깡(Jacques Lacan)은 "상상
의 영역이란 행위자가 기능하고 형태를 가지며 의미를 부여받는
장소까지를 포함한다"[18]고 하였다.

워즈워스(William Wordsworth, 1770~1850)는 콜리지가 공동으
로 집필한 『서정 담시집』(Lyrical Ballads)의 서문에서 "시는 힘찬
감정의 자연적인 넘쳐남"(Poetry is the spontaneous overflow of
powerful feelings)이라고 정의함으로써 시적 상상력은 시인 각자
의 내부에서 용솟음쳐 나오는 상상력의 발로로 보고 상상이란 강
력하고 자발적인 감정이라 하였다. 감정이 시간의 경과에 따라 가
라앉아 앙금으로 남아서 이를 마음속에서 재생하여 최초의 감정과
같은 감정이 되살아나게 함으로써 시를 쓴다.

콜리지는 그의 『문학 평전』에서 상상을 기계적인 상상(fancy)과
창조적인 상상(imagination)으로 나누었다. 전자는 창의성이 결려
된 상상으로 융통성 없고 규칙에만 얽매인 공식화된 지능의 형태
로서 피동적이고 단순하며 반복적인 상상이다. 반면 후자는 자발
적인 것으로서 통합하는 능력이 있으며 창조적이고 생명력이 있는
상상이다.

그는 창조적인 상상을 다시 세분화하여서 제1상상(the primary
imagination)과 부차적 상상(the secondary imagination)으로 구분하

---

18) Bruce Fink, *The Lacanian Subject Between Language and Jouissance*
(Princeton: Princeton UP, 1997).

였다. 제1상상은 모든 인간이 갖고 있는 인식능력(perception)을 말한다. 그는 인간의 인식능력이란 무한한 신의 창조능력이 인간의 유한한 지적 능력 속에서 재현되는 것으로 보았다. 즉 인간의 인식능력은 창조성을 지니고 있으며 이 창조성을 상상으로 보았다는 뜻이다.

예를 들어 우리가 개를 스케치한다고 하자. 우리는 눈, 코, 입, 다리, 꼬리 등 개의 한 측면만을 그릴 뿐이다. 우리의 인식 능력은 이 스케치에 빠져 있는 부분들을 모두 끼어 넣어서 그것이 나타내는 것이 개라고 인식하게 된다. 이것이 바로 인간의 인식능력으로서 상상이다. 그러나 이 상상력이 창조성을 지닌다는 주장은 적절치 않다고 생각한다. 개의 특징을 인식하는 것은 창조가 아니라 창조된 개에 대하여 그 특징들을 발견하는 것이기 때문이다. 낭만주의 시대에는 인간의 상상이 창조적인 능력을 지닌다고 주장했다. 그러나 나는 창조란 하나님의 영역에서만 가능한 것이며 인간은 어디까지나 하나님의 창조성을 모방할 뿐이라고 생각한다.

부차적 상상은 제1상상을 근본으로 하며 그 위에 워즈워스가 말한 생명력(vital)을 더한 것이다. 생명력의 중요한 특질은 생동성이다. 생명은 그 자체가 성장하며 번성하는 힘을 지닌다. 때문에 상상은 "서로 불일치하거나 반대되는 특징들을 조화시키고 화합시키는 것"(the balance or reconciliation of opposite or discordant qualities)[19]이다. 콜리지는 상상을 아주 역동적이고 창조적인 어떤 것으로 보았다. 따로 떨어져 있는 서로 연관성 없는 외계의 사물을 창조적으로 재구성할 뿐 아니라 서로 반대되는 특질까지도 포용하여 조화시키는 적극적인 진취능력이다.

---

19) Abrams, M. H., et al., eds. *The Norton Anthology of English Literature* (New York: W.W. Norton, 1979. 4th ed. 2 vols).

여호와 하나님이 흙으로 각종 들 짐승과 공중의 새를 지으시고
아담이 어떻게 이름을 짓나 보시려고 그것들을 그에게로 이끌어
이르시니 아담이 각 생물을 일컫는 바가 곧 그 이름이라

(창세기 2:19)

이는 인간의 상상의 위대함을 극적으로 보여준다. 어떻게 그 많
은 종류의 동물과 식물에게 망설이거나 주저함 없이 즉각적으로
그 특성에 적합한 이름을 지어주었을까. 우리는 이 장면에서 모든
자연에서 느낀 아담의 미적 정서가 그의 상상을 통하여 어떻게 대
상 개개의 특징들을 파악하게 되었는지 그 힘을 느낄 수 있다. 다
른 창조물과의 조화와 화합을 통한 상상의 운동력을 본다. 참으로
가슴 뛰는 경험이다. 미적 정서의 쾌감이 우리로 하여금 전율적인
감동을 느끼게 하는 것이다.

그러나 나는 개인적으로 인간의 상상은 하나님의 창조세계를 뛰
어넘지 못한다는 문학적 신념을 가지고 있다. 아무리 인간의 상상
이 무한하여도 하나님의 창조세계를 뛰어 넘을 수 없다. 때문에
문학이 찾아 펼쳐 보이는 가치도 결국 하나님의 창조세계의 일부
이며 문학을 통해 인간이 찾아가는 길도 하나님의 창조세계를 발
견하는 것에 불과하다. 신의 무한한 창조력이 인간의 지적 능력
속에 재현되는 것일 뿐 그 자체는 창조가 아닌 모방인 것이다.

무엇보다 문학에서의 상징은 이 사실을 잘 보여준다. 인간의 찰
나적(시간적)인 것 속에 영원한 것이 드러나 있고 전체를 내 보이
면서도 전체라는 통합체 속에 일부분으로 살아 있어 전체를 드러
내는 것이다. 상징은 상상의 통합작용이다. 하나님이 인간을 자신
의 형상으로 만든 것은 영원과 시간이라는 개념이 서로 상반되는

대비개념으로 독립되어 있는 것이 아님을 나타낸다. 시간 속에 영원이 내포되어 있고 영원 속에 시간이 내포돼 있다.

하나님이 인간을 창조한 후 보기에 매우 좋아서 축복한 말씀이 '다스리고, 충만하고 정복하라'였다. 그는 인간에게 자신의 창조세계의 모든 것을 주기를 원하셨다. 그것을 볼 수 있는 힘이 상상이다. 상상으로 그의 세계를 공유하고 다스리고 정복하면서 인간으로 사는 쾌감을 충만하게 누리는 것이다. 성서는 이 사실을 미학적 언어로 묘사하고 있다. 성서가 불멸의 문학작품인 것은 바로 이 때문이다.

> 하나님이 가라사대 우리의 형상을 따라 우리의 모양대로 우리가 사람을 만들고 그로 바다의 고기와 공중의 새와 육축과 온 땅과 땅에 기는 모든 것을 다스리게 하자 하시고 하나님이 자기 형상 곧 하나님의 형상대로 사람을 창조하시되 남자와 여자를 창조하시고 하나님이 그들에게 복을 주시며 그들에게 이르시되 생육하고 번성하여 땅에 충만할라 땅을 정복하라 바다의 고기와 공중의 새와 땅에 움직이는 모든 생물을 다스리게 하라 하시니라
>
> (창세기 1:25-28).

문학의 근본 요소인 정서는 이렇게 상상을 통해서 더욱 극대화된다. 상상은 문학의 과정이다. 상상은 문학의 이미지를 형성하고 문학의 독창성을 만들어 문학과 비문학을 구별하는 단서를 준다. 그런데 예술의 세계, 문학의 세계는 가공의 세계이며 허구의 세계이다. 그러나 가공이나 허구의 세계라고 해서 근거 없는 몽상의 세계가 아니다. 어디까지나 현실에 발을 딛고 그 체험을 바탕으로 한 가능성의 비전이다. 아리스토텔레스는 역사와 문학의 차이점을

사실의 기록과 가능성의 기록이라 하였다.

미적 정서는 관조할 수 있는 어떤 대상 속에 구체화된 일종의 쾌감에 마음을 놓아두는 상태이다. 그 상태가 상상의 작용으로 암시된 여러 가지 가능성을 추구하고 이를 천명하려는 마음의 상태가 된다. 즉 경험의 접합에 의하여 마음이 활발하게 활동하도록 하는 것이 상상이다. 어떤 사상이 다른 사상에 대하여 어떤 관계가 있는지를 생각하는 마음의 작용도 상상이다.

에디슨(Joseph Addison, 1672~1719)은 그의 『상상의 쾌락론』(The Pleasure of the Imagination)에서 예술작품이 독자에게 호소하는 마음의 작용으로서의 상상에 대하여 다음과 같이 말하고 있다.

> 시인에 의해서 말해진 어떤 사건이 왜 실제의 사건이나, 이와 유사한 사건에 비하여 한층 더 강하게 사람을 움직이며, 더욱이 그것 자체에 대한 불쾌한 행위나 물상의 묘사가 시인에 의하여 시도되었을 때에 왜 우리들을 유쾌하게 감동시키는가? 그 이유는 다름 아니라 예술 작품들이 상상에 호소하기 때문이다.

상상은 심리적인 기능이다. 과거의 체험적 요소에서 얻어진 쾌감이 상상과 결합되어 새로운 가능의 세계를 창조하는 원동력이 된다. 그래서 제임스는 "상상이란 용광로와 같은 작용을 하는 것으로서 작가의 의지력 한계 밖에 있으면서 그 자체가 생명력을 지니고 생성하고 번성하는 그 어떤 것"[20]이라 하였다.

---

20) Henry James, Preface to "The Lession of the Master", *The Art of Novel: Critical Prefaces*, ed. R. P. Blackmur (New York: Scribner's Sons, 1962).

(3) 사 상

　문학에서의 사상은 작가의 인생관이나 세계관을 뜻한다. 정서와 상상이 문학의 독창성을 만든다면 사상은 작품의 위대성을 결정한다. 사상이 뛰어나고 독창적이면 그 작품은 위대한 문학이 될 수 있다. 사상이란 관념을 생활 속에 힘차게 그리고 아름답게 적용시키는 것이다. 위대한 작가는 인생의 관찰자인 동시에 인생에 대하여 생각하는 사람이다 사상은 인생에 대한 생각이다.

　인간에게 내재적이며 고유한 능력인 정서는 습득할 수도 모방할 수도 없다. 그러나 사상은 사회적인 것이기 때문에 습득되고 모방된다. 때문에 위대한 문학은 개인의 힘과 시대의 힘이 결합하여 만들어 낸다. 일찍이 괴테는 『햄릿』이 위대한 것은 당시 영국을 풍미하던 사회 풍조인 실용적 실천적 흐름에 인간의 반성적 정신을 불어넣었기 때문이라고 하였다.

　그러나 문학에서 사상이라 하는 것은 철학이나 학문의 사상과는 다르다. 미적 정서에 의해 순화된 사상만이 문학의 사상일 수 있다. 작가의 인생관이나 세계관에 의해서 작품 속에 용해된 의미내용이므로 사상을 생경하게 노출하면 작품의 문학성이 떨어진 경우가 있다. 우리는 그 한 예를 톨스토이의 『부활』에서 찾아볼 수 있다. 프랑스의 유명한 소설가이며 극작가이며 비평가였던 로망 롤랑(Romain Rolland, 1866~1944)은 톨스토이의 부활은 '예술적 성서'라 하였다.

　그럼에도 불구하고 이 작품의 말미에서 톨스토이가 소설구성이나 전개상의 필연성도 없이 억지로 산상보훈을 도입하여 복음적인 결론으로 이끌고 간 것에 대해서는 많은 비평가들이 문학이 아닌 설교

가 되어버렸다고 지적하고 있다. 소설의 말미에서 '빛의 자아'에 의
해 거듭난 네플류도프의 위대한 기독교적 사상에도 불구하고 작품
의 문학성은 논란의 대상이 되었다. 다음은 주인공이 '포도원의 농
부의 우화'를 기억하고 변화를 받는 장면으로 논란이 된 부분이다.

> "너희는 하나님의 나라와 그 의를 구하라. 그러면 나머지 것은
> 모두 너희에게 돌아가리니"라고 하는데 우리는 그 나머지 것만을
> 찾고 있었으니 그것이 발견되지 않는 것은 당연한 것이다. "그렇
> 다. 그것이 내 평생의 사업이다. 이 한 가지 일이 끝나자 또 한 가
> 지 일이 시작되는 것이다." 이날 밤부터 네플류도프에게는 새로운
> 삶이 시작되었다. 그것은 그가 새로운 생활 속에 들어갔다는 것뿐
> 만 아니라 그때부터 그에게 일어난 모든 것이 이제와는 전혀 다른
> 의미를 갖게 되었기 때문이다. 그의 생활의 이 새로운 시기가 어
> 떤 식으로 결말을 맺을지, 그것은 미래가 보여줄 것이다.

이 종교적 결론은 소설의 자연스런 유기적 흐름을 따르지 못하
고 있다. 제임스는 위대한 소설이란 작가의 미적 정서와 상상과
사상과 형식이 한 작품 속에서 생명의 유기체로서의 관계를 맺어
야 한다고 하였다. 발레리(Paul Valery, 1871~1945)도 사고(사상)
는 과일 속에 묻힌 영양소처럼 시구 속에서 숨어 있어야 한다고
함으로써 사상은 반드시 미적 정서 속에서 융해되어야 한다고 강
조하고 있다. 다음 글은 미적 정서의 순화과정을 거친 기독사상의
한 예를 보여준다. 이 글의 작가는 언어예술의 가치를 단순한 이
론의 영역이나 학문적 한계의 영역을 초월하여 상징적으로 획득한
인생의 상념으로 향해 완성하자 한다.

사랑은 열정이라는 또 하나의 얼굴을 한다. 열정은 춤을 통하여 형상을 갖추는 사랑의 오르가슴이다. 그 속에서 우리는 얼마나 매력적인 존재로 되는 것일까. 매력은 묻기도 전에 서로에게서 긍정의 답을 이끌어 내는 능력이다…… 사랑의 자유는 아무것도 요구하지 않고 아무것도 바라지 않는 데 있다. 사랑을 춤춘다 함은 바로 이 자유를 춤추는 것이다. 그것은 원초적 욕망과 고매한 사상을 삶 속에 조화롭게 통합하는 행위이다. 뭐랄까. 열정이나 냉정의 서로 분리된 상태를 제거하여 하나의 중심 속에 결합시키는 것, 두 사람의 대립되는 요소가 소멸되었을 때에 이루어지는 통합의 세계이다. …… 그리스도의 십자가의 상징성이 사랑인 것은 이 때문이다. 나는 우리의 사랑을 춤추면서 그리스도의 십자가의 사랑의 높이를 헤아려 알게 되었다. 사랑은 숨어 있는 중심을 향해 모아지려는 절규 같은 것, 사랑하는 상대 속에서 자신을 소멸시키고 그 중심에서 녹아 버리려는 강렬한 욕망, 그래서 사랑의 최고의 단계는 열정이다. 열정은 자기를 온전히 내어줌이다.

(송영옥 문학 에세이, 『사랑아, 나는 오늘도 너를 춤춘다』 중에서

문학은 인간의 삶 전체를 그릴 수 있다. 그러나 그 속에서 초월적 진실(transcendental truth)을 찾아야 한다. 보이는 대상을 넘어 인간의 정신영역을 그려내야 한다. 그런데 사상은 철저히 외부로부터 들어오는 영역이다. 모든 사상은 배우거나 들어서 간직하게 된 보편적인 관념이다. 정서나 감정은 개인적인 것이나 사상은 객관적인 것이다. 사회적이고 공유적인 것이므로 작가는 사상을 사회로부터 받아 온다. 이런 의미에서도 작가는 주제나 사상을 창조할 수 없다고 본다. 작가의 사상이나 관념을 드러내는 작품의 주제는 이미 그 사회에서 논의된 가치관들이다. 그래서 해체주의자들은 '작가의 죽음'을 말한다.

작가의 죽음이란 작가가 사용하는 언어의 생명력에 대한 것이다. 언어라고 하는 것은 어떤 시대에 소속되는 모든 저술가의 공통된 규칙, 즉 작가의 선택 이전에 이미 공유된 수평적 환경에 불과하다. 언어는 작가의 창조물이 아니며 작가 이전에 이미 있었던 것이므로 공유물과 같은 성격을 띤다. 작가란 적어도 언어 자체만을 목적으로 글을 쓰는 자동사적 글쓰기를 하는 사람인데 작가의 언어가 이미 사용한 낡은 언어라면 더 이상 개성적일 수 없다고 보는 것이다.

우리는 여기에서 낡은 언어로 작가의 개성이나 그 독창성을 주장하기에는 무리가 있다는 것을 느낀다. 작품은 작가의 체내에 담겨 있던 과거의 기억이나 경험에 유래하여 창작된다. 그래서 해체주의 이론은 작가는 이미 주어진 기존의 언어와 사상 감정을 가지고 짝 맞추고 반복하는 역할의 존재로 본 것이다. 그 자신만의 언어를 새롭게 창조하는 것이 아니기 때문에 언어와 문체는 선택의 대상이 아니라는 주장이다. 기독문학의 관점에서 보면 바로 여기에 태초부터 스스로 존재한 언어, 로고스의 절대성이 부여되고 창조주인 유일신 하나님의 영역이 인정되는 것이다.

> 태초에 하나님이 천지를 창조하시니라. 땅이 혼돈하고 공허하여 흑암이 깊음 위에 있고 하나님의 신은 수면에 운행하시니라 하나님이 가라사대 빛이 있으라 하시매 빛이 있었고……
>
> (창세기 1:1-3)

> 태초에 말씀이 계시니라. 이 말씀이 하나님과 함께 계셨으니 이 말씀은 곧 하나님이시니라. 그가 태초에 하나님과 함께 계셨고 만물이 그로 말미암아 지은 바 되었으니 지은 것이 하나도 그가 없이는 된 것이 없느니라. 그 안에 생명이 있었으니 이 생명은 사

람들의 빛이라.

(요한복음 1:1-3)

언어예술의 영역은 언어의 생명 그 자체이며 감정 그 자체이며 관찰 그 자체이며 상상 그 자체이다. 나는 성서의 이 부분만큼 언어의 생명력을 보여주는 문학작품이 또 있을 수 있을까를 생각해 본다. 자연과 인간과 신을 생명의 유기체로서의 관계를 맺어주는 성서문학의 위대함을 우리가 인식할 수 있다면 왜 톨스토이가 그의 예술론에서 "진정한 예술은 기독교적이 아니면 안 된다"고 말했는지 이해할 수 있을 것이다. 비록 그의 『부활』이 기독교의 교리를 너무 직접적으로 나타냄으로써 그 작품을 선교 내지 설교문학으로 논란의 대상이 되었을지라도 톨스토이는 기독문학의 대가 중의 하나이다. 그의 부활은 기독문학도 예술의 주제를 사람들과 하나님, 또는 사람들과 사람들 상호간의 결합을 도모할 수 있는 감정으로 표현해야 한다는 교훈을 주고 있다.

그러나 작가는 자신이 흥미를 가지고 있는 어떤 사상만을 선택할 수밖에 없다. 시대를 반영하고 외부의 영향을 받는 사상의 선택은 지극히 주관적이다. 인간의 환경이 복잡하기 때문에 역사적 사회에 존재하는 사상도 매우 다양하다. 어느 사상을 자기의 주제로 선택하느냐 함은 결국 주관적인 판단이다. 문학 장르의 구성요소 중 가장 중요한 것이 주제인데 주제란 바로 작가의 일정한 사상이 작품으로 형상화한 것이다. 따라서 사상은 문학의 필연적인 덕목이 되며 역사적으로 '문학이 무엇인가?'라는 담론이 계속적으로 논쟁의 대상이 되는 이유 중의 하나가 사상의 양면성 때문이다.

사상이란 전적으로 작가의 선택의 몫이다. 그러나 그것은 그 주요관심이 전형적이고 총괄적이어야 할 선택이다. 또한 사상이 작품에 그대로 드러나서는 좋은 작품이 될 수 없다. 작중 인물의 행동과 대화 속에 감추어져 있을 때 작품의 위대성이 주어진다. 문학에서의 사상은 '감동적 사상'(affecting thought)을 말한다.

(4) 형 식

윈체스터는 마지막으로 문학의 제4요소를 형식이라 하였다. 문학의 형식은 작가가 자기의 모든 사상과 정서를 독자에게 이식하려는 방법이며 수단이다. 작가의 사상과 정서가 문학의 내용이라면 그 방법은 문학의 형식이 된다. 그러나 이때의 형식이란 문학의 내용과 대응되는 개념이 아니다.

제임스는 문학에서의 내용과 형식은 바늘과 실의 관계라 하였다. 바늘을 꿰지 않은 실, 또는 실을 꿰지 않은 바늘은 사용할 수 없다. 문학의 형식과 내용은 서로 유기적인 관계로 결합되어 있으며 훌륭한 내용이 훌륭한 형식으로 표현될 때에 좋은 작품이 된다. 그래서 프랑스의 비평가 쿠쟁(Victor Coussin, 1792~1867)은 문학의 형식은 내용 그 자체라고 하였다. 내용을 내용답게 하는 것은 형식이며 형식을 형식으로 완성시키는 것이 내용이다.

문학의 형식은 언어나 구조를 말하며 이성능력의 소산이다. 문학형식에 의해서 장르가 결정되며 문학의 장르는 작가의 한정적이며 내재적인 이성능력의 산물이다. 창조적인 작가의 노력의 결과로서 기능이 바뀌면 형식이 바뀌게 된다. 립스(T. Lipps)는 그의 미학에서 이 부분을 잘 설명하고 있다.

예술의 내용이란 소재를 말하는 것이 아니다…… 예술 속에 형성된 것, 혹은 형태를 갖춘 것, 혹은 예술에 있어 일정한 형식에까지 파악되는 것이다. 예술에 있어서의 형식은 내용의 존재 방식, 그것에 의하여 내용이 내용으로 되는 것이다. 따라서 어떤 예술품에 있어서 형식 즉 내용의 존재 방식을 조금이라도 변경시키면 그 예술품은 어딘가 다른 내용을 가진 것이 된다.[21]

이는 마치 시 속에 소리와 의미가 함께 존재함과 같다. 시는 이두 요소의 일종의 화합에서 이루어진다. 시의 형태(pattern)라든가, 형태 속의 낱말들의 의미 등도 형식이라는 말이 강조됨으로써 내용은 그 형식 속에 용해된다. 우리는 음식을 먹을 때에 그 영양소 때문에 즐겨 먹는 건 아니다. 미각적으로 후각적으로 또 음식이 담김 그릇의 시각적 매력으로 그 음식을 즐긴다. 사과의 맛과 향기와 아름다움 때문에 먹다가 보니 그 속의 영양소로 몸이 건강해지는 것이다.

문학의 형식을 콜리지는 기계적 형식(mechanic form)과 유기적 형식(organic form)으로 구분하였다. 일정한 틀 속에 재료를 부어 만드는 것은 기계적 형식이다. 문학의 재료는 그 성질에 본연적으로 형식을 포함한다. 그것이 유기적 형식이다. 유기적 형식은 재료 속에 그대로 잠재돼 있다가 그것을 스스로 전개시키면서 내면에서 그 형식 만들어간다. 이것이 생명을 가진 일체의 사물들의 특징이다.

성서는 내용과 형식이 매우 가깝게 접근하는 지점에서 문학성을 갖는다. 그것은 제임스의 이론대로 '예술 작품의 가장 심오한 성질

---

21) Maria Rosaria De Rosa, *Theodor Lipps: Estetica e critica delle arti* (Italia, Guida publisher, 1990).

이 언제나 그 생산자의 정신의 성질이 된다는 명백한 진리'에 비추어 볼 때 더욱 그러하다. 그 생산자의 지성이 아름다우면 그에 따라 소설도 그림도 조각도 미와 진실의 본질을 함께 갖는다. 이러한 요소로 이루어진다는 것은 그 작품이 충분한 목적을 갖는다는 의미이다.

성서는 하나님의 말씀이고 말씀은 진리이며 하나님의 인간사랑의 메시지라는 의미내용을 갖는다. 말씀도 메시지도 계시도 인간과의 관계에서는 반드시 일정한 언어적 형식을 필요로 한다. 그 진리는 인간이 알아들을 수 있는 시그널을 통해서만 우리에게 전해질 수 있는 것이다. 그의 말씀 로고스는 언어이며 언어는 근본적으로 기표와 기의, 즉 음성형식과 의미내용의 결합이다. 의미내용은 음성형식 없이는 전달이 불가능하며 음성형식의 변화에 따라 변화한다.

성서말씀의 문학적 형식은 성서가 문학인 절대의 이유이다. 성서의 사상성은 문학적인 진리(poetic truth)를 나타내고 형식과 기교는 문학적인 미(poetic beauty)를 나타낸다. 문학의 형식은 내용과 유기적으로 결합하여 구체적 작품으로 형상화되며 이러한 형상화가 미적 정서로 되어 독자를 감동시킨다. 파이커(D. H. Parker)는 예술적인 아름다움이 되는 형식의 요소를 다음과 같이 말하고 있다.

> 예술에서의 형식은 다양성 속의 통일을 통하여 개개의 부분들이 전체에 결합하는 유기체적 구성이다. 작품을 통일시키는 중심적인 동기, 또는 모형, 사상을 중심 주제라 할 때에 이 주제는 반드시 변화를 통하여 다듬어져 가야 한다. 주제의 변화는 대조 대칭 그리고 반복을 통하여 균형을 유지하는 것이 바람직하다. 때문에 주제의 발전은 결말까지에 이르는 통일된 진전이라 볼 수 있다.[22]

이 같은 요소들은 모든 예술의 기반이 된다. 음악은 소리하는 매체를 통하여 이 요소들을 표현하며 회화는 색체와 구도를 통해서 그리고 문학은 언어를 통해서 이 예술적 형식을 나타낸다. 성서 시편 1편은 시를 총합하는 세 가지의 이미지, 길과 회중과 추수를 통하여 복이라는 중심 주제를 향하여 유기적 통일을 이루고 있음을 매우 잘 보여준다. 또한 의인과 악인으로 대조되는 길의 전형적이고 총괄적인 선택의 사상도 시를 통합하고 있다.

> 복 있는 사람은
> ....
> 저는
> 시냇가에 심은 나무가
> 시절을 쫓아 과실을 맺으며
> 그 잎사귀가 마르지 아니함 같으니
> 그 행사가 다 형통하리로다
> 악인은 그렇지 않음이여
> 오직 바람에 나는 겨와 같도다
> 그러므로 악인이 심판을 견디지 못하며
> 죄인이 의인의 회중에 들지 못하리로다
> 대저 의인의 길은 여호와께서 인정하시나
> 악인의 길은 망하리로다

학자에 따라 다소 논의의 관점이 다를 수 있으나 일반적으로 문학의 본질적 요소를 정서, 상상, 사상, 그리고 형식으로 보는 것은 타당한 것 같다. 내 개인적으로는 다음 장에서 상상과 동일한 차원으로 경험을 추가하고 싶다.

---

22) Dewitt H. Parker, *The Analysis of Art* (New Haven: Yale Univ. Press, 1926).

5. 성서문학의 언어적 특징

문학은 언어예술이다. 언어는 문학을 구성하는 재료이며 매개물이다. 현대의 비평가들이 언어적 조건을 따져서 작품의 의미를 해명하는 것은 일리가 있다.

문학이 언어를 수단으로 삼는다는 점에서는 과학 철학 역사 그리고 신학도 마찬가지이다. 인간의 모든 문화는 언어에 의해서 설명된다. 그러나 문학의 언어와 타 학문의 언어와는 다르다. 무엇이 문학의 언어와 과학을 비롯한 타 학문의 언어를 다르게 인식하도록 만드는 것일까.

1) 구체적 언어

첫째. 문학적인 언어는 구체적 언어이다.

말이 가지고 있는 의미의 한계는 서로 다르기 때문에 항상 유동성을 가지고 변화한다. 말은 개인의 취미나 개성의 조건 그리고 시대성을 담고 있기 때문이다. 그러나 아무리 개인의 조건을 존중한다 하더라도 언어의 질서를 위해서는 사회적인 유통성을 지녀야 한다. 사회적 유통성이란 다양하고 특수한 여러 체험들을 동일개념에서 담아낼 수 있는 말의 약속이다. 이 약속으로 우리가 사용하는 말은 개념화된 것이 되고 서로가 통합할 수 있는 코드가 된다.

과학이나 학술적인 언어는 개개인의 것을 추상화하여 개념화한 것이다. 객관성이나 공정성을 지니고 있지만 특수한 어느 상황의 구체적인 실재를 지적하지는 못한다. 예를

"하나님의 능력은 무한하다"라는 문장과 "주께서 하늘을 휘장
같이 치시며 물에 자기누각의 들보를 얹으시며 구름으로 자기수
레를 삼으시고 바람 날개로 다니시다"

(시편 104:2-4)

위의 문장을 보자.

두 문장은 똑같이 하나님의 존재와 그 능력의 무한한 상태를 말
한다. 그러나 첫 문장은 추상적으로 서술되어 있기 때문에 구체적
으로 그 능력의 무한함을 느끼지 못한다. 따라서 첫 번째 문장은
하나님의 능력이 무한하다는 사실만을 전달하는 데 목적이 있다.

그러나 두 번째 문장은 하나님의 능력의 존재성은 물론 어떠한
능력이며 어떻게 무한한가를 구체적으로 느끼게 해준다. 이처럼
문학의 언어는 사실을 가장 구체적으로 실감이 나도록 한 대상을
서술하는 데 있어서 시적 언어와 과학적 언어는 양극을 보여준다.
시는 그 대상을 가급적 구체화하려 하고 과학은 가능한 추상적으
로 요약하고자 한다.

하나님의 능력을 설명함에 있어서 하늘과 물과 구름을 손 안에
두고 자유자제로 다스릴 수 있는 능력으로 구체화함으로써 그의
능력의 한계를 인간이 가늠할 수 없게 된다. 뿐만 아니라 그 능력
의 한 조각도 인감은 흉내를 낼 수가 없다. 시인은 이 문장을 통
하여 하나님의 속성을 그 능력의 무한함으로 구체적 언어를 사용
하여 드러내고 있다.

이처럼 문학의 언어는 지식이나 전달의 기능을 넘어서서 감각적
으로도 느낄 수 있도록 하며 이 느낌이 문학적 감동이다.

2) 비유적 언어

둘째, 문학의 언어는 비유적 언어이다.

비유는 원개념(primary meaning)과 보조개념(secondary meaning)의 결합형태로서 양자는 유사성(analogy) 또는 연속성에 결합의 근거를 둔다. 비유적 언어는 수사학적으로는 말하고자 하는 원관념을 보조하기 위하여 그와 유사한 사물을 들어서 표현하는 것이며 논리학적으로는 미지의 사실을 명명하기 위하여 그와 공통한 유사성을 지닌 사물을 들어 유추하도록 만드는 방법이다. 일상의 언어나 산문에서처럼 문학도 사실이나 사물을 보다 확실하게 전달하고 표현하기 위하여 무엇에 비교하거나 빗대어 말하는 언어방식을 취한다. 비유에는 직유와 은유가 있다. 문학, 특히 시에서는 의미의 전이(transfer) 현상이 더 강한 은유를 중시한다. 은유(metaphor)의 어원은 전이를 의미한다.

비유적 언어방식을 취하는 것은 사물의 개념을 소유할 뿐 사물 그 자체를 소유하지 못하는 한계 때문이다. 헤일(B.C. Heyl)은 "언어는 인간이 사물에 접근할 수 있는 유일한 통로이지만 그것은 사물을 대신하는 기호나 개념이나 이름일 뿐이지 사물 그 자체는 아니다. 이러한 한계에서 고안된 것이 비유적 언어다."23)라고 하였다.

인간은 사물을 완전히 인식하고 소유하고자 할 때에 사물을 관

---

23) *New Bear in Esthetics and Art Criticism.: A Study in Semantics and Evaluation* by Bernard C. Heyl Author(s) of Review: C. L. Stevenson in the Journal of Philosophy, Vol.41. No.13(June. 22, 1944).

념적으로 인식하는 것이 아니라 사물을 감각적으로 경험하고자 한다. 사물을 지적으로만 인식하지 않고 가슴으로 실감하는 경험의 경지에 이르기 위해서는 그 방법이 필요하며 이 필요성에 의하여 비유의 언어가 만들어진다. 무엇보다 성서의 언어가 비유의 언어인 것에 우리는 주목하지 않을 수 없다.

'부자가 천국에 들어가는 것은 낙타가 바늘구멍으로 들어가는 것과 같다'고 한 것이나 예수의 속성을 표현하는 말로서 사용이 된 '구주' '기름 부은 자' '메시아' '만왕의 왕' '하나님의 어린양' '독생자' '인자' 등의 용어는 성경 전체가 비유의 언어로 구성되어 있음을 보여준다. 예수의 참모습을 구체적으로 보여줌에 있어서 비유적 언어를 사용할 수밖에 없다는 사실은 성서의 문학성으로 맞물려진다.

비유적 언어는 모든 언어에 편재한다. 그러나 혹스(T. Hawkes)는 '일상의 습관적인 비유를 굳어진 비유, 죽은 비유(dead Metaphor)'[24] 라 하여 문학의 비유와 구별하였다. 일상적인 언어생활이나 산문적인 담화에 있어서의 언어의 역할은 사물을 지시하고 명명하고 전달하는 기능이 우선이다. 그러나 사물은 한없이 많고 끊임없이 생성하기 때문에 한정된 언어로서는 이 기능을 항상 완벽하게 수행할 수는 없다. 특히 한정된 언어로 인간의 감정과 같은 미묘하고 섬세한 뉘앙스를 표현하는 것은 더욱 불가능하다.

인간의 인식에 대한 욕망의 궁극적 목적은 그 사물을 자기화하려는 데 있다. 신과 같이 사물을 이해하고 소유하는 만물의 주체가 되고 싶은 것이 인간의 잠재된 욕망이다. 구약의 창세 3장의 선악

---

24) Terence Hawkes, *Metaphor.* (London : Methuen, 1972).

과 사건은 인간이 신과 같은 인식의 단계에 도달하고 싶은 욕망으로 빚어진 것이다. 눈이 밝아 하나님과 같이 됨으로써 모든 사물을 인식할 수 있고 소유하고 창조할 수 있다. 이는 무소 부재한 존재인 하나님과 같은 존재가 되고 싶은 인간의 욕망을 보여준다.

그러나 유한한 인간과 존재하는 사물 사이에는 영원한 단절이 존재한다. 그것은 하나님과 인간 사이의 근원적인 단절과 같다. 비록 언어가 이 단절을 이어주는 통로가 된다 하더라도 죽은 언어로는 그 역할을 감당하지 못한다. 살아 있는 언어, 생명의 언어는 작가의 의식이 창조주를 향해 열려 있을 때 비로소 만들어진다. 그래서 혹스는 문학의 언어는 일상의 죽은 언어가 아니라고 하였다.

3) 상징적 언어

셋째 문학적인 언어는 상상적 언어이다. 특히 시는 언어를 통하여 시인의 상상력을 발동시킴으로써 다양한 시적 이미지를 형성하고 그것을 가시적인 세계로 형상화한다. 이러한 언어기능의 세계는 상상적 언어로서 이성적 현실의 세계가 아니라 현실을 초월한 무한한 꿈의 세계이며 이러한 세계를 생각하게 하는 것을 상상이라 한다. 상상의 세계 속에서는 언어가 감정을 지니고 생명을 갖는다.

주의 말씀은 내발에 등이요, 내 길에 빛이니이다.
(시편 119:105)

이 시에 등장하는 소재는 주님, 말씀, …… 등으로 주님은 호칭이며 말씀은 무생물이요 빛이 되고 등이 되는 말씀은 생명이며 길이며 진리이다. 이 시는 어둠에서 밝음으로, 사망에서 생명으로 절망에서 희망으로 변화를 보이는 무궁무진한 의미의 세계이다. 상상은 비록 비현실적이고 과학적이지는 아니하여도 인간만이 누릴 수 있는 특권이며 꿈꾸는 인간이 추구하는 구원의 한 양식이다.

우리의 삶은 현재에서 미래를 향해 이동하면서 이어진다. 상상은 현실의 삶을 풍요로운 미래를 향하여 이동하게 하며 이어지게 한다. 오늘날 산업문화의 비극성은 신비로운 경험이나 세계를 인정하지 않으려 하고 무엇이든 직접 눈으로 확인하고 조작하려는 욕망에 지배된 인간을 양산한다. 그러나 과학자 아인슈타인은 신비적 감정에 낯선 인간은 죽은 것이나 다름없다고 하였다.

세상에는 우리가 이해할 수 없는 것이 존재하고 그것은 가장 높은 지혜와 가장 찬란한 아름다움으로 그 모습을 나타낸다. 우리의 둔한 능력으로도 그것을 충분히 느끼며 향유하게 만든다. 아인슈타인은 인간이 경험할 수 있는 가장 아름다운 감정은 신비적인 것이며 그것이야말로 모든 참다운 예술과 과학의 원천이 된다고 보았다.

그러나 문학적 언어가 과학적 언어와 다르다 할지라도 문학과 과학은 전혀 별개의 것이 아니다. 문학이 설득력이 있으려면 충분히 과학적이어야 하나 진정으로 과학적인 인간 이해나 세계와 자연에 대한 지식은 상식적인 과학적 실천이나 이론과는 다르다. 그것은 아인슈타인이 말한 것처럼 신비적 경험을 수용하는 바탕 위에서 인간과 자연에 대한 애정으로 이루어지며 그 애정은 상상에 더 높은 차원으로 방사된다. 나는 문학에서의 과학성이란 문학의 성실성과 진정성이며 작가의 윤리성이라 생각한다.

전기문학사상에서 몽테뉴(Michel de Montaigne)와 라 보에티
(Etienne de la Boetie) 사이의 특별한 우정은 잘 알려져 있다.25)
라 보에티는 죽음에 대한 관점은 한 책의 서문에서 고백한 것처럼
'우리가 고귀하게 생각하는 우리의 삶조차도 연기와 같은 공허함
이 있을 뿐'이었다. 이에 대해 몽테뉴는 「고 드 라 보에티의 죽음
에 관하여」라는 글 마지막 부분에서 연기와 그름에 찬 라 보에티
의 형상이 환기시킨 덧없음의 시각적 이미지에서 그의 죽음의 형
상들을 추구하면서 "더 이상 인간의 이미지도 영도 지니지 않은
채 나의 형제는 천상의 환영 — 상상력 — 을 필요로 하고 있다"고
말한다.

그리고 간청하기를 "나의 형제, 나의 친구여 내가 지니고 있던
상상력의 효과를 바라노라고 신에게 간청해주오"라고 부탁한다.
그리고 이어 "우리가 나누었던 대화들은 ……우리들이 입으로만
하는 게 아니라 우리의 영혼과 가슴속에 새겨져 있습니다"라고 말
함으로써 그의 정신과 언어가 어떤 열망을 강렬하게 추구하고 있
음과 그것이 상상에 의해서임을 보여준다.

상상은 한 상황의 장면을 '말로 다 할 수 없음'으로 이끄는 힘이
다. 말로 다 할 수 없는 담론은 언어의 가장 자리에 위치하고 있
으며 문학은 공유된 신비적 가시성(visibility) — 즉 상상물 — 을

---

25) 라 보에티의 죽음에 관한 몽테뉴의 편지는 그의 텍스트적 개정
(revision)과 문학 모델이 되었다. 그리고 몽테뉴의 편지는 죽음의
미학(ars morien)이라는 문학적 전통으로서의 의미를 지닌다. 이 15
세기 초의 유명한 전통은 르네상스를 관류하는 풍성한 경건주의 문
학을 낳았으며 장 드 게르송(Jean de Gerson)의 죽음의 미학에 근
원을 두고 있다.(N. L. Beaty, *The Craft of Dying*, Yale Univ.
Press, 1970).

언어로 가시화하는 작업이다. 작가는 상상으로 더 좋은 문체를 꿈꿀 수 있다. 예술을 직관(intuition)이라 하며 영감(inspiration)이라 말하는 이유도 이 상상과 상통한다.

예전에 사람들은 영감이나 직감을 과학적으로 설명하기보다는 음악의 신 뮤즈의 특별한 은총으로 생각했다. 그러나 직감이나 영감도 인간의 내면에 잠재되어 있는 경험의 이미지가 상상에 의해 표출되는 것이다. 상상이란 인간이 경험한 이미지의 재생이며 문학은 이를 통하여 사물을 새롭게 인식함으로써 가능하다. 성경은 우리의 상상을 통해 무한한 새 하늘과 새 땅을 향해 가도록 이끈다. 특히 성경은 상상의 언어로 예언적 전이를 반영하기 때문에 그 자체가 하나의 문학작품이다.

> 나를 네게서 취하시기 전에 내가 네게 어떻게 할 것을 구하라. 엘리사가 가로되 당신의 영감이 갑절이나 내게 있기를 구하나이다. 가로되 네가 어려운 일을 구하는도다. 그러나 나를 네게서 취하시는 것을 네가 보면 그 일이 네게 이루어지려니와 그렇지 않으면 이루지 아니하리라 하고..
>
> (열왕기하 2:9-10)

4) 내포적, 주관적 언어

넷째로 문학의 언어는 내포적이며 주관적 언어이다. 언어는 의미를 대신하는 기호임에는 틀림이 없다. 그러나 그 기호는 문맥이나 상황에 따라 의미가 달라진다. 객관적 사실이 기록하는 서술적 의미와 객관적 사실에 대한 개인의 반응을 보여주는 감수적 의미(affective meaning)는 다른 것이다. 서술적 의미는 보편적 객관적

인 합의를 도출할 수 있으나 감수적 의미는 이성적 합의를 도출할
수 없다. 이처럼 언어에 의한 대상의 의미화는 두 가지이며 문학
의 언어는 후자의 속성을 갖는다.

> 너희는 세상의 소금이니 소금이 만일 그 맛을 잃으면 무엇으로
> 짜게 하리요. 후에는 아무 쓸데없어 다만 밖에 버려 사람에게 밟
> 힐 뿐이다.
>
> (마태. 5:13)

성경의 언어를 서술적 의미로 이해하면 위의 문장에서 인간은
소금과 같은 조미료의 의미이다. 이를 구체적이고 내포적 의미로
이해하면 소금처럼 '쓸모 있는 인간'의 의미가 되며 다양한 종류의
인간으로 확대 해석된다. 확대 해석할 수 있다는 것은 문학적 언
어의 의미가 열려 있다는 뜻이다. 열려 있음으로 때로는 모호성이
있지만 그 모호성이 바로 역사와 시대를 초월한 성서 언어의 생명
력을 보여준다.

동시에 문학적 언어는 매우 주관적 언어이다. 언어의 의미를 어
떻게 받아드리느냐 하는 문제와 어떤 언어를 선택할 것인가 하는
문제는 전적으로 작가와 독자 개인의 주관적 관점에 의해 결정이
된다. 그렇다고 해서 주관적 언어가 불합리하다거나 진실성 여부
와는 별개의 문제이다. 예를 들면 인간에 대한 사랑은 주관적인
것이지만 인간에 대한 사랑 자체는 진리인 것과 같은 이치이다.

> 하나님이 세상을 이처럼 사랑하사 독생자를 주셨으니 이는 누
> 구든지 저를 믿는 자마다 영생을 얻게 하려 하심이라
>
> (요한복음 3:16)

성서를 문학적으로 해석한다 함은 위의 말씀을 개인적인 관점으로 받아드리는 것이다. 나를 이처럼 사랑하사, 오직 나를 위해서 독생자를 주셨고 내가 그를 믿음으로 구원을 받는다. 죄의 문제도 나의 것이며 나의 죽음 나의 영생 나의 생명인 것이다.

제2장

기독문학의 본질

1. 기독문학은 왜 필요한가

1) 문학으로서의 성서

시대의 혼란을 극복하기 위한 방법으로 이미 학자들과 작가들은 문학과 기독교 신앙의 통합을 위한 기반으로서 성서의 본보기로 돌아가고자 하는 운동이 일어나고 있으며 성서는 하나의 문학작품이라는 것을 체계적으로 보여주고 있다. 루이스(C.S.Lewis)는 "건전한 의미에서, 성서는 결국 문학이므로 문학으로서가 아니면 올바로 읽을 수 없다."[26]고 하였고 프라이(Northrup Frye)는 "성서는 실제로 문학이 되지 않고도 최대한 문학적이다."[27]라고 하였다.

그리고 폴진(Polzin), 크로산(Crossan), 데트바일러(Detweiler) 등의 성서학자들은 성서연구의 도움을 얻기 위해 문학적 방법을 도입하였으며[28] 알터(Robert Alter), 라이컨(Leland Ryken), 커모드(Frank Kermode), 프라이(Northrop Frye) 등의 문학 연구가들은 문학비평으로서 성서에 접근함으로써 미학이나, 미에 대한 사

---

26) C. S. Lewis, *Reflections on the Psalms* (Glasgow: Collins, 1961).

27) Northrup Frye, *The Great Code* (London: Ark, 1982).

28) D. Crossan, "'Ruth amid the Alien Corn': Perspectives and Methods in contemporary Biblical Criticism", in the *Biblical Mosaic* (ed. R. Polzin and E. Rothman (Philadelphia: Fortress, 1982).

람들의 반응뿐만 아니라 독자와 청중에게 감명을 주는 예술적 수
단으로서의 성서연구를 체계화하고 있다.[29]

그리고 이미 금세기의 위대한 작가들, 엘리옷(T. S. Eliot)이나
카프카(Franz Kafka), 톨스토이, 그리고 블레이크(William Blake,
1757~1827) 등은 그들의 작품 속에서 성서는 추상적인 교리의 형
태로나 조직신학의 형태로가 아니라 문학형태로 우리에게 주어졌
다고 해석하면서 기독교는 세계에서 가장 문학적인 종교라고 주장
하였다.[30]

워즈워스와 함께 영국 낭만기 제1세대의 위대한 시인인 블레이
크는 자신의 예언적 능력(visionary)을 신화형태로 시에 담은 『천
국과 지옥의 결혼』(*The Marriage of Heaven and Hell*)에서 플라

---

29) Alter, Robert and Frank Kermode, eds. *The Literary Guide to the
Bible* (Cambridge: Harvard Unv. Press, 1987)와 Frye, Northrop,
Anatomy of Criticism (Princeton: Princeton Unv. Press, 1957) 그
리고 Ryken, Leland, *The Literature of the Bible* (Grand Rapids:
Zondervan, 1974).

30) T. S. Eliot은 'Four Quartets'의 제2부에서 "가톨릭적인 심경, 칼빈적
인 정신유산과 청교도적인 기질을 겸비한 인간"으로서의 자신의 작
품세계를 규정하였으며 그럼에도 불구하고 경험하는 인간과 창작하
는 시적 정신과의 사이의 미묘한 유대에 대한 확실한 인식을 고전으
로부터 프랑스의 상징주의에 이르는 다채로운 표현으로 거침없이 미
학적으로 형상화하였다. 카프카문학은 인간존재의 본질적인 취약성
을 하나님의 심판과 은총이라는 일관된 주제를 『관찰』『판결』『심판』
등의 작품 속에서 다루고 있으며 톨스토이는 내면생활의 모순에서
오는 사상적 동요를 과학이나 철학에 의해 해결하지 못하고 기독교
에서 구원을 얻은 일생을 살면서 그의 작가적 소신을 『전쟁과 평화』
『안나 카레니나』 등과 『요약복음서』『교회와 국가』『나의 신앙은 어
디에 있는가』 등의 작품을 통해 삶과 신앙과 문학을 일체화시켰다.

톤적인 이원론에 의해 굳어진 예수를 배격하고 예수를 인간의 상
상을 꽃 피우게 하는 인물로 보았다.

> 신은 수학적인 도표가 아니다.(God is not a Mathematical
> Diagram.) 예수가 세상에 와서 없애려고 한 것은 진인(眞人)의 특
> 질인 상상의 눈을 멀게 하는 이교도나 플라톤 철학이었다.(What
> Jesus came to remove was the Heathen or platonic philosophy
> which blinds the Eyes of Imagination The Real Man.)

따라서 예수는 난해한 기독교 신학이나 교리에 의해 접근할 수
있는 인물이 아니라 어린아이, 가난한 사람 그리고 정규 교육을
받지 못한 사람들이 쉽게 이해하고 접근할 수 있는 인물임을 역설
한다. 블레이크는 신은 고도로 발달된 이성으로만 접근이 가능한
수학적인 도표가 아니라 상상인 영성에 의해 이해되는 대상이라고
강조한다. 그는 상상을 창조의 영역으로 보고 영성과 동일시하고
있다.

> 예수는 어린아이와 가난한 자와 배우지 못한 자들에게는 분명하
> 게 이해되는 모든 것들이 복음이 된다고 생각한다.(Jesus supposes
> every Thing to be Evident to the Child & to the Poor &
> Unlearned such is the Gospel)

블레이크는 성서는 모두 처음부터 끝까지 도덕성의 공고함이 아
니라 상상과 직관으로 가득차 있다고 주장한 것이다. 그는 또한
복음은 육체와 영혼을 구별하는 이분법적인 논리가 아니라 영혼과
육체의 수평의 관계를 중요시하였고 육체의 특질인 활력은 '유일

한 생명력'(the only life)이라 하였다. 그리고 영혼과 육체가 대등한 관계를 갖는 복음의 수평적 관계에서만 활력은 '영원한 기쁨'(eternal delight) 된다고 보았다. 그가 쓴 "오 땅이여, 오 땅이여 돌아오라"(O Earth, O Earth return)라는 시 구절은 영어 원문으로 다섯 개의 단어와 세 가지 다른 단어들로 되어 있으나 성서 속에서는 그것과 관련된 대략 일곱 군데의 직접적인 인유구절을 찾을 수 있다.

19세기의 많은 작가들은 1611년 판 영역성서[31]의 운율을 끊임없이 흉내내고 있는데 이것은 마치 다른 문화의 글 속에서 유행하고 있는 속담들을 흉내낼 때에 얻은 것과 같은 효과를 내고 있다. 그리고 미국의 많은 대학들은 "문학으로서의 성서"(The Bible as Literature)란 강좌를 개설하고 있다. 성서는 이렇게 문학적인 영향을 끼쳐왔는데 영문학의 기준으로 볼 때에 가장 큰 영향은 성서가 그 존재의 필연성과 함께 하나의 통일체로 읽히면서 통일체로서 인간의 상상을 끊임없이 자극했다는 점이다.

즉 성서는 천지 창조와 함께 시간이 시작되는 곳에서 시작하여 요한계시록에서 보는 바와 같이 시간이 끝나는 곳에서 끝을 맺는다. 그리고 성서는 그 사이에 있는 인간의 역사, 즉 아담과 이스라엘이라는 상징적 이름 아래 성서가 가지고 있는 역사의 모습을 개관하고 있다. 뿐만 아니라 짧은 구체적인 이미지들로 가득차 있다. 도시, 산, 강, 정원, 나무, 기름, 샘, 빵, 포도주, 신부, 양, 그리고

31) 제임스 1세의 재가에 의해 54명의 성서학자들이 번역 편집하여 1611년 완성한 Authorized Version으로 King James Bible이라고도 함. 영국 산문의 한 기념으로 근대 영어문체 형성에 큰 영향을 미쳤음.

다른 많은 것들이 있는데 이것들은 자주 반복됨으로써 어떤 통일
적 원리를 뚜렷하게 보여주고 있다.

제1장의 문학의 특징에서 이미 지적하였지만 그 통일적 원리는
의미의 원리형태의 원리이기 때문에 매우 중요하다. 다시 말하면
어떠한 책도 그것이 가진 형태에 일관성이 없다면 의도된 의미를
유지할 수 없다. 그러므로 내가 이 책에서 특별한 관심을 기울이
는 것은 성서 속의 문학적 이미저리의 통일된 구조이며 그것이 이
책의 핵심이 된다.

2) 한국의 기독문학

서양문학사에 성서가 끼친 이 같은 영향에도 불구하고 한국의
기독문학은 선교 110주년을 넘긴 현재까지 '기독문학이란 과연 무
엇인가'라는 담론의 언저리만 맴돌고 있을 뿐 그 개념을 정립하지
못하고 있다. 이것은 한국은 선교 초부터 문학예술은 교리 선포와
선교 그리고 교회성장의 이면에서 앞으로 나설 수가 없기 때문에
한국의 기독 작가나 학자들은 그 개념정의에 밀도 있게 접근하지
않았다.

물론 기독문학론은 세계사적 측면에서 고려되는 것이 더 자연스
러운지도 모른다. 기독교의 원천이라고 할 수 있는 서양의 역사는
이미 2천 년을 넘겼고 이스라엘의 경우는 수천 년의 기독교 역사
와 전통을 지니고 있기 때문이다. 그러나 우리는 한국이라는 민족
적 지리적 문화적 상황에서 역시 기독문학을 논할 필요성과 당위
성 갖는다.

한국에 천주교가 들어온 것은 2세기를 넘었고 개신교도 이미 선

교 1세기가 지났다. 그리고 한국문학사에서 현대문학이라고 할 수 있는 개화기 이후의 문학의 역사도 1세기를 지나게 되었다. 따라서 현대적 의미의 문학사와 한국의 기독교의 역사는 동시대의 역사적 전환기를 경험하였다. 개화기 이후 우리의 근대사에 기독교가 끼친 영향은 지대하다.

비록 기독교가 한국인이라는 총체적 민족의 저변에 깊이 뿌리를 내린 문화양식이라고는 할 수 없을지라도 한국의 산업화와 정보화와 현대화라는 합리적 역사의 물결 위에서 기독교가 문화전반에 영향을 미쳤다. 그럼에도 불구하고 기독문학은 문학의 중심으로 들어오지 못하고 변방에서 홀대를 받고 있는 것이 현실이다. 그 때문에 현실적으로는 기독문학의 예술성을 논할 준거조차 부재인 상태이다.

기독문학의 존재가 문학사에서 관심 밖에 있는 가장 큰 원인은 한국교회와 크리스천들의 문화에 대한 그릇된 인식 때문으로 보인다. 기독문화란 단순히 예배를 중심한 기독교적 의식만을 말하는 것이 아니다. 문화란 넓은 의미로 정치, 경제, 교육, 예술 등 일상의 삶 전반에 걸쳐 이루어지는 전시적 삶의 통일된 하나의 양식이다. 그럼에도 불구하고 한국의 교회와 교인들은 교회라는 울타리 안에서만 예배드리고 기도하는 교회문화공동체로서의 문화에 안주하고 있으며 교회 밖의 세상과 함께하는 삶의 통일된 양식으로서의 문화를 외면하고 있다.

이런 이유로 한국의 기독문학은 두 가지 측면에서 문제점을 안게 되었다. 그 하나는 기독문학의 본질, 즉 개념의 정의와 관계된 문제점이고 다른 하나는 일반문학과의 관계에서 야기된 문학의 작품성과 예술성에 관한 문제점이다. 즉 한국의 기독문학이 현실적으로 개인적인 신앙체험을 쓴 간증문학이나 선교를 목적으로 쓴 설교문학, 그리고 기독교인 작가의 작품이거나 작품의 소제와 배경이 성서를 근거로 하여 작품이 구성되었을 경우로 국한되어 있으며 그로 인하여 기독문학작품은 그렇지 않은 일반적 문학작품에 비해 작품성과 예술성에서 매우 뒤떨어지고 있다.

그 구체적인 예는 90년대에 두드러졌던 선교문화와의 관계에서 찾아볼 수 있다. 한국교회의 복음전파의 특징 중의 하나인 문화선교가 각광을 받고 붐을 일으키면서 문학과 선교를 하나로 묶어 마치 문학의 선교적 특성이 곧 기독문학의 본질인 것처럼 인식되었다. 무엇이 기독문학인가라는 의견이 분분한 가운데 신앙고백이나 간증을 소재로 한 글들이 봇물처럼 쏟아져 나왔다. 이것은 기독문학의 본질인 양 오인되었고 기독교소재론에 집착하는 한계를 드러냄으로써 결과적으로 일반문학의 연구 성과를 무시한 기독문학을 형성하게 되었다. 그 결과 기독문학은 일반 독자들로부터 외면당하였고 문학의 예술성에서 변방에 처하게 된 것이다.

3) 한국의 기독문학이 가야 할 방향

그러므로 우리는 첫째 기독문학의 개념을 미학적 입장에서 다시 정의할 필요가 있다고 본다. 문학에서의 창조적 상상은 결코 하나님의 창조의 능력을 뛰어넘을 수 없다. 아무리 작가의 무한한 상상을 강조하여도 그것은 결국 하나님의 창조세계 안에서만 가능한 것이다. 기독문학은 하나님의 창조세계를 미학적 언어로 표현하여 감동을 줌으로써 하나님의 심오하고 영원한 진리를 깨닫게 해야 한다. 그렇지 않고 문학의 옷을 입은 채 선교의 직접성을 강하게 풍기면 문학적 설득력이 약화되어 감동이 독자에게 전해지지 않는다. 한국의 기독문학이 예술적 가치와 미학에서 일반문학보다 뒤떨어져 있고 문학의 중심부에 자리잡지 못하고 온당한 취급을 받지 못하는 것은 이 때문이 아닐까 한다.

두 번째는 기독문학의 목적을 분명히 하고 그 중요성을 상기함으로써 한국 기독문학의 활성화를 시도해야 한다. 문학은 존재하는 모든 것에 대한 인간의 반응을 그 속에 담아낸다. 따라서 기독문학도 일반문학과 다름없이 하나님의 창조 질서와 미와 은총과 세상에 대한 반응과 타락한 인간의 추함과 무질서와 갈등에 대하여도 반응해야 한다. 우리가 문학을 통하여 복락원에의 꿈을 꾸는 것은 이 때문이다. 기독문학은 하나님의 창조세계와 상호 교류하며 그 안에 살아가도록 해야 한다고 생각한다. 이런 의미에서 기독문학은 인간을 위한 인간의 문학인 동시에 하나님의 문화를 이 땅 위에 이룩하는 중요한 도구 중의 하나가 된다. 때문에 기독문학의 활성화란 모든 영역에 대한 하나님 나라의 총체적 회복을 뜻한다.

세 번째는 기독문학의 예술성과 기독 작가란 누구인가에 대한 준거가 필요하다. 나의 관점으로는 문학은 전적으로 가치중립적인 것이기 때문에 구태여 기독문학이란 장르를 따로 만들 필요가 없다고 생각한다. 좀더 구체적으로 말하면 나는 문학이란 하나님의 창조세계를 미학적 언어로 표현하는 것이라 생각하기 때문에 내가 어떤 주제와 소재를 미학적으로 형상화하였든 간에 그것은 결국 하나님의 창조세계 안에 있는 소재들이며 작가적 경험과 상상 역시 그분의 창조세계의 영역을 넘어서지 못한다는 신념을 가지고 있기 때문이다.

그러나 기독문학은 바로 창조세계의 리얼리티를 성서적으로 바라본다는 것을 전제로 한다. 성서적 현실인식은 문학을 단순히 삶의 반영으로 보는 것이 아니고 삶을 그대로 받아드리는 것이다. 어떤 형태로 변형된 삶이든 간에 문학은 그것을 우리의 삶 그 자체로 수용할 수 있고 작가의 역량에 따라서 그것을 언어예술로 승화시킬 수 있다. 작가의 역량이라는 것은 문학을 통해 단순히 삶의 현실을 반영하기만 하는 차원을 넘어섬을 말한다. 이것은 삶을 묘사하는 대신에 독자들로 하여금 그들의 삶 속에서 형언할 수 없는 미의 섬광을 포착하도록 돕는 능력을 말한다. 작품의 예술성은 이 능력에 의해 만들어지는 것이다.

따라서 이 책에서 말하는 '기독교적 소재의 예술적 준거'란 기독교적 교리에 가두지 말고 열어주는 글쓰기를 의미하는 것이다. 열어주는 글쓰기 속에는 언제나 원초적 일상의 싱그러움과 닮음이 있고 감동이 있다. 기독교의 교리나 윤리를 직접적으로 표현한 교훈적인 글에서는 독자들은 자신의 불신앙과 왜소함을 부끄럽게 느끼게 된다. 독자들은 깊이 깨우침을 받아도 자신이 주눅 들지 않는 넉넉함을 원한다. 그들은 갇힘에서 열림으로 가는 은밀한 통로 하나를 허락받고 싶어 한다. 이 통로가 작품이 주는 섬광인 것이다.

섬광은 연약한 실존을 다독여줄 수 있는 은근하고 따뜻한 배려이며 산뜻한 새벽공기 같은 희망의 기운이다. 독자들은 기독문학이 소외와 단절로부터 그리고 갈등으로부터 자유하게 해주고 나를 너에게로 이어주는 문학이길 원한다. 이때 문학은 하나의 구원이 될 수가 있다. 인간은 자신의 결핍을 비난받았을 때보다 스스로 눈치 챌 수 있게 되었을 때 아주 강력한 힘으로 감동을 받는다. 작가의 능력이란 독자로 하여금 자신의 작품 속에서 이 전율적인 힘을 발견할 수 있도록 돕는 힘을 말한다. 작가와 독자는 이렇게 몸으로 맞물려 있어야 한다.

　문학작품은 독자를 위한 것이다. 인간에게 준 하나님의 선물인 성서도 사람을 위한 것이고 불신자를 위한 것이며 독자를 위한 책이다. 문학에서 작가의 사상이 메시지를 통하여 독자에게 감동적으로 전달이 되듯이 하나님의 말씀인 로고스(logos)는 성서라는 매체를 통하여 인간에게 전달된다. 때문에 하나님의 말씀도 독자와의 소통이 없이는 사상의 온전한 전달이라는 목적을 이룰 수 없다.

　절대명제의 진리라 할지라도 성서가 독자인 인간에게 감동을 주지 못한다면 그 진리는 인생과 아무런 관계가 없는 공허한 메아리에 불과하다. 이는 마치 작가의 사상이 아무리 위대하여도 독자에게 닿지 못하면 그 책은 작품의 구실을 하지 못하는 것과 같다. 생산원리로 말하면 소비자가 구매하지 않는 상품은 상품이 아닌 것과 같다. 기독문학이 문학으로서 가치를 갖게 되는 것은 독자에 의해서이다. 때문에 '기독문학이란 무엇인가?'에 대한 물음의 답은 독자의 반응과 기독문학의 비전이 맞물려 있음을 짐작할 수 있다.

2. 기독문학의 목적은 무엇인가

1) 하나님의 문화, 그리고 인간의 문학

인간은 문학을 통하여 길을 찾고 진리를 모색하고 생명을 꿈꾼다. 기독문학은 문학으로 하나님의 심오하고 영원한 진리를 드러냄으로써 인간의 길을 제시함과 동시에 삶의 생명력을 꿈꾸게 한다. 때문에 기독문학은 문학을 통하여 하나님의 문화를 이 땅 위에 이룩하는 데 그 목적이 있다고 할 수 있을 것이다.

예를 들어서 시는 구체적인 심상이나 이야기를 사용하여 정신(관념적 사상)과 육체(구체적인 심상)를 하나로 통일시킬 수 있다고 가정한다. 이러한 가정의 기독교적 개념은 하나님이 그 자신을 나사렛 예수라는 인간의 형체로 드러낸 것이다. 물론 성육화가 사상의 범주 또는 관념의 원리와는 다르다. 그것은 단 한 번 발생한 유일한 사건이지만 오늘날에도 여전히 계속되고 지속되는 기적적인 사실은 말씀이 육신이 되어 우리 안에 거한다는 것이다.

문학적 상징으로 본 기독문학은 시를 통하여 관념과 육체의 통일을 가정하듯, 하나님께서 예수그리스도를 통하여 자신의 실체를 드러낸다는 전제하에 문학적 감동을 통하여 하나님의 창조세계를 가시화하는 작업이다. 감동이라는 이 울림은 한 인간이 대상을 자기의 온몸으로 직관으로 파악하는 행위이다. 인간은 문학적 감동을 통해 자기와 다른 사람의 삶의 기쁨에 동참한다. 그리고 슬픔과 고통을 확인함과 동시에 그것들이 자기의 일부일 수도 있다는 느낌을 갖게 된다.

이 느낌으로 자신의 삶을 반성하고 이 반성으로 인한 각오가 우리를 억압하는 것과 억압당하는 것의 정체를 파악하게 만들며 그것의 부정적 힘을 인지하게 한다. 인간을 억압하는 이 부정적인 힘에 대한 인식이 우리로 하여금 세계를 개조하여 보다 살기 좋은 세상을 만들고자 하는 열망을 갖게 한다. 이 열망은 인간의 잠재된 욕망인 동시에 하나님의 형상에 닿으려는 내적 의지이다.

이때의 감동은 일차적으로 창조적 상상의 결과인 언어의 미학에서 오는 것이지만 기독교적 관점으로는 말씀이 육신이 되어 우리 안에 거하는 것과 같은 기적적인 변화를 일으킬 수 있음을 전제로 한다. 그러므로 문학에서의 창조적 상상력은 결코 하나님의 창조의 능력을 뛰어넘을 수 없다. 아무리 작가의 무한한 상상력을 강조하여도 그것은 결국 하나님의 창조세계 안에서만 가능한 것이다.

따라서 문학은 하나님의 창조세계를 미학적 언어로 표현하여 감동을 줌으로써 하나님의 심오하고 영원한 진리를 깨닫게 하기 위한 도구 중의 하나이다. 문학은 우리로 하여금 하나님이 만든 질서와 미와 은총과 그의 세상에 반응하게 하며 인간의 타락으로 인한 추함과 무질서와 갈등에 대하여도 반응하게 한다.

우리가 문학을 통하여 복락원에의 꿈을 꾸는 것은 이 때문이다. 문학은 하나님의 창조세계와 상호 교류할 수 있고 그 안에 사는 방법 중의 하나이다. 이런 의미에서 기독문학은 인간을 위한 인간의 문학이다. 따라서 기독문학의 목적은 인간에게 기여하는 인간의 문학으로서 하나님의 문화를 이 땅 위에 이룩하는 데 있다고 정의할 수 있다.

셸린져(Arthur Schlesinger)는 '그릇된 문학관 역시 현대인들의 삶을 일련의 분산된 상투어귀로 전락시키고 주체의식을 상실하게 만들어 수동적이고 순응주의자가 되게 하였다'32)고 하였다. 이처럼 범속과 균일성으로 만족을 느끼는 인간으로 하여금 자유로운 주체의식을 가지고 이상의 푸른 별을 향해 비상할 수 있는 힘의 일부도 기독문학은 공급할 수 있을 것으로 기대한다. 이러한 가치에 대한 인간의 기대를 충족시켜 주는 문학으로서의 기독문학만이 명실 공히 인간에 기여하는 인간의 문학으로서 하나님의 문화를 이 땅 위에 펼쳐나가는 목적을 달성할 수 있다고 본다. 때문에 기독문학의 활성화는 하나님 나라의 총체적 회복을 의미한다.

기독문학의 목적과 개념에 대한 명징한 인식은 기독교 독자들뿐 아니라 일반 독자에게도 문학을 대하는 새로운 시각을 부여할 수 있다. 그 결과 극심한 문자몰락의 시대에 처해 있는 우리가 셰익스피어와 밀턴을 다시 읽으면서 삶을 감동적으로 밀도 있게 느끼며 위대하게 상상할 수 있는 힘을 얻는다면 이러한 삶의 모습이 하나님의 창조의 본래의 목적에 가까울 것이라 생각한다.

세이어즈(Drothy Sayers)는 '위대한 일은 …… 하나님에 대하여 염려하지 않는 태도가 아니라, 진리의 모든 영역에서 우리 주 임마누엘을 추방하지 않는 일'33)이라 하였다. 나는 미학의 모든 영역에서 그리스도를 추방해서는 안 되며 또 그렇게 할 수도 없다고 생각한다. 오히려 문학이란 하나님의 창조세계를 미학적 언어로 가시화하는 작업이라는 작가적 신념을 가져야 한다고 믿는다.

---

32) Arthur Schlesinger, Jr., "Implications of Leisure for Government" in *Technology, Human Values, and Leisure*, ed. Max Kaplan and Phillip Bosserman (Nashville: Abingdon Press, 1971).

33) Dorothy Sayers, *Christian Letters to a Post-Christian World*, ed. Roderick Jellema (Grand Rapids: William B. Eerdmans, 1969).

오늘날 우리의 문학은 그 방향을 잃고 표류하고 있다. 이 현상을 기독교적으로 보면 세속사적 혼돈 속에서 보이는 세계에만 몰입한 나머지 인간존재에 대한 신성함이나 생명에 대한 외경심을 잃은 탓이라 생각한다. 역사적으로는 르네상스의 인본주의 이후 현대사상은 감각적 실증적인 경험의 세계만을 진리로 받아드림으로써 영원성에 대해 무관심한 채 절대선을 부정하는 데서 기인한다. 영원성은 절대자에게 속한 영역이며 절대자를 인정하지 않는 상황에서는 절대선이 존재할 수 없다. 무신론적 길을 걷고 있는 현대사상은 역사가 토인비의 말한 것처럼 정신세계의 종말론적 황혼기인지도 모른다.

이 속에서 문학은 인간구원의 한 방주로서의 역할을 한다. 인간은 문학을 통하여 에덴회복에의 꿈을 꾼다. 때문에 하나님의 문화를 언어예술로 형상화하는 기독문학은 세기의 황혼에 접어든 이 시대의 종말론적 어둠에 빛을 밝힐 수 있다는 전제가 가능하다. 뿐만 아니라 그러한 기독문학은 하나님의 말씀인 성서로 이 시대의 제 현상을 끌어안고 생명에 대한 외경심을 회복시키고 상처 입은 심령을 어루만져 치유하는 것이기 때문에 인간을 위한 인간의 문학인 것이다.

2) 하나님 나라의 총체적 회복

이 시대의 문화는 하나님의 존재에 대하여 무관심하다. 특히 니체의 초인사상으로부터 시작된 현대문학에는 신은 죽었으며 신은 적대의 대상이 되었다. 무신론적 사고 속에서는 윤리와 도덕의 준거가 없음으로 진리의 길을 찾기 어렵다. 그러므로 기독문학은 이 시대의 윤리와 도덕적인 가치관에 대한 대안을 제시할 수 있어야 한다. 때문에 하나님의 문화를 이룩한다 함은 모든 영역에서 하나님 나라의 총체적 회복을 뜻한다.

기독문학의 본질을 논의하기 위해서는 먼저 '문학의 본질은 무엇인가'라는 근본적인 의문을 제기하고 문학개념을 협의적으로 정립하고자 한다. 이 책에서는 보다 전문화된 개념규정으로부터 문학의 정확한 의미가 들어날 수 있으며 기독문학은 문학과 기독문학의 공통요소들 속에서 논의될 수 있음을 전제하고 있다.

문학의 개념정립을 위한 노력은 멀게는 고대 그리스의 철학자들에서부터 가깝게는 1960~1970년대의 포스트모더니즘의 작가들에 이르기까지 다양한 각도에서 논의되고 시도되어 왔다. 그럼에도 불구하고 문학은 개념상의 단일하고 확정적인 인식을 거부한 채 오늘날 정보화 시대의 패러다임 속에서도 변함없는 화두를 던지고 있다. 그 이유는 문학은 역사의 산물인 동시에 문학 그 자체가 하나의 역사를 갖고 있기 때문이다.

그동안 생산되어 온 "문학이란 무엇인가"라는 담론의 공통적인 정의는 세 가지로 요약할 수 있다. 첫째, 문학의 내용 면에서 "문학의 본질은 현실의 반영이며 재현이다"[34], 둘째, 문학의 형식 면에서, "문학이란 상상과 감정을 통해 표현하는 언어예술"[35]이다. 셋째, 문학의 기능 면에서, "문학의 목적은 독자에게 가르침과 즐거움을 주기 위한 것"[36]이다. 특히 텍스트로 널리 사용되는 웰렉

---

34) 아리스토텔레스, 『시학』 천병희 역 (서울: 문예출판사, 2006).

35) Terry Eagleton, *Literary Theory* (Great Britain: Blackwell Publishers Ltd, 1996).

(Wellek)과 워렌(Warren)의 문학이론(Theory of Literature)에는 "문학을, 문학예술, 즉 상상의 글로 제한해서 사용할 때, 그 의미가 가장 잘 표현된다"[37]고 함으로써 문학의 특징으로 '허구성', '창작성' 그리고 '상상력'임을 밝히고 있다.

결국 문학이란 인간의 삶을 담는 그릇이며 작가의 시각에 따라 담아낼 삶의 내용이 결정된다. 따라서 작가의 수만큼 다양하고 많은 문학적 제제들이 존재할 수는 있고 작가의 자질과 작품의 예술성은 상상력에 의해 결정이 된다. 창조적 상상력만이 문학을 언어나 글자를 매개로 하는 다른 학문이나 사상에서 분리시켜 줄 수 있다. 이때의 상상력은 기교적 언어표현, 즉 문학성과 동일한 의미이며 문학 언어를 일상 언어와 대조를 이루게 만든다. 이러한 특질들은 결국 문학의 세계가 그 자체의 독특한 주체성과 그 자체의 완전성을 가지고 있음을 말해준다.

'기독문학이란 무엇인가'라는 담론 역시 문학과 기독교의 관계의 패러다임 속에서 오랫동안 논의되어 온 주제이며 그 대답 역시 많은 시간을 거치면서 현저하게 변하여 왔다. 때문에 문학과 기독교의 근대적 개념에 대한 역사적 이해 없이는 기독문학의 개념을 정립하는 것이 불가능하다. 기록에 의하면 기원 797년에 성서학자 알쿠인(Alcuin, 735~804)은 문학이 기독교 신자에 미치는 영향에 대해 놀라움을 다음과 같이 나타냈다. '잉겔드가(Ingeld)와 『베오울프』(영국의 고전문학작품의 주인공)가 그리스도와 무슨 관계가 있는가?'[38]

---

36) Leland Ryken, *Christian Imagination* (Shaw Books: Water Brook Press, 1968).

37) R. Welleck and A. Wallen, *Theory of Literature 3rd* ed., (New York: Harcourt Brace Jovanovich, 1977).

38) Letter to Higbald, as quoated in Eleanor S. Duckett, Alcuin,

이보다 6세기 앞선 초대교부 터덜리언(Tertullian, 150~230)은 '진실로 아테네(여기서는 예술의 의미)와 예루살렘과 무슨 상관이 있는가'[39]라는 질문을 던졌다. 그리고 로마시대에는 '호라티우스(Horace: 로마의 문인)와 시편작가가 어떻게 동행할 수 있는가', '버질(Virgil: 로마의 시인)과 복음서가 어떻게 같을 수 있는가'라는 의문이 제기되었다. 물론 이 말은 기독교에 대한 비난을 내포하고 있다. 허구의 세계인 문학과 진리의 세계인 성서와의 갈등을 표현하기 위한 담론이라고 할 수 있지만 이것은 역설적으로 문학과 기독교의 피할 수 없는 상호관계성의 중요성을 보여준다.

그 증거는 서양문학사에서 3000년 동안 고전으로 읽혀 온 호머(Homeros)의 『일리아스』는 서양이 기독교화한 이후에도 역시 존중받는 고전으로 인정되었으며 기독교의 대표적인 시인인 단테와 밀턴도 이를 애독하며 자신들 작품의 기독교적 수용의 모델로 삼았다. 실제로 호머의 『일리아스』나 로마시인 버질의 『아에네이드』가 없었더라면 기독교의 고전으로 읽히는 『신곡』이나 『실낙원』은 존재하지 못하였을 것이다. 밀턴은 『실낙원』의 기독교적 수용을 밝히면서 하나님을 알기 전의 호머나 버질, 즉 이교도의 작가들의 작품 속에서도 희미하게나마 하나님의 뜻이 나타나 있다고 믿었으며 그것을 적극적으로 자신의 작품 속에 구현하면서 기독교적 진리를 살리려고 하였다고 고백하였다. 이러한 역사 속에서 우리는 문학의 신앙적 기능을 수용할 수 있다.

Friend of Charlemagne (New York: Macmillan, 1951).

39) Leland Ryken, *Triumphs of the Imagination* (Shaw Books: Water Brook Press, 1968).

이러한 역사적 사실들은 기독문학은 그 속에 기독교적 세계관과 역사관과 인간관이 나타나야 한다는 것을 보여준다. 기독교적 세계관이라 함은 자연과 인간과 세계에 대한 구조적인 인식과 인간 존재와 세계에 대한 관계성의 인식을 말한다. 기독교적 역사관이란 역사에 대한 엄정성과 함께 역사적 사실을 기독교적 관점에서 해석하는 것을 말한다.

사학자 토인비는 "역사란 과거와 현재의 부단한 대화"라 하였다. 이것은 과거의 사실(fact)을 현재의 관점에서 해석하여 사건(event)화시킨다는 의미이다. 역사적 사실을 객관적 시각으로 가감 없이 수용하고 인식하는 일도 중요하지만 그 이상의 의미로 인식하는 시각이 더 중요하다. 역사적 사건에 담긴 의미를 통해서 오늘의 교훈으로 삼고 미래의 좌표로 삼아야 한다.

기독교적 역사관이란 성서에 의해 역사를 해석한다는 뜻이다. 기독 작가는 자신의 작품의 바탕을 성서적으로 다시 인식한 역사관의 토대 위에 세워야 한다. 기독교적 인간관이란 신성을 타고난 개별적인 인간존재에 대한 인식이다. 존재의 존엄성과 함께 타락한 인간의 고뇌와 갈등에 대한 근본적인 탐색을 포함한다. 따라서 기독교적 세계관이란 하나님의 창조세계를 인정한다는 뜻이며 역사관이란 하나님이 역사의 주인이라는 인식을 말한다. 개인의 삶의 차원에서는 자신은 하나님의 피조물이며 그의 삶의 주인은 하나님이며 삶의 목적은 그분의 뜻을 이루는 것이라는 확실한 인식이다.

그리고 기독교적 인간관이란 죄와 구원에 관계된 것으로서 예수 그리스도를 구세주로 인정하는 것이며 그를 통한 세상과 인간의 구원에 대한 확신이다. 그리고 이상적인 의미에서의 기독 작가란 바로 성령의 은혜로 이 신앙 고백을 할 수 있는 사람이어야 한다고 생각한다. 그러나 작가와 작품을 일치시킨다는 것은 현실적으로 문제를 안게 된다.

그렇다면 문학에 있어서 기독교적 관점을 구성하는 것은 무엇인가? 나의 개인적 소견으로는 문학은 그 관점에 있어서 전적으로 가치중립적인 것이기 때문에 기독문학이란 것이 따로 존재하는 것이 아니라고 생각한다. 좀더 구체적으로 말하면 앞에서 언급한 바와 같이 문학이란 하나님의 창조세계를 미학적 언어로 표현하는 것이라 생각하기 때문에 작가가 어떤 주제와 소재를 미학적으로 형상화하였든 간에 그것은 결국 하나님의 창조세계 안에 있는 소재들이며 작가적 경험과 상상 역시 그분의 창조세계의 영역을 넘어서지 못한다. W. H. 오든(Auden)도 '기독문학이 따로 있을 수 없다는 것은 마치 기독교적 섭생법이 따로 있을 수 없다는 말과 같다'[40]고 하였다.

그럼에도 불구하고 왜 기독문학의 개념을 정의할 필요가 있는가. 문학은 사람의 인식 자체의 주관성이 다른 학문에서보다도 더 강력하게 작용하기 때문이다. 그러므로 문학을 말하는 사람의 문학론을 수용하는 사람들은 그 순간부터 그 담론에 따라서 문학에 대한 스스로의 관점을 형성하게 된다. 즉 한 사람의 문학론이 엄청난 권력으로 독자의 의식구조에 스며들어 그 순간부터 문학에 대한 다른 관점의 이해를 가로막게 되는 것이다. 이런 의미에서 문학은 다른 학문보다도 비체계적이고 비논리적이다. 문학이 역사적으로 항상 개념적 이론적 규정의 틀과 문학론이라는 제도적 울타리를 부수고 헤집으면서 새로운 영토를 창출해온 것은 이 때문이다.

---

40) W. H. Auden, "Postscript: Christianity and Art", in *The New Orpheus*, ed., Nathan A. Scott, Jr. (New York: Sheed and Word, 1964).

그럼에도 불구하고 내가 이 논의를 계속하는 것은 문학론을 인본주의가 아닌 기독교의 신앙과 일치하는 관점에서 구체화시키고자 함이다. 나에게 있어서의 문학은 곧 기독문학이 참된 것이며 기독문학이 일반문학보다 더 전력적임을 밝히고자 함이다.

3) 기독문학의 목적설정의 근거

이러한 기독문학의 목적설정에 대한 역사적 근거는 근대적 개념의 역사에 대한 이해에 있다. 17~18세기에 시작된 근대과학은 기계로써 우주의 이미지를 설명하였고 그것은 문학적 상상력을 장악하였다. 모든 사물이 역학의 법칙에 따라 작용한다는 과학적 사고 속에서 시와 문학의 존재 의미는 하나의 오락물 정도에 지나지 않았다. 당대의 과학자이자 수학자인 뉴턴(Isaac Newton)의 시에 대한 견해는 당대의 문학의 위치를 잘 말해준다. "시에 대한 나의 견해는 아이작 바로우(Issac Barrow: 영국의 신학자이며 수학자)와 일치한다. 시란 교묘한 난센스의 일종이다"[41]라고 하였다.

그러나 이 주장은 낭만주의 시인 키이츠(John Keats)에 의해 혹되게 반박당한다. 키이츠는 그의 시 라미아(Lamia)에서 과학의 파괴적이고 계몽적인 힘에 대하여 말하면서 신화나 시적 상상력을 박탈당한 인간의 세계가 얼마나 황량하고 매력 없는지를 보여준다. 그는 뉴턴주의적 관점이야말로 세계의 아름다움을 바라보는 인간의 능력을 파괴한다고 생각하였다. 이로 인해 막이 오른 서양 문학의 최대의 황금기라 할 수 있는 낭만주의 시대에는 인간의 예

---

41) Abrams, M. H. *The Mirrrow and The Lamp: Romantic Theory and Critical Tradition* (London: Oxford University Press, 1953).

술적 상상력이 창조적 힘을 지닐 수 있다고 보았으며 이러한 예술 지상주의는 문학이 종교를 대신할 수 있다는 사고를 낳았고 작가들은 문학이 인간을 구원할 수 있다고 주장하게 되었다.

그러나 현대의 문학이론에서는 문학의 확정된 의미의 부정과 함께 모든 문학작품은 허구에 불과하며 언어의 현란한 조합들에 지나지 않는다고 주장한다. 이러한 주장은 문예사조의 흐름에 의한 필연의 결과이다. 왜냐하면 아리스토텔레스의 『시학』에서 정의된 "문학은 현실의 반영이며 재현이라"는 고전적 정의는 오랫동안 문학의 본질을 나타내는 말로 통용이 되어 왔으나 문학이 담아내야 하는 이 "현실(reality)"을 바라보는 시각에 따라 다양한 의미로 해석된다.

전통적인 리얼리스트들은 현실이란 거울에 되비치는 실재로서 우리의 실재의 삶과 세계를 의미하지만 모더니즘작가들에게는 조각난 거울에 비쳐진 상이며 포스트모더니즘 시대의 작가들에게는 현실을 재현한다는 그 자체를 회의하였다. 20세기에 들어서면서 우리사회의 패러다임이 산업사회에서 정보사회로 변하면서 컴퓨터의 대중화로 인해 활자매체는 쇠퇴하게 되고 영화나 TV드라마와 같은 서사장르들이 그 지위를 확대해 나감에 따라 문학의 설 자리는 좁아지고 있다. 뿐만 아니라 새로운 사이버 공간은 '작가와 독자' 간의 전통적 관계를 허물고 더 이상 일차원적 소통관계가 존재할 수 없게 만들며 기존의 독서 패러다임을 해체시켜 나가고 있다. 따라서 정보시대에서의 문학이 안고 있는 가장 큰 문제는 문학이 재현할 리얼리티의 범위에 관한 것이다.

기독문학의 목적은 바로 이 리얼리티를 성서적으로 바라본다는 것을 전제로 한다. 성서적 현실인식은 문학을 단순히 삶의 반영으로 보는 것이 아니고 삶을 그대로 받아드리는 것이다. 어떤 형태로 변형된 삶이든 간에 문학은 그것을 우리의 삶 그 자체로 수용하고 작가의 역량에 따라서 이것을 언어예술로 승화시켜야 한다. 작가의 역량이란 바로 문학을 통해 삶의 현실을 묘사하는 데 그치지 않고 사람들이 형언할 수 없는 미의 섬광을 포착하도록 돕는 능력을 말한다. 따라서 문학이 현실의 삶을 그대로 받아드린다 함은 문학을 통하여 인간을 더 만족스럽고 안전한 곳, 이상향으로 이끌어낸다는 뜻이다.

이상향이란 하나님의 창조원리에 입각한 현실이란 뜻이다. 하나님은 자신이 창조한 세상을 보시기에 좋았다고 하였다. 따라서 리얼리티에 대한 기독교적 인식은 우리의 죄로 인하여 예수가 인간의 몸으로 세상에 왔다는 사실과 그의 죽음이 죄로 인해 세속화되고 결함투성이가 된 세상을 다시 창조의 원형으로 회복시킬 수 있다는 확신이 있을 때 가능한 것이다. 이때의 문학은 하나님이 창조한 세계와 상호 교류하는 것이며 작가도 독자도 창조세계 안에서 그의 일부로 살아가는 것이다.

이에 대해 클리언즈 부룩크스(Cleanth Brooks)는 '인간조직에 있어서 문학의 작가가 해야 할 일차적인 역할은 ……우리들의 세계에 대한 하나의 자각을…… 단지 임상적인 초연함 속에서 본 대상물로서가 아니라…… 그 속에 우리를 포함시킨 세계로서의 자각을 우리에게 주어야 한다.'[42]고 하였다. 부룩크스가 말한 자각이란 인간은 자연의 일부로 하나님의 창조세계 속에 있음에 대한 인식이다. 기독 작가가 이 역할을 잘 감당할 때에 기독문학은 인간의 삶에 기여하게 되고 그 결과 하나님의 문화를 펼쳐 보일 수 있다.

---

42) Cleanth Brooks, *The Hidden God* (New Haven: Yale Univ. Press. 1963).

3. 기독문학의 기능은 어떤 것인가

1) 성서의 언어적 기능

성서는 시적인 압축으로 쓰여 있다. 시와 마찬가지로 그것이 속한 언어 상황과 밀접한 관계를 지니고 있다. 유대의 경전 주석이나 학문은 언제나 히브리어 구약 성서가 지닌 순수한 언어적 특징을 다루어 왔다. 성서뿐 아니라 모든 경전의 언어적 특성은 시적 압축이다. 예를 들어 코란은 아랍어가 갖는 독특한 성격들과 밀접한 관계를 맺고 있기 때문에 이슬람교의 전파와 함께 아랍어의 영토가 확산되었다.

그러나 유태교의 경우처럼 기독교 학문이 언어의 중요성을 인식하고 있다 하더라도 종교로서의 기독교는 그 출발부터 번역에 의존해 왔다. 신약성서는 코이네 그리스어(*Koine* Greek)[43]로 쓰였고 구약성서를 언급할 때는 유대인들은 초기에는 70인 역 성서(Septuagint)[44]를 이용하였다. 그러다가 다시 히브리어 원전을 강조하는 경향으로 돌아서면서 성 제롬(St. Jerome, 340~420?)[45]의 라틴어 번역 성서, 즉 불가타 성서가 천 년 동안 서구 유럽에서

---

43) 아티카 방언을 기초로 하여 이오니아 방언 등이 뒤섞인 아티카 시대 말기부터 비잔틴 시기에 이르는 표준 그리스말을 의미하며 신약성서는 성서 원 저자들이 사용했던 토박이말로 쓰인 것이 아니고 코이네 그리스어로 쓰였다.

44) 기원전 2~3세기에 이집트에서 만들어진 그리스어 구약성서, 히브리 구약성서를 72명의 유대인 학자들이 번역하였다는 데서 유래하여 붙여진 이름으로 LXX로 표기됨.

45) 고대 로마의 사대교부 중의 한 사람이 성서를 라틴어로 번역하여 불가타역 성서를 완성하였다.

성서로서의 그 자리를 차지해왔다. 중세기에 들면서 종교개혁과 자국어의 성서번역 출판이 때를 같이 함으로써 영어와 독일어판 성서가 출판이 되었다. 이 두 언어로 번역된 성서가 세계 문화사와 문학에 중요한 영향을 미치게 되었다.

그러나 일반적으로 번역에는 한계가 있다. 특히 문학작품의 번역은 더욱 그러하여 번역이 제2의 창작이라는 말이 생겨날 정도이다. 시를 번역하는 데는 독특한 경이적인 솜씨가 있어야 한다. 솜씨란 번역을 이루어 내는 본질적 요소 또는 힘을 의미한다. 부언하면 과학서적 같은 것은 언어를 구사하는 데 제한된 능력을 지닌 사람일지라도 쉽게 읽을 수 있는데 그것은 국제적인 소재로 된 제3의 내재적 언어가 있기 때문이다. 그러나 시의 언어 속에는 언어적 반응을 형성하는 '음이 연상시켜 주는 그 어떤 것'은 적절하게 번역할 수가 없는데 그것들은 그 언어를 모국어로 말하는 사람들의 정신적 결(texture)을 형성하고 있다.

이 때문에 단지 번역될 수 있는 것은 의미로 알려진 하나의 개념대상(signified)과 여러 가지 다른 의미기호(signifier)와의 특별한 관계의 것들일 뿐이라는 전제가 가능하다. 그럼에도 불구하고 우리가 그 언어를 어느 정도 배우게 된다면 언어적이고 문화적인 배경이 다르다 하더라도 어느 정도까지는 공통의 번역이 가능하다는 것을 인정할 수 있다.

내가 처음 스페인을 여행하던 때에는 스페인어를 단 한 마디도 못하는 상태였다. 그러나 한 타브리오에 들어갔을 때에 스페인어를 전혀 모르는 상태였음에도 그들의 말이 낯익은 것처럼 곧 알아들을 수 있는 극적 경험을 하게 되었다. 그들이 나누는 대화 속에

집시의 정열과 투우사의 용기를 보았고 「찌지고이네르바이젠」과 「알함브라 궁의 추억」에서 스페인의 낭만을 느꼈던 것이다. 나는 그때 온 세계에 걸쳐 있는 인간의 창조적 표현이 서로 이해될 수 있고 전달될 수 있는 성격과 힘이 있음을 깨닫게 되었다.

그리고 외국문학을 공부하면서 흠정역(AV)성서에서 절정을 이룬 일련의 영역 성서들과 루터의 독일어 역 성서가 이미지와 설화 인유와 다른 형식의 언어적 표현을 생성해 내는 강력한 원동력이었다는 사실을 깨닫게 되었다. 이것이 내가 성서의 문학적 기능을 깨닫고 관심을 갖게 된 동기가 되었다.

원시사회는 인간성격과 자연환경 모두에 공통되는 에너지를 표현하는 언어를 가지고 있었다. 이 말들은 그들의 사고 속에는 널리 퍼져 있으나 우리의 정상적인 사고범주로서는 번역이 불가능하다. 아프리카 오지의 마사이 마라를 방문했을 때 나는 그 마을 촌장으로부터 몇 가지 단어를 반복해서 발음해보도록 권고를 받은 적이 있었다. 내가 그 단어를 똑똑하게 반복해서 발음하는 동안 나라는 주체와 객체인 그 말이 하나의 공통되는 힘과 에너지로 연결되어 마력을 발휘한다는 것이었다. 나는 그때 원시사회의 '주문'과 '주술'이 문학의 범주에 들게 된 이유를 알게 되었고 주문과 주술에서처럼 문학에서도 단어를 사용하는 데는 잠재적인 마법의 요소가 있을 수 있다는 것을 인정하게 되었다. 문학의 언어가 능력과 역동적 힘을 가지고 있다는 사실이 나에게 문학적 매력을 더해 주었다.

구약성서에서 나타나는 언어의 개념은 시적 은유이다. 은유의 개념은 "이것이 그것이다"는 형식을 갖는다. 성서는 단어를 특별한 종류의 부호로 사용했다는 점에서 시적 은유이다. 물론 플라톤 이전의 그리스문학을 대표하는 호메로의 작품도 그렇다. 시적인

언어는 원시 종교의 개념으로 보면 마치 마나(mana), 폴리네시아
와 멜라네시아의 원시종교 개념처럼 사람이나 사물에 스며들어 마
력을 발휘하는 초자연적인 힘을 지닌다. 그런데 성서는 태초에 스
스로 존재했던 하나님의 말씀이다. 성서의 언어가 지닌 힘은 그
스스로 생성하고 번성한 창조력이다. 창조의 능력이란 그 말을 함
으로써 그가 의도하는 결과를 만들어 내는 힘이다. 다시 말하면
말을 하면 그대로 되는 말의 위력이다.

> 하나님이 가라사대 빛이 있으라 하시매 빛이 있었고 그 빛이
> 하나님의 보시기에 좋았더라. 하나님이 빛과 어둠을 나누사 빛을
> 낮이라 칭하시고 어두움을 밤이라 칭하시니라. 저녁이 되고 아침
> 이 되니 이는 첫째 날이라 하나님이 가라사대 물 가운데 궁창이
> 있어 물과 물로 나뉘게 하리라 하시고 하나님이 궁창을 만드사
> 궁창 아래의 물과 궁창 위의 물로 나뉘게 하시매 그대로 되니라.
>
> (창세기 1:3-6)

우리는 전투의 영웅을 주제로 다룬 문학작품에서 전사들이 전투
에 나갈 때에 자신에게 힘이 될 수 있는 뽐내는 말을 함으로써 그
가 원하는 힘을 얻는 장면을 본다. 이처럼 말을 소리 내어 하였기
때문에 발휘되는 준물리적 힘의 의미를 성서에서도 찾아볼 수 있
다. "내가 여호와를 향하여 입을 열었으니 능히 돌이키지 못하리
로다"(사사기 11:35) 입다가 어길 수 없는 맹세를 하였기 때문에
결국 하나밖에 없는 딸을 제물로 여호와께 바친다. 이는 언어가
발하는 위력이 어떤 것인가를 상징적으로 보여준다.
  그리고 성서의 이 내용이 수많은 작품의 소재가 되고 민담의 중
심적 역할을 하는 마법과 주술로 인용되고 있다. 뿐만 아니라 성

서말씀은 비기독교인들에게도 의식을 통해 읽혀질 때 초월적인 힘이 발휘된다는 사실을 짐작할 수 있게 한다. 주체와 객체가 분리되지 않고 양자 공통되는 에너지의 형식이 있는 곳에서는 그 언어가 생명력이 있다는 것은 자연의 질서이기도 하기 때문이다.

2) 은유와 환유의 성서적 의미

그런데 문학에서 표현의 기초는 은유로부터 환유로 이동한다. 은유는 인간과 자연의 생명이나 활력, 또는 에너지가 동일하다는 것을 뜻한다. 환유적인 관계란 "이것은 그것을 대신한다"를 말한다. 문학의 언어는 사상을 대신하고 내적인 실재를 외적으로 나타내는 것이기 때문이다. 사상은 초월적 질서이며 생각을 통해서만 소통이 가능하고 언어를 통해서만 표현될 수 있다. 때문에 환유적 언어란 유비(類比, analogy)에 의한 언어로서 언어 그 자체를 넘어서 있는 실재를 언어로 모방한 것이다.

수학에도 명백한 환유적 양상이 있다. 그려진 선은 일정한 폭을 가지고 있지만 기하학에서는 폭이 없이 길이만을 뜻하는 개념을 그려진 선이 대신하고 있다. 마찬가지로 추상적인 수의 개념도 사물의 수와는 별도로 존재한다. 수학의 세계는 객관적인 세계라기보다는 초월적인 세계, 즉 자연의 질서의 세계로 향하고 있다. 그리고 예술은 자연이 개념적인 모형에 얼마나 일치하는가에 관심을 두고 있으며 성서문학에서는 이러한 미적 일치감이 신앙의 문제와 연결된다고 본다.

나는 수학에서 말하는 초월적 질서의 의미는 문학적으로는 로고스(logos) 개념이라 생각한다. 일반적 의미로 로고스는 이성이나 의

식의 통일을 나타내는 개념이다. 영적으로나 세상적으로나 인간이
인간사회를 통일시킬 수 있는 수단으로서의 개념이다. 문학의 관
점에서는 은유적인 언어에서 인간의 사상과 상상을 통합하는 중심
개념은 인격과 자연이 하나로 합쳐진 개념이다. 그러나 환유적인
언어에서 그 통합의 개념은 초월적 실재이거나 완전한 존재인 유
일신을 뜻한다. 호메로스의 작품에서 제우스는 단순히 신들의 왕
일 뿐만 아니라 모든 다른 신들을 포함하고 있음을 암시한다.

『일리아스』 8장에서 제우스는 말다툼을 하고 있는 신하격인 신
들에게 자신이 언제라도 끌어올릴 수 있는 거대한 사슬로 하늘과
땅과 여러 신을 붙잡고 있다고 말하고 있다. 『일리아스』 8장의 이
구절은 천지 창조를 읊은 바빌로니아의 창조 신화인 에누마 엘리
스(*Enuma Elish*)의 중대한 환유적 개념이 되었다. 에누마 엘리스
라는 명칭은 이 창조신화의 시의 첫 구절에 나온다. 어쨌거나 기
독교에서 말하는 유일신인 '하나님'이라는 단어는 신, god의 의미
로 학문에서 그것이 지시하는 대상이 아무리 많다 하더라도 문학
에서는 환유적 사고를 위한 필수요소라 생각된다.

> 예수께서 가라사대 진실로 진실로 네게 이르노니 사람이 물과
> 성령으로 거듭나지 아니하면 하나님 나라를 볼 수 없느니라……
> 예수께서 대답하시되 진실로 진실로 네게 이르노니 사람이 물과
> 성령으로 나지 아니하면 하나님 나라에 들어 갈 수 없느니라. 육
> 으로 난 것은 육이요 성령으로 난 것은 영이니 ……바람이 임으
> 로 불매 네가 그 소리를 들어도 어디에서 오며 어디로 가는지 알
> 지 못하나니 성령으로 난 사람은 다 이러하느니라.
>
> (요한복음 3:3-8)

성서의 이 부분은 환유적 표현의 대표적인 예이다. 영(spirit)이란 기독교 교리의 성령(Holy Spirit)과 동일한 개념이며 바람은 그것의 구체적인 예증이다. 그리스어 원문에서는 같은 단어인 프뉴마(pneuma)가 바람이나 영으로 사용되고 있다. 앞에서 살펴본 바와 같이 은유는 단어와 사물의 공통된 에너지를 인식하는 데서 생겨난다. 환유적 단계에서 이러한 말의 생명력은 모든 지식을 계시로부터 영역하려는 중세의 역사를 만들었다. 그 결과 하나님 자신의 언어적 계시에 대한 언어적 응답인 성서문학의 존재의 타당성이 설득력을 갖게 되었다.

적어도 실제뿐 아니라 이론적으로도 하나님의 말씀이 없다면 인간의 언어가 대신하고 있는 그 어떠한 실재도 존재할 수가 없으며 인간의 언어가 그러한 실재를 전달하는 데 충분하게 적절하지 않다는 것도 매우 타당한 논리이다. 내가 서두에서 인간의 언어와 상상이 창조력을 지닐 수 없다고 주장한 것은 이러한 근거에서다. 말은 유한하지만 하나님은 유한하지 않기 때문이다. 하나님은 모든 사고를 뛰어 넘으며 또한 말을 초월하여 숨어 계신다. 그리고 성서의 언어는 이 환유적인 초월적 시각 때문에 르네상스와 종교개혁을 겪고 오늘에 이르기까지 정당한 문학적 우월성을 유지하고 있는 것이다.

3) 문학으로서의 성서의 기능

르네상스 시기의 네덜란드의 인문주의자 에라스무스(Desiderius Erasmus, 1466~1536)는 평생 동안 성서와 교부들의 사상을 그리스의 고전 사상과 결합시키려고 노력하였는데 그가 간행한 그리스

어판 신약성서에 덧붙인 라틴어 번역에서 "태초에 말씀이 있었
다."를 "태초에 담론이 있었다."라는 환유적인 표현으로 번역하였
다. 에라스무스는 '창조의 말씀이 나오는 출처인 사상과 관념을 연
결시키는 태초에 무한한 정신이 있었다'라고 가정하였던 것이다.
서술적 언어에서 단어는 그 단어 밖의 어떤 것이 되는 힘을 갖고
있지 못하다. 언어의 생명인 창조력은 환유의 단계에서 가능하다.

환유적인 사고와 그것의 유일신 하나님의 개념이 발전함에 따라
문학적으로도 인간은 유일한 혼과 육체로 되어 있다고 생각하게
되었다. 육체는 자연에서 나와 자연으로 돌아가지만 혼은 초월적
인 세계에 속하며 그리로 돌아갈 것이라는 인간관이다. 그리고 인
간의 의식세계인 '마음'(mind)은 인간과 자신의 육체를 포함하는
자연의 물질세계와의 관계를 더욱 수평적이게 만들었다.(우리말의
마음은 가슴을 가리키고 있으나 서양언어의 개념으로는 마음의 이
성적 전통을 존중하며 두뇌를 가리킨다)

때문에 인간은 자연의 아들일 뿐만 아니라. 말의 자녀이다. 인간
이 자연에 의해 제약을 받으며 자연 속에서 필요한 자신의 개념을
발견하듯이 인간은 말의 공동체에서 그 주체를 발견한다. 이때의
'주체'라고 하는 것은 한 인간으로서의 그 주체라는 뜻이 아니라
객관적인 것을 관찰 기록하는 언어구조 안에서 인간이 사회를 형
성한다는 점에서만 '주체'라는 뜻이다. 이런 이유로 현대의 문학비
평에서는 사람이 언어를 사용하는 것이 아니라 오히려 언어가 사
람을 사용하는 것이라고 말한다. 우리는 성서에서 이 문학비평과
철학의 근거를 찾을 수 있다.

주의 말씀은 내 발의 등이요 내 길에 빛이니이다.

(시편 119:105)

위의 시편은 '언어가 사람을 사용한다'는 말의 성서적 의미를 유추할 수 있도록 만든다. 인간은 사물을 존재케 하는 창조의 행위자인, 말씀 자체이신 하나님이 등불이 되어 비추며 인도해주는 대로 그 길을 가도록 되어 있다는 뜻이다. 문학적 환유로는 인간이 말의 자녀로서 언어 속에서 찾은 맨 첫 번째의 것은 바로 '자유의 헌장'이라는 뜻으로 이해할 수 있다. 영국의 시인이며 풍자소설가인 비코(Thomas Love Peacock, 1785~1866)가 지적했듯이 언어의 첫 번째 단계는 본래 시적인 성질을 타고났다. 때문에 이 말의 성서문학적 의미는 인간이 추구하는 자유는 말씀 자체인 하나님의 뜻을 따를 때에 누릴 수 있는 가치라는 뜻이 된다.

이것은 신성과 인간성, 창조주와 피조물 사이의 대립 관계인 소위 원죄의 문제와 직결된다. 아담의 타락 이후 인간의 삶은 내재적인 무기력의 저주를 받아 신의 도움 없이는 영원히 자신의 운명을 성취할 수 없으며 그러한 도움은 오직 외적이고 객관적인 것을 통해서 설명될 수 있다. 밀턴은 자유는 복음이 인간에게 주어야 할 가장 중요한 것이라고 하였다. 밀턴이 볼 때에 인간이란 스스로 자유를 원하지도 않으며 또 천성적으로 원할 수도 없는 것이었다. 그는 인간은 다만 신이 원하기 때문에 자유를 가지게 되는 것으로 이해하였다.

나는 기독문학의 기능 중 가장 중요한 것은 그것이 인간에게 진정한 자유를 주는 것으로 해석하고 있다. 기독문학이란 순수한 공기와 빛이 들어가게 하는 언어로 쓰인 문학이다. 그 언어가 생명

력이 있어 인간에게 참된 자유를 부여할 수 있는 문학이다. 언어
의 생명력이란 작가의 상상이 상상의 근원인 하나님을 향하여 열
려 있을 때에만 가능하다.

> 그러므로 예수께서 자기를 믿는 유대인들에게 이르시되 너희가
> 내말에 거하면 참 내 제자가 되고 진리를 알찌니 진리가 너희를
> 자유케 하리라. 저희가 대답하되 우리가 아브라함의 자손이라 남
> 의 종이 된 적이 없거늘 어찌하여 우리가 자유케 되리라 하느냐.
> 예수께서 대답하시되 진실로 진실로 너희에게 이르노니 죄를 범
> 하는 자마다 죄에 거하지 못하되 아들은 영원히 거하나니 그러므
> 로 아들이 너희를 자유케 하면 너희가 참으로 자유하리라.
>
> (요한복음 8:32-36)

앞에서 살펴본 바와 같이 문학의 기능은 '실용적인 것'과 '쾌락
적인 것' 그리고 문학 쾌락성과 문학 교훈성의 조화로서 '이 둘을
겸하는 것'으로 구분할 수 있다. 웰렉과 웨렌은 "쾌적한 것(dulce),
유용한 것(utile), 이 둘을 동시에 정당하게 판단하는 방법으로 예
술의 기능을 설명해야 한다"[46]고 하였다. 문학기능의 쾌락성이란
육체적이고 관능적이고 탐미적인 의미만은 아니다. 아름다움과 즐
거움인 동시에 그것은 감동을 통해 정화작용(purification)을 거친
가치를 말한다. 정신적인 즐거움이며 미적인 쾌락이다.

기독교인의 이상적인 모습이 성화라고 할 때에 '아름다움'이라는
가치는 거룩함과 진지함에 반대되는 인간적 정서로 생각하기 쉽
다. 다음 장의 '한국의 기독문학의 현주소'에서 논의하겠지만 인간
적인 것은 저속한 것이며 죄악이라는 고정관념이 이 땅에 기독문

---

46) 앞의 책 18.

학을 피우지 못하는 요소 중의 하나가 되고 있다. 그러나 성서는 미가 하나님의 속성이며 기쁨이 구원받은 사람의 삶의 완성인 것을 보여주며 이 아름다움이 곧 자유의 속성인 것을 나타낸다.

여호와는 나의 빛이며 구원이시니 내가 누구를 두려워하리오. 여호와는 내 생명의 능력이시니 내가 누구를 무서워하리요. 나의 대적 나의 원수 된 행악자가 내 삶을 먹으려고 내게로 왔다가 실족하여 넘어졌도다. 군대가 나를 대적하여 진 칠지라도 내 마음이 두렵지 아니하며 전쟁이 일어나 나를 치려 할지라도 내가 오히려 안연하리로다. 내가 여호와께 청하였던 한 가지 일 곧 그것을 구하리니 곧 나로 내 생전에 여호와의 집에 거하여 여호와의 아름다움을 앙망하여 그 전에서 사모하게 하실 것이라

(시편 27: 1-4)

이 시는 미는 곧 하나님의 속성인 동시에 미를 보고 구하는 것이 인간의 소망임을 보여준다. 시편 90:17절에도 "주 하나님의 아름다움이 우리에게 임하소서"로 되어 있고 스가랴는 "그의 선하심과 아름다움이 어찌 그리 큰지요"(슥 9:17)라고 감탄하였다. 이 외에도 "거룩한 아름다움으로 여호와를 경배하라", "거룩한 아름다움을 찬양하라", "네 형 아론을 위하여 거룩한 옷을 지어서 영화롭고 아름답게 할지니"(출 28:2) 등을 통하여 미가 거룩함의 속성과 같은 것임을 보여준다.

아름다움과 함께 성서는 즐거움을 찬양한다. 즐거움과 기쁨과 같은 동의어들은 시편의 주요 주제들이다. 시편 16편의 기자는 이렇게 노래하고 있다.

내게 줄로 재어준 구역은 아름다운 곳에 있음이여 나의 기업이
실로 아름답도다······ 이러므로 내 마음이 기쁘고 내 영광도 즐거
워하며 내 육체도 안전히 거하리니······ 주께서 생명의 길로 내게
보이시리니 주의 앞에는 기쁨이 충만하고 주의 우편에는 영원한
즐거움이 있나이다.

(시편 16:6-11)

문학이란 삶이라는 현실성 위에서 존재한다. 기독문학은 삶이
무엇인가를 의식 깊은 곳에서 느끼고 경험하기를 원하는 인간을
위한 문학이다. 성찰하고자 하는 인간에게 미적 아름다움을 통하
여 자유를 주고자 하는 것, 이것이 기독문학의 기능이다.

호메로스는 그리스문학은 시인이 문화적으로 물려받은 지식의
주요원천이 되는 사회와 시대적으로 일치하고 있다고 하였다. 쉘
리의 표현을 빌면 시인은 "공인되지 않은 입법자들"이다. 시인의
의식세계는 그 당시의 모든 지혜와 지식의 저장소라는 뜻이다.
한국의 현대문학기라고 할 수 있는 개화기 이후의 1세기 동안은
기독교가 한국의 사회에 지대한 영향을 미친 시기였다. 현대문학
사의 작가들이 기독교인이든 아니든 간에 그들의 작품이 기독교적
요소를 담고 있다는 전제는 너무나 당연하다. 이런 의미에서 기독
문학이란 전력적 의미이며 서양의 기독교문화에서처럼 한국의 문
학은 곧 기독문학이 될 수도 있다는 가정이 가능하다고 본다.

4. 기독문학에서의 경험과 상상이란 무엇인가

1) 경험의 기독교적 의미

문학의 본질은 근본적으로 삶이라는 현실성과 관련된 것이지만 인간은 문학을 통해서 삶의 주어진 현실을 뛰어 넘는다. 이런 의미에서 헨리 제임스는 '문학은 삶과의 경쟁'이라는 표현을 썼다. 삶의 현실을 뛰어 넘는다 함은 보다 충만한 삶의 이상을 실현한다는 뜻이다. 따라서 우리의 문학은 현대의 삶이 문제로 삼고 있는 흔들리는 주체의 설 자리 문제와 사유와 광기 사이의 균형의 문제에 대하여 그 하나의 해답을 제시해야 할 책임을 안게 된다.

문학의 형식과 내용 면에서 가장 중요한 본질적 요소는 경험과 상상이다. 경험은 자아인식을 통한 의식의 확장과정을 의미하며 이 무질서하고 혼란스러운 경험으로부터 삶의 실체를 표출하는 것이 상상이다. 상상은 체험을 구체적인 이미지로 바꾸어 하나의 현실 즉 창작을 이루어내는 힘이다. 이 때문에 상상은 용광로와 같은 작용을 하는 것으로서 작가의 의지력 한계 밖에 있으면서 그 자체가 생명력을 지니고 생성하고 번성하는 그 어떤 것이다.

기독문학에서도 그 형식과 내용 면에서 가장 중요한 요소는 경험과 상상이다. 경험과 상상은 앞에서 제시된 기독문학의 목적을 완성시키는 필수조건이며 이 논의는 '기독 작가란 누구인가'라는 질문과 '기독문학작품은 어떤 것인가'라는 질문의 답을 포함한다. 문학은 작가의 경험을 그의 상상에 의하여 미학적 언어로 표현한 예술이기 때문이다.

상상은 문학을 다른 언어예술로부터 구별 지워주는 요소이다. 작가의 경험의 내용과 그의 상상이 작품의 문학성과 작가의 자질을 논할 준거를 제시해준다. 작가란 인간경험을 제시하여 우리로 하여금 공유하도록 만드는 일과 그 자신을 미의 대상으로 제공하여 우리의 상상에 의해 예술적으로 관조하도록 만드는 사람이기 때문이다.

때문에 기독문학작품은 성서로 걸러진 경험의 미학적 표현을 본질로 해야 한다. 앞에서도 언급하였지만 하나님의 세계에 대한 문학적 묘사는 과학적 묘사와는 다르다. 하나님이 만든 미와 은총과 그의 세상에 반응하는 것은 하나님과의 교류를 통한 구체적인 경험이기 때문이다. 문학의 기능 중의 하나는 인간의 경험을 예술적으로 쳐들어 올려 독자가 관조할 수 있도록 보여주는 것이다.

이에 대해 네이단 스코트(Nathan A. Scott)는 '작가는 창조된 세계를 응시하며 눈여겨보며 또 다른 사람들을 자기와 같은 관조에로 유인해주는 사람'[47]이라 하였으며 에머슨(Ralph Emerson)은 '린캐우스(Lyncaues: 놀라운 시력을 가졌다고 전해지는 신)의 눈이 지구의 땅속을 투시했다고 전해지는 것처럼 시인은 세계를 거울 쪽으로 돌려 세상의 모든 것을 그 올바른 질서와 진행 속에서 우리에게 보여주어야 한다'[48]고 하였다. 문학은 이 같은 경험을 미학적 언어로 표현한 예술이며 문학적 상상력이 예술로서의 문학

---

47) Nathan A. Scott, *Modern Literature and the Religious Frontier* (New York: Harper and Brothers, 1958).

48) Ralph Waldo Emerson, *The Poet, in Eight American Writers*, ed., Norman Foerster et. al.(New York: W.W. Norton, 1963).

을 가능하게 해준다. 때문에 문학적 요소에서 가장 중요한 것은 경험과 상상이다.

독자는 작가의 경험을 간접적으로 경험하며 자신을 그 경험의 일부로 수용하면서 자신의 존재를 확대해간다. 인간은 누구나 자기의 고유한 안목이나 선호에 따라 자신의 관점에서만 사물을 보기를 원한다. 그러나 문학은 우리의 눈과 가슴뿐 아니라 다른 사람의 눈과 상상과 가슴으로 보고 상상하고 느끼도록 만들어준다. 우리의 존재를 확대시킬 수 있는 가능성을 주는 것, 이것이 문학의 존재이유 중의 하나이다. 루이스는 '인간은 누구나 자신의 존재를 확대하기를 바란다. 현재의 자기 이상의 것이 되려는 꿈을 가지고 있기 때문이다. 문학은 이를 가능하게 해 준다'49)라고 하였다.

그렇다면 성서적 경험, 즉 성서의 채로 걸러진 경험의 정의는 무엇이며 그로 인한 구체적인 영향은 어떻게 드러나는 것일까. 앞에서 이미 언급한 것처럼 문학은 우리에게 새로운 경험을 제공할 뿐 아니라 보편적인 인간경험을 구체화시킬 수 있는 인정된 힘을 가지고 있다. 우리의 감정과 가치에 대해 형식과 표현을 부여해주며 그것을 우리가 할 수 있는 것보다 훨씬 더 잘 표현해준다. 모든 인간은 진리에 의해 살며 표현의 욕구를 가지고 있다.

인간을 기독교적 진리에 의해 살도록 도와주며 기독교적 삶을 찬양할 수 있게 만드는 힘을 가진 문학이 기독문학이다. 따라서 기독문학 작가는 실제의 경험이든 간접경험이든 간에 자신의 경험이 성서의 진리에 근거해야 하고 그 표현이 창조세계의 아름다움

49) C. S. Lewis. "Preface" to *Paradise Lost* (Oxford Univ. Press, 1942).

에 준하는 미학적 언어로 되어야 한다. 따라서 성서적 경험의 의미는 모든 경험은 하나님의 창조세계의 반영이라는 것을 전제로 하는 것을 말한다. 이것은 작품의 소재를 성서에만 국한시킬 필요가 없음을 나타낸다.

2) 심령적인 기쁨으로서의 경험

성서의 채로 걸러진 경험이란 심령적인 기쁨을 주는 경험을 말한다. 우리의 삶의 기쁨은 우리가 선택해야 할 가장 중요한 영역들 중의 하나이며 하나님은 우리가 그것을 책임성 있게 활용하기를 원하신다. 우리가 삶을 풍성하게 만드는 여가나 오락을 선택하는 것이 중요하듯 기독문학이 삶에 문학적 기쁨을 주는 것은 중요한 기능 중의 하나이다.

심령적인 기쁨이란 구체적으로 어떤 것일까. 일반적으로 작가는 말로서 가장 효과적인 묘사를 할 수 있는 것에 대하여 글을 쓴다. 이는 화가들이 자기들에게 가장 익숙한 것을 그리려는 의도와 같다. 작가가 심령적인 기쁨에 익숙해져야 자신의 언어로 그것을 가장 효과적으로 표현할 수 있다. 성서에는 '마음에 가득한 것을 입으로 말한다.'(마태복음 12:34)라고 하였다.

문학의 기능 면에서 기독문학 작가란 자기의 마음을 가득 채우고 있는 가장 중요한 삶의 기쁨을 글로서 말하는 사람이다. 기독문학의 관점에서 삶의 기쁨을 경험한다 함은 은혜에 대한 인식과 그 감동이다. 은혜는 기독교가 세상에 줄 수 있는 최고의 선물이다. 은혜 속에서는 고통도 기쁨이 된다. 그러므로 심령적 기쁨이란 고통을 극복할 수 있는 힘에 대한 경험을 포함한다.

문학에서는 감동을 통한 심리적 반응을 미적 정서라 한다. 미적 정서란 순화작용을 거친 정서이다. 이 정서는 자기애의 차원을 넘어서서 다른 사람을 온몸으로 직관으로 파악하는 행위이다. 문학적 감동을 통해 삶을 공유하며 슬픔과 고통을 확인하고 자신의 일부로 껴안는 행위이다. 여기에서 인간은 복락원에의 꿈을 실현하고자 하는 보편성을 갖게 된다.

이처럼 문학은 인간의 본능 욕망 또는 잠재의식과 같은 말들로 일컬어지는 드러나지 않는 지식의 길을 찾아가는 것이기 때문에 인간을 억압하지 않는다. 본능과 욕망과 잠재의식이라는 이 오래된 음지의 대륙을 탐험하여 인간을 위해 보다 더 살기 좋은 세상을 만들고자 하는 것이 문학을 통해서 인간이 찾고자 하는 길이다.

심령적인 기쁨은 성 삼위일체 하나님에 대한 깊은 인식에 있다고 본다. 구체적으로 하나님과의 관계, 그의 계시와 임재, 죄, 회개, 말씀, 사랑, 부활, 영원을 사모하는 마음, 이러한 관념들이 주는 기쁨이라고 볼 수 있다. 거듭 언급하였지만 기독문학은 문학성이 우선이다. 심령적인 기쁨이 선교의 도구로서가 아니라 삶의 예술이어야 하고 교리가 아니라 작가의 살아 있는 경험이어야 한다. 심령적인 기쁨에 대한 경험은 작가의 소명이며 이것을 기독교적 인간관으로 완수하는 사람이 기독문학 작가이다.

현재 한국의 기독문학에 대한 정의를 논한 대부분의 글에서는 챠드 왈쉬(Chad Walsh)가 정의한 '기독문학은 하나님, 그리스도, 영혼 등과 같은 단어가 자주 나오는 책, 혹은 교회 생활, 목사, 혹은 헌신적인 영혼 등을 취급하고 있는 책'[50]이라고 말한 내용을

---

50) Chad Walsh, "A Hope for Literature", in *The Climate of Faith in*

대부분 인용하고 있다. 그러나 기독문학을 기독교적으로 만드는
것은 그러한 소재에 있는 것이 아니라 모든 소재에 대하여 문학적
광명을 주는 열린 관점이라고 생각한다.

이에 대해 플래너리 오코너(Flannery O'Conner)는 '기독문학은
반드시 기독교화된 세계에 관한 것일 필요는 없다. 기독문학이란
소재에 의해서 구분될 수는 없으며 단지 작가가 인간적 또는 신적
인 실체에 대하여 어떻게 생각하는가에 의해서만 구분될 수 있
다'51)고 하였다. 본서가 이 견해를 존중하는 이유는 모든 소재들
이 다 기독교인들이 알고 있는 그 진리의 세계를 밝혀주는 하나의
빛으로 사용될 수 있다고 믿기 때문이다.

3) 문학적 상상의 세계

기독문학이 왜 예술성이 결려되는가? 이것은 한마디로 상상의
부재 때문이라고 답할 수 있다. 결국 문학은 언어라는 매체를 통
해서 존재하며 작가는 언어를 가지고 집을 짓는 자이다. 문학가의
언어는 조각가의 조상의 대상과 같은 허약한 재료가 아니다. 조상
이나 조각보다 더 지속적이며 더 강한 전파력을 지닌 매체이다.

그러나 문학의 실재는 과학적으로 입증하거나 시험될 수 없는
것이며 눈으로 볼 수 있도록 우리 세계 어딘가에 존재하는 것도
아니다. 단지 문학을 보고 만질 수 있는 것은 상상에 의해서뿐이

Modern Literature, ed., Nathan A. Scott, Jr. (New York: Seabury
Press, 1964).

51) Flannery O' Connor, *Mystery and Manners*, ed., Sally and Robert
Fitsgerald (New York: Farrar, Straus and Giroux, 1957).

다. 이에 대해 알빈 A. 리(Alyin A. Lee)는 '우리는 다만 상상이
라고 부르는 이성과 정서의 혼합물을 통해서만 문학을 할 수가 있
다'[52)고 하였다.

나는 상상적 문학의 세계를 탐구하는 것은 하나님이 창조한 실
체의 일부를 탐구하는 일이라고 확신한다. 성서는 인간을 창조하
고 인간에게 '창조적 상상을 부여한 하나님'을 우리에게 말해주고
있기 때문이다. 태초에 하나님이 아담을 창조하신 후에 아담에게
부여해준 잠재력 가운데 상상을 어떻게 사용하는지 보고 싶어 하
였다. 하나님이 흙으로 각종 들짐승과 공중의 새를 지으시고 아담
이 어떻게 이름을 짓나보려고 그들을 아담에게로 이끌어 내신다.
그때 아담은 조금도 망설임 없이 자기 앞을 지나가는 수많은 동물
들과 새들에게 그에 어울리는 이름을 지어준다. 그래서 아담이 각
생물을 일컫는 바가 그의 이름이 되었다.

나는 아담의 미적 정서가 그의 상상을 통하여 대상 개개의 특징
들을 파악하고 그 특징에 어울리는 이름을 발화하였던 일을 상상
하면서 전율적인 기쁨을 느꼈고 동시에 우리의 상상이 하나님의
창조의 일부라는 확신을 갖게 되었다. 작가가 이러한 시각으로 문
학적 상상의 세계에 접근할 때에 우리 주변의 물리적 세계를 탐구
하는 것과 다를 바 없는 인간의 행복과 하나님의 영광에 필요한
문학세계를 구축할 수 있을 것이라고 생각하게 되었다.

문학 세계에서의 상상은 문명의 가장 고상한 기념비와 같은 성

---

52) Alyvin A. Lee and Hope Arnott Lee, *The Garden and the Wilderness* (New York: Harcourt Brace Jovanovich, 1973).

격을 갖는다. 그것은 가장 지속적이고 보편적인 인간의 충동들 가운데 하나이기 때문이다. 문학과 예술의 역사는 수세기에 걸쳐서 인간이 무엇을 생각하고 느끼고 상상했던가에 대한 역사이다. 그 가운데서도 문학은 인간의 상상이 가장 크게 작용하는 영역이다.

문학은 현존하는 인간의 가치, 열망을 가장 정확하게 보여주는 일람표와 같다. 사회학과 심리학의 통계와 개관보다도 훨씬 더 풍부하게 인간본성의 여러 가지 국면에 관해서 우리에게 알려준다. 그래서 우리는 인간의 진면목을 보고 싶을 때에 인류의 소설과 시에 귀를 기울이는 것이다.

나는 모든 예술 가운데서 문학만큼 인간의 마음에 관한 진실을 잘 말해주는 예술도 드물 것이라 생각한다. 이 말의 의미는 문학은 한 인간으로서 자신이 가장 강하게 경험하였던 바와 가장 자신의 마음을 강하게 사로잡았던 바에 대한 기록으로서 상상을 통하여 다른 사람이 공유할 수 있도록 만드는 예술이라는 뜻이다. 상상적인 문학을 읽는 것은 곧 상상의 세계에 들어간다는 뜻이다.

문학에서 말하는 일반적인 정의로는 '상상(imagination)은 인상(impression), 의식(consciousness), 감각(sensibility), 그리고 경험(experience)을 포함하는 것[53]이다. 작가란 이 개념들을 한데 모아 녹여서 다시 가공함으로써 신기롭고 새로운 합성물질을 만들어내는 용광로(melting pot)의 역할을 하는 능력을 지닌 자를 말한다. 문학은 상상에 의해 생명과 호기심을 입증하는 예술이므로 그 형식은 자유로운 의식의 흐름이 된다.

---

53) Walter Besant and Henry James, *The Art of Fiction* (Boston: De Wolfe, Fiske & Co.1934).

자유로운 의식의 흐름은 한 작가의 정신이나 감성이 글쓰기에 갇히지 않을 때 가능한 일이다. 독자는 작가의 이 자유로운 의식에 대하여 온몸으로 활짝 열린 감응을 보인다. 따라서 기독 작가의 글쓰기가 교조적인 글쓰기에 갇혀버리면 그 작품은 기독교의 윤리와 도덕을 표면화시킴으로써 간증문학 내지 설교 또는 선교문학의 범주를 벗어날 수 없으며 이러한 협의의 기독문학속서는 문학적 섬광을 기대하기 어렵다.

그 작품의 성서적 주제와 배경에도 불구하고 문학적 섬광이 없는 글은 독자를 기독교적으로 감동시키지 못한다. 교조적인 말 속에는 기독교적 윤리나 도덕관념들이 있을 뿐 움직임이나 닿음과 같은 생명의 리듬이 없기 때문이다. 이것은 성서를 읽을 때 그 내용들이 살아계신 하나님의 생명력으로 읽는 사람들의 심령을 흔들 때 감동을 느끼고 감동을 받은 사람만이 그 영혼이 소생될 수 있는 이치와 같다. 이때 역사하는 보이지 않는 힘을 우리는 성령이라 한다. 기독 작가의 작품이 성령의 역사와 같은 예술적 생명력을 지녀야 할 당위가 여기에 있다.

때문에 기독교적 소재가 예술성을 지니려면 기독교적 교리에 가두는 것이 아니라 열어주는 글쓰기를 해야 한다. 그 속에 원초적 일상의 싱그러움이 있고 닿음이 있고 감동이 있다. 나는 이것을 섬광이라 본다. 기독교의 교리나 윤리를 직접적으로 표현한 교훈적인 글에서는 독자는 자신의 불신앙과 왜소함을 부끄럽게 느낀다. 독자는 깊이 깨우침을 주어도 자신을 주눅 들지 않게 할 수 있는 넉넉함을 원한다. 갇힘에서 열림으로 가는 은밀한 통로 하나를 허락받고 싶어 한다. 이 통로가 섬광이다.

섬광은 연약한 실존을 다독여줄 수 있는 은근하고 따뜻한 배려이며 산뜻한 새벽공기 같은 희망의 기운이다. 독자는 기독문학작품 속에서 이런 것을 얻고 싶어 한다. 우리를 소외로부터, 단절로부터, 그리고 갈등으로부터 자유하게 해주고 나를 너에게로 이어주는 문학, 그래서 문학은 하나의 구원이 될 수가 있다. 그것이 감동이다. 인간은 자신의 결핍을 비난받았을 때보다 스스로 눈치 채게 했을 때 아주 강력한 힘으로 감동을 받는다. 작가의 능력이란 독자로 하여금 자신의 작품 속에서 이 전율적인 힘을 발견할 수 있도록 하는 능력을 말한다. 작가와 독자는 이렇게 몸으로 맞물려 있어야 한다. 이러한 능력은 작가의 상상의 산물이다.

노드롭 프라이는 "문학의 세계는 인간의 상상적 실재 이외에는 아무런 실재도 존재하지 않는 세계"라 하였다. 상상의 구조물은 다른 어떤 방법으로든 도저히 얻을 수 없는 인간의 삶에 대하여 우리에게 말하여 주는 것이다.

4) 상상의 기독교적 의미

만물의 상황은 그것이 사실적일 때 감명이 더 크고 큰 감명이 인간의 마음을 더 잘 감동시키고 흥미롭게 해 준다. 비록 그 박진감을 측정할 척도를 정하기 곤란하다 할지라도 사실성은 매우 중요하다. 문학은 인간이 추구하는 이상향의 근원을 밝혀 그것을 삶 속에 가시화하는 작업이다. 문학이 이 최상의 가치를 향해 나아갈 때에 삶에 대한 열정을 균제해주고 그 방향을 잡아주는 힘이 '기독의식'과 동일한 의미로서의 '문학적 상상'이다.

의식이란 경험한 인상들을 의미 있게 정리하고 분류하는 저장소의 역할뿐만 아니라 평범한 재료들을 한데 모아 녹이고 다시 가공함으로써 신기롭고 새로운 합성물질로 만드는 용광로의 역할을 한다. 이 과정에서 상상은 가장 중요한 역할을 담당하게 되는데 그것은 바로 그 상상력에 따라 합성물질의 가치가 달라지기 때문이다.

헨리 제임스는 "의식은 인상을 수용하고 저장하는 방"이라 표현하였다. 이런 의미에서 기독 작가는 성서의 진리에 대한 의식을 지녀야 하며 이 진리를 상상을 도구로 하여 언어로 형상화한다. 즉 하나님의 창조세계를 미학적 언어로 가시화하는 것이다.

상상은 기독문학의 관점의 지평을 넓혀줌으로써 포스트모더니즘의 문화에도 열려 있도록 도와준다. 포스트모던이라는 이 관형사는 1950년 초에 사학자 토인비가 처음 사용하였고 서구문명의 무정부 상태를 포스트모던시대의 특징으로 들었다. 심리학과 인류학과 정치경제 사회학의 새로운 과학들이 발달됨으로써 인간의 무의식이 탐구되고 자연의 법칙이 시와 신화의 법칙을 따른다는 주장이 나오게 되었고 이 주장이 지적 무정부라는 총체적인 상대주의를 낳게 되었다.

이 속에서의 주인은 서구현대문명의 주인이었던 중산층과 부르주아영역의 사람들이 아니라 일반대중이다. 도시산업 노동계급이 사회를 지배하는 가운데 대중사회가 형성되고 그에 따라 대중문화가 발달한 것이다. 그래서 토인비는 지성의 틀에서 본 포스트모던시대의 특징은 비합리성 무정부성 불확실성이라 하였다.

서구 근대 문명의 시기는 크게 네 가지로 나누어진다. 르네상스 초기를 초기모던, 르네상스 시대를 모던, 17. 18세기의 계몽주의시

대와 19세가 중엽까지를 후기모던이라 하고, 그 이후를 포스트모
던 시대라 부른다. 이러한 변화 속에서 우리는 리얼리즘의 전통
속에서 태어나 모더니즘의 영향 속에서 자란 후, 포스트모더니즘
의 상황 속에서 살고 있다고 말할 수 있다. 그래서 핫산(Ihab
Hassan)은 "우리 모두는 다소간 리얼리스트이고 다소간은 모더니
스트이며 또 동시에 다소간은 포스트모더니스트라고도 할 수 있
다"54)라고 하였다.

　만일 문학이 동시대를 반영하는 것이라면 오늘날의 문학은 분명
포스트모던적일 수밖에 없다. 경계를 넘어서서 고급문화와 대중문
화, 그리고 순수문학과 대중문학 양 진영 사이의 간격을 메우는
작업이 요구된다. 이 영향은 문학에서뿐만 아니라 문화전반의 변
화를 일으켰다. 이제는 고급문화와 대중문화의 경계도 허물어져
문화영역에서 대중은 막강한 힘으로 문화상품의 구매력을 행사하
고 대중의 문화적 안목도 점차 높아져 고급문화의 진영까지 그 자
리를 확산하였다.

　신은 죽었다고 한 니체를 끌어안았듯이 대중을 문학 속에 끌어
안아야 한다. 이것은 세속화에 영합하라는 것이 아니다. 비기독교
인들의 관심 속에 있는 소재를 끌어내어 그들 삶에 감동을 줄 수
있는 기독교적 시각으로 형상화해야 한다는 뜻이다. 대중문화의
기독교적 수용과 함께 기독문학이 안고 있는 또 하나의 도전은 사
이버세계에서의 작가의 관점에 관한 것이다.

　앞에서 언급한 것과 같이 정보시대에서의 문학이 안고 있는 가

---

54) Ihab Hassan, "POSTFACE 1982: Toward a Concept of Postmod-
　　ernism" in *The Dismemberment of Orpheus: Toward a Postmodern
　　Literature* (Madison: Univ. of Wisconsin Press, 1982).

장 큰 문제는 문학이 재현해야 할 리얼리티의 범위를 어디까지로 해야 할 것인가, 즉 리얼리티의 지시점을 정하는 것과 그것을 담아내기 위한 새로운 창작방법에 관한 것이다. 정보사회에서 우리가 직면한 현실은 가상현실(hyper reality)의 세계로서 비록 우리가 그 공간 안에 실재 발을 딛고 살지는 않는다 하더라도 이미 거대한 사회구조를 이루고 있다. 기독문학은 무엇보다 이 사이버 공간에 대한 관점을 확립함으로써 리얼리티의 범위를 구축해야 할 것이다.

우리 앞에 그 거대한 모습을 드러내며 다가오고 있는 사이버 공간은 인간이 지금까지 경험하지 못했던 새로운 세상을 펼쳐 보이고 있다. 이 사이버 공간은 현실공간과는 여러 가지 면에서 다른 특징을 갖고 있다. 지역성이나 시간성 같은 현실공간을 제약하던 개념들이 사이버 공간에서는 초월적인 시 공간으로 극복되고 있다. 현실공간의 유한성은 사이버 공간의 무한성으로 대체된다. 사이버 공간을 통해 많은 정보와 지식이 일순간에 전세계로 퍼져 나가고 지식은 또 다른 지식을 산출하기를 거듭한다. 이 공간은 사탄의 영역이 아니라 복음을 전해야 할 새로운 땅이다.[55]

만약 작가가 인간의 이 새로운 창조물인 가상현실의 세계를 문학 텍스트 안에 끌어들이지 못한다면 인간은 문학을 통해서 현실을 그대로 받아드릴 수 없게 된다. 가상의 현실까지도 언어예술로 형상화하기 위해서는 작가의 상상과 감동의 재구성이 불가피하다고 본다. 작가가 시대의 가치판단을 충족시켜 줄 새로운 문학 패러다임을 만들 사명을 인식한다면 기존의 상상력의 형질변화는 불가피하다.

---

55) 정충영, 『사이버교회 어떻게 할 것인가』(서울: 겨자씨, 2004).

문예사조의 변화와 관계없이 역사적으로 문학이 공통적으로 두려워한 것은 한 사조의 패러다임 속에서 세계의 신비(나는 이 부분을 하나님의 창조세계의 신비라 정의한다.)가 묶이고 정복당하고 없애져 마침내 실재에 대한 무미건조한 통찰만을 강요하지 않을까 하는 점이었다. 다시 말하면 문학적 상상력이 말살당한다는 것을 두려워하였으며 그것은 문학적 생명의 파멸을 의미했다.

내 개인적 견해로는 기독교적 상상이란 하나님의 창조세계를 영적인 힘과 위안의 상징으로 바라보는 것이라 정의한다. 앞에서 기독문학이란 개념을 하나님이 창조한 세계와 상호 교류하는 것이라 정의한 것도 이런 이유에서이다.

5. 기독문학 작가는 누구인가

1) 포스트모더니즘과 미적 정서의 불확실성

한국문단의 포스트모더니즘의 논쟁은 리얼리즘과 모더니즘의 논쟁이 한창이던 1980년대부터였다. 포스트모던이란 용어는 원래 건축에서 처음 사용한 용어인데 문학에서는 모더니즘과 리얼리즘에 반발하여 새롭게 시작된 지적움직임을 일컫는 말이다. 이 지적움직임의 핵심적 이유는 종래의 관습적인 문학양식으로는 20세기 후반의 이 계시록적 시대의 리얼리티를 도저히 담아낼 수 없다는 문학적 고갈의식 때문이었다.

전통적으로 작가는 문학예술이 인간과 사회에 보다 나은 삶을 위한 비전을 제시할 수 있다고 믿어왔다. 그러나 지구촌 곳곳에서 일어나는 대사건들과 정치적 경제적 사회적 현실의 상황들이 고답적이고 귀족적인 모더니즘문학관이나 문학이 현실을 반영하고 재현할 수 있다고 믿는 리얼리즘문학관 모두에 대하여 회의하고 반발하도록 만들었다. 포스트모더니스트들은 문학의 이 부정적 한계는 극복될 수 있는 것이 아니라고 보고 있다. 오직 작가는 파편화한 현실의 모습을 있는 그대로 인정하고 제시하여 포용할 뿐이라는 생각을 하는 것이다.

리얼리즘이나 모더니즘시대에는 작가란 특별한 사람으로서 사회로부터 분리된 자이며 전지전능한 신적인 존재라는 낭만주의적 생각을 갖고 있었다. 그래서 작가의 상상이 창조력을 지니기 때문에 문학이 인간을 구원할 수 있다고 주장하였다. 그래서 작가의 현실참여는 문학적 사명으로서 상당한 권위의식을 느끼게 하였다. 그러나 포스트모더니즘의 작가들은 이러한 작가적 존재의미와 사명을 전적으로 부인한다. 나는 이런 현상을 작가의 '미적정서의 불확실성'이라 정의하고자 한다.

미적 정서의 불확실성은 독자의 입장에서도 마찬가지이다. 독자들은 문학작품의 에피파니(epiphany: 계시의 현현)를 거부한다. 작품을 통하여 고양되고 심오한 지적 내지 정서의 깨우침을 받을 수 있다는 사실을 믿지 않는다. 에피파니의 부정은 질서의 회복에 대한 불신이다. 한 작품이 추구하는 구심점을 거부하며 작품이 지향하는 사상도 인정하지 않는다. 리얼리즘과 모더니즘시대의 작가의 권위는 더 이상 존재하지 않는다.

이러한 독자의식의 한 예를 우리는 패러디(parody)에서 찾아볼 수 있다. 패러디는 기존의 어떤 것에 대한 흉내를 통해 그것이 미처 깨닫지 못하고 있거나 또는 그것이 할 수 있다고 착각하고 있는 것을 지적하고 비판하는 하나의 전략이다. 문학작품에 대한 패러디를 독자는 일종의 창작으로 느끼며 쾌감을 얻고 스스로를 비평가의 입장으로 승격시킨다. 수많은 해석의 가능성을 인정하는 열린 시대, 열린 사조의 흐름 속에서 문학작품은 나름대로의 결말조차도 내지 못한 채 막을 내린다. 그리고 결말은 독자의 몫으로 돌아간다.

이 때문에 '독자반응비평'이라는 새로운 용어가 만들어졌고 '작가의 죽음'을 주장하는 탈구조주의가 부각됨으로써 다원주의 상대주의적 민주 지향적 사조가 팽배해졌다. 독자도 작가와 함께 공동으로 창작에 참여해야 한다고 보는 것이다.

나는 미적 정서의 불확실성은 타락한 상태의 결과라고 생각한다. 아무리 포스트모더니스트들이 열린 사조와 열린 의식을 특징으로 강조하여도 타락한 상태에서는 우리의 시야는 근본적인 한계를 지닐 수밖에 없다. 창조된 인간은 최초에는 하나님의 형상을 닮은 존재였다. 창세기의 창조의 사건은 생명의 형태는 '하나님이 말함'으로써 생긴 것을 보여준다. 이것은 비록 생명들이 만들어지고 창조되었다 하더라도 그것들은 다른 것을 재료로 하여 만들어지지 않았다는 뜻이다.

때문에 인간의 의식은 하나님에 대하여 열려 있었고 하나님의 속성을 닮은 무한한 상상이 가능한 존재였다. 그러나 타락으로 인하여 인간은 하나님과 자연에 대해서 타자(他者)가 된다. 타자란 자기가 추구하는 것의 모델인 동시에 견고한 자아라는 인식이 너무나도 분명하게 완전히 분해되는 상태로서 소외감을 동반한다.

소외감은 극도의 불안과 혼란과 회의를 증폭시킴으로써 진리에 대하여 눈을 멀게 한다.

2) 기독 작가의 책임에 대하여

미적 정서의 불확실성이 포스트모더니즘 시대의 문학이 풀어내야 할 과제라면 문학적으로 본 한 인간으로서의 우리가 직면한 문제는 무엇일까? 나는 지라르(Rene Girard, 1923~1953)의 문학비평에 근거하여 우리의 내면의 욕망을 진단해보고 이 두 문제의 답을 성서에서 찾고자 한다. 그 결과 기독문학 작가란 누구인가에 대한 하나의 답을 제시하고자 한다.

지라르는 문학이야말로 인간의 욕망관계를 적나라하게 복합적으로 알려주는 과학이라고 정의하고 문학연구를 통하여 철학적 영역을 확보한 사상가이다. 그의 학문적 여정을 총결산한 『문화의 기원』(Les Orgines de la Culture)에서 문학적 욕망은 주체와 그 주체가 선망하는 '모델'을 통하여 우회하는 길이라 하였다. 일반적으로 말하는 욕망은 욕망하는 주체와 그 대상과의 관계인데 지자르는 욕망을 '모델의 모방'과 같은 의미로 쓰고 있다.

시대의 변화에 따라 문예사조가 아무리 변하여도 나는 문학예술은 인생에게 진리의 길을 제시해줌으로써 인간으로 하여금 보다 나은 삶을 꿈꾸게 할 책임이 있다고 생각한다. 때문에 포스트모더니즘시대의 여러 혼란은 근본적으로 인간이 초월적 종교성을 인정하기를 거부한 데 있다고 본다. 인간에게 신은 죽었고 인간은 신의 자리에 타자(자가가 추구하는 것의 모델)를 우상으로 두고 그가 자

기에게 없는 가치성과 충만감을 갖고 있다고 착각한다. 그 때문에
인간의 모방충동은 극대화되고 그로 인해 경쟁은 날로 치열해진다.

한편 사회는 인간이 타자와 나 사이에 존재하는 차이와 간격을
철폐하여 동질화시키려는 행동을 정당한 정의로 여김으로써 평등
주의를 만들었지만 같아지려 하고 닮아지려 하는 인간의 욕망을
끊임없이 자극함으로써 폭력을 불러왔다. 그 결과로 평등주의는
욕망을 목표로 질주하는 광기를 조장한다.

인간의 욕망은 언제나 그가 선망하는 사람들의 욕망을 욕망할
뿐이며 사람들은 타인에 의하여 선망된 대상만을 선택한다. 욕망
의 모방충동은 문학을 발생시킨 하나의 동력이다. 문학이 존재하
는 한 모방하려는 인간의 욕망을 제거한다는 것은 불가능하다. 사
실상 모방심리가 없다면 문학뿐 아니라 인간의 문화 창조나 교육
도 불가능할지도 모르며 그 결과 폭력이 더 심해질지도 모른다.
그러나 인간은 형제를 존경과 선망의 표적으로 삼으며 그를 모방
하려는 순간에 이미 그를 제거할 적으로 삼는다. 우리는 창세기의
아벨과 가인 형제의 이야기에서 그 예를 찾아 볼 수 있다.

> 아담이 그 아내 하와와 동침하매 …… 가인을 낳고 …… 가인
> 의 아우 아벨을 낳았는데 아벨은 양치는 자이었고 가인은 농사하
> 는 자이었더라. 세월이 지난 후에 가인은 땅의 소산으로 재물을
> 삼아 여호와께 드렸고 기름으로 드렸더니 여호와께서 아벨과 그
> 재물은 열납하셨으나 가인과 그 재물은 열납하지 아니 하신지라
> 가인이 심히 분하여 안색이 변하니 …… 그 후 그들이 들에 있을
> 때에 가인이 그 아우 아벨을 쳐 죽이니라.
>
> (창세기 4:1-8)

똑같은 욕망을 가진 두 인간은 필연적으로 충돌할 수밖에 없음을 보여준다. 지라르는 욕망은 '나를 닮아라'와 '나를 닮지 말아라'의 이중 장치의 구조를 지니고 있다고 보았다. 즉 사람은 누구든지 타인이 선망하는 모델이길 바라고 그런 욕망이 실질적으로 이루어질 것 같으면 그것을 싫어한다고 하였다.

우리는 보편적으로 막연히 인간이 공감대를 형성하고 동질화되고 차이가 없어지면 인간관계의 화합과 평화가 올 것이라 생각한다. 그러나 차이의 소멸, 동일성의 승리는 사회를 가공할 폭력으로 몰고 간다는 것을 구약의 아벨과 가인, 에서와 야곱 형제간을 통해 확인할 수 있다.

앞에서 지적하였지만 타락한 인간의 상태는 자연과 하나님에 대하여 타자의 관계이다. 성서에는 폭력은 타자로서의 인간이 저지른 범죄행위인 것을 알려준다. 따지고 보면 인간의 역사는 폭력의 역사이며 폭력으로 얼룩져 있다. 그럼에도 불구하고 많은 종교와 고대의 문학이 폭력을 폭력인 줄 모르게 신화조작을 해왔다. 지자르에 의하면 이러한 위선을 세상에 최초로 폭로한 사람이 예수그리스도라고 분석하고 있다.

신약에서 예수가 바리새인들로부터 언어적으로 또 로마인들로부터 신체적으로 집단폭력을 받은 사실은 이미 하나의 계시였다는 것이다. 성서는 이미 이 시대의 현상을 예수를 통하여 보여주었으며 그것이 포스트모던 사회의 하나의 특징으로 밝혀졌다고 볼 수 있다. 문학적으로 보면 미적 정서의 불확실성은 마찬가지로 폭력을 부르는 요인이다.

명절을 당하면 총독이 무리의 소원대로 죄수 하나를 놓아주는 전례가 있더니…… 저희가 모였을 때에 빌라도가 물어 가로대 너희는 내가 누구를 너희에게 놓아주기를 원하느냐. 바라바냐 그리스도라 하는 예수냐 하니 이는 저가 그들의 시기로 예수를 넘겨준 줄 앎이더라. …… 이에 총독의 군병들이 예수를 데리고 관정 안으로 들어가서 온 군대를 그에게로 모우고 그의 옷을 벗기고 홍포를 입히며 가시면류관을 엮어 그 머리에 씌우고 갈대를 그 오른 손에 들리고 그 앞에서 무릎을 꿇고 희롱하여 가로대 유대인의 왕이여 평안할지어다 하며 그에게 침 뱉고 갈대를 빼앗아 그의 머리를 치더라 희롱을 다 한 후 홍포를 벗기고 도로 그의 옷을 입혀 십자가에 못 박으려고 끌고 나가니라.

(마태복음 27:15−31)

폭력과 함께 현대문명의 병리현상 중의 하나는 대중의 소비와 관련이 있다. 대중의 소비생활이라는 외적인 이 현상은 이 시대의 우리의 내면과 정신의 상태를 가장 적나라하게 보여준다. 전통사회에서 인간은 소비상품과 친밀한 현존관계를 유지해 왔다. 그러나 소비사회에 들어서면서 상품은 사용가치와는 무관하게 그 자체가 기능적인 조직체계를 독자적으로 향유한다. 소비와 생산이 용도에 따른 필요와 충족의 관계에서 이루어지는 것이 아니고 한 개의 상품은 기능과 모습 디자인 등이 다른 기능들과 결합하여 소비자의 기호적 생활수준을 과시할 뿐이다. 그 결과 각자가 다른 사람과의 생활수준의 차이를 만들기 위하여 최신 유행의 값비싼 상품을 구매하지만 결국 모두 다 똑같아지는 것이다.

보드리야르(Jean Baudrillard, 1929~)는 이처럼 실용적 용도를 벗어난 소비사회에서 소비자는 흉내와 거짓꾸밈으로 소비생활에 탐닉함으로써 그 결과 '음탕함과 비대함'을 최고의 생활지표로 삼는 풍조를 만들어냈다고 하였다. 결국 자아내면의 음탕함에 대한 기호는 인간과 인간 사이의 따뜻한 교감을 차단한다. 사랑을 증발시킨다.

모든 것에 호기심을 갖지만 아무 데도 깊이를 느끼지 못하고 넘치는 정보를 쓸데없이 비축하여 비대해진다. 그리고 폭주하는 광고 홍수 속에서 대중은 '흉내내기'와 '거짓 꾸밈'의 환상적 열정이 마치 자신의 자아인 것처럼 착각하고 살아가고 있다.

작가가 문학을 통해 인간의 삶을 어루만지는 사람이라면 '음탕함' 대신 진정한 의미의 '사랑'을, '거짓' 대신 '참'을, '허위' 대신 '진실'에 대하여 고뇌할 수밖에 없다. 불안과 불확실성과 혼란과 회의를 뛰어넘을 수 있는 하나의 길을 삶에 제시해줄 책임을 안게 된다. 이 시대는 문학적 비전에 목말라 하는 독자에게 기독문학은 그 하나의 비전을 제시해야 할 것 같다.

3) 현대문학의 기독교적 패러디와 기독문학의 비전

(1) 상상의 생명력

기독교는 어느 시대에나 이 땅에 하나님 나라를 건설하고자 하는 소명을 가진 종교이다. 하나님의 나라는 무엇이며 어떻게 성취되는가 하는 문제는 극히 신학적인 것이므로 여기에서는 논의하지 않으려고 한다. 단지 문학도 그 방법 중의 하나라고 믿고 있기 때문에 기독 작가는 문학을 통해 하나님의 뜻을 이루어드리려는 소명을 안고 있는 사람이라는 분명한 명제를 두고자 한다.

문학은 허구의 세계이고 성서는 진리의 말씀임에도 불구하고 성서와 문학이 불가피한 상보적 속성을 갖고 이유는 하나님의 나라를 선포하는 것은 언어형식을 빌려서 가능한 일인 때문이며 또한 현대문학에서 성서가 문학의 중심으로 들어온 이유는 문학비평의 주류가 역사주의적 입장에서 텍스트중심 비평으로 옮겨짐으로서 기독교의 텍스트인 성서에 대한 관심이 커졌기 때문이다.

역사주의적 입장에서의 문학비평은 결과적 현상보다 원인에 비중을 두는 플라톤적 사고이다. 작품의 저자나 작품의 역사적 배경을 중시하는 인과론적 사고이다. 작품은 시대와 작가를 보여주는 거울이라고 전제한 역사주적 비평을 신학적으로 논의하면 말씀의 원인이 되는 하나님과 그리스도에 관한 신론이나 기독론과 맥을 같이 한다.

20세기에 들어서면서 문학의 연구나 비평은 문학작품, 텍스트 그 자체의 연구와 비평으로 옮겨졌다. 시대의 변화와 문예사조의 변천에 따라 작가도 사라지지만 항상 실체로서 존재하는 것은 작품뿐이라는 존재론적 입장에서다. 문학의 진정한 가치는 그 작품이 말해준다는 대전제에 따라 형식주의 구조주의 기호학 등의 문학비평 이론이 생성되었다. 신학적 입장에서는 성서중심의 연구와 상통한다. 기독교의 가장 확실한 텍스트는 성서이다.

그런데 성서는 직감과 영감의 텍스트이다. 직감(intuition)이란 합리적이고 논리적인 사유방식에 의해 인식되는 존재 인식이 아니라 전혀 개인적인 느낌과 확신으로 이루어지는 진실이다. 비단 성서뿐이 아니고 철학과 윤리와 예술의 문제와 같은 근원적이고 근본적인 문제들은 물질적이고 실증적인 과학의 문제를 넘어선다.

이들 학문에 대한 인식은 객관적 논리보다 개인적인 지혜의 순간적인 깨달음에서 그 가능성이 더 크다.

이러한 깨달음을 신의 능력을 힘입어 인식할 때 이를 영감(inspiration)이라 한다. 영감은 범인의 사고나 과학적 분석으로는 도저히 파악할 수 없는 진실이나 진리를 순간적으로 발견하는 인식현상이다. 무당은 접신을 통해 신탁을 내릴 수 있다. 고대의 시인들은 시의 신 뮤즈(muse)에게 접신함으로써 시적 영감을 받아 문학적 진리를 발화하였다. 그러나 오늘날의 시인들은 바라보고 기어오를 파르나수스나 헬리콘도 없으며 바라볼 피스카도 없기에 시적 영감은 고갈되고 문학은 관개가 잘못되고 늪으로 엉망이 된 습지를 헤매고 있다.56)

기독교에서는 하나님의 영, 곧 보혜사 성령의 도움으로 성서의 진리를 깨달을 수 있다. 하나님은 인간의 이성적 영역을 너머서는 초월적 존재임으로 그를 체험하기 위해서는 인간적 논리나 과학적 사유의 방식으로는 한계를 느낄 수밖에 없다. 이것이 내가 작가의 상상이 성령의 역사와 같은 생명력을 지녀야 한다고 전제한 이유이다.

(2) 불확실한 상황의 시대

문학에서의 상상이란 물리적이고 과학적인 척도로 판단하거나

---

56) 파르나수스(Parnassus)나 헬리콘(Helicon)은 시신(詩神)이 산다는 그리스의 산봉우리를 말하며 피스카(Pisgah)는 요단강 동쪽의 산으로서 모세가 이곳에서 멀리 가나인 땅을 바라보았다. 포스터(Edward Morgan Forster,1879-1970)는 그의 Aspect of the Novel에서 문학적 영감이 사라진 현대 소설에 대해 이렇게 비판을 하였다.

세계를 추상화하는 관념적 사고가 아니라 세계를 다른 사물 다른 이미지를 통하여 이해하고 해석하려는 방법이다. 그것은 구체적이고 감각적인 인식의 수단이다. 문학적 상상을 통하면 우리는 문예사조의 흐름과 성서와의 관계를 포스트모더니즘의 특징인 패러디로서 충분히 가시화할 수도 있다. 이 패러디는 창작이나 현대문학을 위한 비평의 역할을 할 수도 있으며 또한 기독교적 세계관에 의한 문학세계의 비전이 될 수도 있을 것이다.

출애굽기의 모세의 시대는 이집트인들이 유대인들을 지배하고 착취하던 시대였다. 민중의 지도자인 모세는 왕족출신으로서 그의 역할은 지배계급에 대항하여 억압당하는 백성을 구하는 일이다. 역사적으로 볼 때에 리얼리즘의 기수들은 교육받은 부르주아 계급 출신이었다. 그들은 항상 사회에 대하여 무엇인가를 주어야 한다고 생각하였으며 많은 경우에 문학의 작가들은 억압하는 힘에 대항하며 그 힘을 고발하고 민중을 구원하고자 하는 사명을 스스로에게 부여하였다. 뿐만 아니라 구약시대의 율법은 리얼리즘 사고에 근거하고 있다.

예수의 탄생 목적은 바로 이 구약의 율법을 폐기하는 일이었다. 그의 시대도 모세의 시대와 같이 로마인들의 지배와 착취를 받았다. 그 때문에 유대인들은 예수에게 모세와 같은 지도자의 역할을 기대했고 예수가 자신들을 해방시켜 주기를 바랐다. 그러나 예수의 역할은 근본적으로 모세와는 달랐다.

그는 가난한 목수의 아들로 태어났을 뿐 아니라 바로와 싸우는 대신 마음속의 악과 싸워 이기는 법을 가르쳤고 백성을 이끌고 홍해를 건너는 대신 한 사람 가난한 영혼의 아픔을 치유하기 위해 눈물을 흘리는 인간이었다. 그가 꿈꾼 것은 한 사람 한 사람의 정신적 자유였다. 그래서 사람들은 예수를 구세주라 불렀다.

문학적으로 본다면 두 사람은 각각 다른 시대에 태어났으며 예수는 모더니즘시대와 포스트모더니즘의 시대를 산 사람이다. 그래서 그리스도의 고뇌와 역할도 모세의 그것과 다를 수밖에 없었다. 모세의 시대에는 저항할 대상이 눈에 보이는 분명히 실재하는 존재였다. 그래서 투쟁의 수단과 목적도 분명하고 그 결과가 눈앞에 가시화될 수 있는 리얼리즘의 시대였다.

그러나 그리스도의 시대에는 로마라고 하는 가시적인 리얼리티뿐만 아니라 유대인의 편견과 마비와 도덕적 타락 등의 보이지 않는 실체와 직면한 시대였다. 투쟁의 대상이 더 복잡하고 보이지 않기에 더 어려운 시대상황에서 그리스도는 전통적인 모세의 율법의 폐지를 주장하였다. 그는 당대의 아방가르드 기수였으며 그 결과는 죽음이었다. 그는 늘 자신의 죽음을 준비하고 작품(성서) 속에서 그 의미를 늘 독자들에게 일깨워주었다. 자신이 길이요 진리요 생명인 것을 보여줌으로써 포스트모더니즘이 그러하였듯 복음을 대중화시켰다.

그럼에도 불구하고 그리스도의 초림을 재림으로 착각하고 기대했던 사람들에게는 실망과 좌절을 안겨주었다. 십자가의 죽음이 지성소(진리)의 베일을 벗겨내었으나 진리의 법궤는 다시 사라지고 베일에 가려 진리는 또다시 보이지 않게 되었으니 이제 예수의 재림이 불가피하게 되었다.

모더니즘이 은유에 의해 존재하였듯이 그리스도의 발화는 비유(parable)였다. 그리고 포스트모던 시대, 즉 그의 재림을 표상하는 것은 패러디이다. 그리스도의 초림은 죽음을 의미하였으나 그의

재림은 이 세상의 종말을 의미한다. 세상의 종말은 인류의 파멸이
다. 그러므로 인류는 불확실성의 시간 속에서 앞이 보이지 않는
혼돈과 불안에 직면해 있다. 진리의 현현이 유보된 불확실한 상황
의 시대에 우리가 살고 있는 것이다.

(3) 세계관

이 시점에서 우리에게 정말 중요한 문제는 무엇으로 이 혼란을
극복할 수 있는가는 점이다. 나는 기독교적 세계관에 근거한 문학
적 비전이 그 하나의 길을 제시할 수 있다는 신념을 갖고 있다.
세계관은 한 인간이 사물들에 대하여 갖고 있는 기본적 신념들의
포괄적인 틀이다. 때문에 세계관은 학문계에서만 유효한 것이 아
니다.

세계관은 글자 그대로 '세계의 모든 것'에 대한 관점이다. 우리
의 세계, 즉 인간의 삶 일반, 고통의 의미, 교육의 가치, 사회 도덕
성, 가정의 중요성 등 모두를 포함하며 이 모든 것들에 대하여 인
간이 갖는 기본적 신념과 관계된 것이다. 한 사람이 세계에 대하
여 가지고 있는 기본적 신념들은 하나의 틀(framework)이나 유형
(pattern)을 이루는 경향이 있다. 인본주의 자들은 이것을 가치체
계라 한다.

그렇다면 세계관은 우리의 삶에 어떤 역할을 하는가? 세계관은
삶을 어떤 방향으로든 인도해준다. 비록 인식되지 못하고 구체화
되지 않았을 때에라도 세계관은 우리 삶의 인도자로서의 기능을
한다. 그것은 인간의 독특한 성격 중의 하나가 세계관이 제공하는
이와 같은 방향감각이나 인도 기능이 없이는 한순간도 살아갈 수

가 없기 때문이다. 세계관은 우리의 견해나 논의뿐만 아니라 우리에게 요구되는 모든 결정과정에 결정적으로 영향을 미친다.

그렇다면 세계관은 성서와 어떤 관련이 있는가? 이 문제에 대하여 월터즈(Albert Wolters)는 '세계관은 성서에 의해서 형성되고 점검되어야 한다. 세계관은 성서적일 때에만 비로소 우리의 생활을 정당하게 인도할 수 있다. 이 말은 한 인간의 세계관 문제에서 성서를 하나님의 말씀으로 받아드리는 사람과 받아드리지 않는 사람들 사이에 중요한 차이가 있음을 뜻한다'[57]고 하였다. 이 말은 그리스도인들은 항상 성서에 비추어서 자신의 세계관을 점검해 보아야 한다는 것을 의미한다.

나는 문학도 기독교적으로 해야 한다는 신념을 가지고 있기 때문에 기독문학 작가는 반드시 기독교적 문학이 어떤 식으로 가능한지에 대하여 심각하게 고민해야 할 책임이 있다고 본다. 기독 작가는 나름대로 문학의 어떤 이론이 구체적으로 기독교적이며 기독교인이 작품 활동을 하거나 독자가 그 작품을 읽을 때 어떤 원칙을 따라야 하는지에 대하여 나름의 신념을 지녀야 한다.

다시 말하면 궁극적으로는 성서를 통해 문학이 어떻게 기독교적 세계관을 잘 담아 낼 수 있는가를 염두에 두는 사람이 기독문학 작가이다. 이 작가의 삶의 전 영역에서 성서에 순종하고자 하는 깊은 열망에서 쓰여 진 글이 기독문학이다. 그리고 기독교적 세계관은 창조와 타락과 구속의 패러다임이다. 지라르의 예언대로 포스트 모더니즘의 종말은 요한계시록의 에페파니의 현현이며 이는 예수의 재림과 관련되어 있으며 여기에 문학적 구원이 있다고 본다.

---

57) Albert M. Wolters, *Creation Regained: Biblical Basics for a Reformational Worldview* (Wm. B Eerdmans Publishing Co., 1985).

(4) 기독문학 작가의 미학적 정의

문학은 작가의 경험을 그의 상상에 의하여 미학적 언어로 표현한 예술이며 상상은 문학을 다른 언어예술로부터 구별 지워주는 요소이다. 작가의 경험의 내용과 그의 상상이 작품의 문학성과 작가의 자질을 논할 준거를 제시해준다. 작가란 인간경험을 제시하여 우리로 하여금 공유하도록 만드는 일과 그 자신을 미의 대상으로 제공하여 우리의 상상에 의해 예술적으로 관조하도록 만드는 사람인 때문이다. 따라서 기독문학 작가란 기독교적 경험을 언어로 형상화하여 독자의 상상을 기독교적 진리의 차원으로 승화시키는 사람이다. 독자가 작가의 경험을 간접적으로 경험함으로써 자신의 존재를 확대해 가도록 돕는 일, 이것이 문학의 존재이유 중의 하나이다. 우리는 누구나 자신의 존재를 확대하기를 바라며 현재의 자기 이상의 것이 되려는 꿈을 가지고 있으며 문학은 이를 가능하게 해준다.

인간을 기독교적 진리에 의해 살도록 도와주며 기독교적 삶을 찬양할 수 있게 만드는 힘을 가진 문학이 기독문학이다. 따라서 기독문학 작가는 모든 경험은 하나님의 창조세계의 반영이라는 것을 전제로 하여 이를 미학적으로 형상화해야 한다. 모든 경험 중에서 보다 중요한 것은 자기의 마음을 가득 채우고 있는 삶의 기쁨들이며 이는 은혜에 대한 인식과 그 감동으로 온다. 은혜는 기독교가 세상에 줄 수 있는 최고의 선물이다. 작가의 경험은 은혜 속에서는 고통도 기쁨이 됨으로 고통을 극복할 수 있는 힘에 대한 경험을 포함한다.

　미학적 언어로 표현한다 함은 인간에 대한 하나님의 사랑과 그가 인간에게 준 선물을 통한 심령적인 기쁨을 선교의 도구로서가 아니라 삶의 예술로 펼쳐 보여 감동을 주는 것을 말한다. 신학이나 교리로서가 아니라 작가의 살아 있는 경험으로서 펼쳐 보이면서 기독교적 인간관으로 완수하는 것을 말한다. 문학을 기독교적으로 만드는 것은 소재에 있는 것이 아니라 모든 소재에 대하여 문학적 광명을 줄 수 있는 작가의 열린 관점에 있다.

　작가의 열린 관점은 상상에 의해서만 가능하다. 문학세계에서의 상상은 문명의 가장 고상한 기념비와 같은 성격을 갖는다. 문학과 예술의 역사는 인간의 느낌과 경험과 상상의 내용을 기록한 것이다. 그 가운데서도 문학은 인간의 상상이 가장 크게 작용하는 영역이다. 그래서 우리는 문학적 유산에 귀를 기울이면서 인간의 진면목을 보고 보다 나은 삶을 꿈꾸는 것이다.

　나는 모든 예술 가운데서 문학만큼 인간의 마음에 관한 진실을 잘 말해주는 예술도 드물 것이라 생각한다. 문학은 한 인간으로서 자신이 가장 강하게 경험하였던 바와 가장 자신의 마음을 강하게 사로잡았던 바에 대한 기록으로서 상상을 통하여 다른 사람이 공유할 수 있도록 만드는 예술이다. 때문에 작가의 상상은 독자로 하여금 곧 상상의 세계에 들어가게 한다는 의미이다.

　상상은 한 작가의 정신이나 감성이 글쓰기에 갇히지 않을 때에 무한이 확대될 수 있다. 글쓰기에 갇힌 간증문학 내지 설교, 선교의 협의의 기독문학으로는 독자의 열린 감응을 기대할 수 없다. 독자의 감응 없는 곳에는 문학적 섬광이 존재하지 않는다.

　작품의 성서적 주제와 배경에도 불구하고 문학적 섬광이 없는

글은 독자를 기독교적으로 감동시키지 못한다. 교조적인 말 속에
는 기독교적 윤리나 도덕관념들이 있을 뿐 움직임이나 닿음과 같
은 생명의 리듬이 없기 때문이다. 이것은 성서를 읽을 때 그 내용
들이 살아계신 하나님의 생명력으로 읽는 사람들의 심령을 흔들
때 감동을 느끼고 감동을 받은 사람만이 그 영혼이 소생될 수 있
는 이치와 같다.

　이때 역사하는 보이지 않는 힘을 우리는 성령이라 한다. 기독
작가의 작품이 성령의 역사와 같은 예술적 생명력을 지녀야 할 당
위가 여기에 있다. 때문에 기독문학 작가는 하나님과의 관계에서
늘 삶의 생명력을 공급받아야 하는데 이것은 오직 작가자신의 문
제이며 내밀한 비밀이다. 이 비밀이 작품의 생명력을 결정한다고
본다.

　생명은 원초적 일상의 싱그러움이며 닿음이다. 자연에게 너에게
그리고 영원에 닿음이며 감응이다. 삶의 하나의 섬광과 같은 것,
왜소해도 부끄럽지 않은 넉넉함이다. 닫힘에서 열림으로 가는 은
밀한 통로이다. 섬광은 연약한 실존을 다독여줄 수 있는 은근하고
따뜻한 배려이며 산뜻한 새벽공기 같은 희망의 기운이다. 기독문
학 작가는 독자에게 이러한 생명의 빛을 비추는 자이다. 생명은
감동에서 오는 삶에의 전율적인 힘이며 상상의 산물이다. 이것이
기독문학 작가가 자신의 상상을 무한한 하나님의 세계를 향해 열
어두어야 할 당위성이다.

　끝으로 사이버 공간으로 대표되는 21세기는 지식사회이며 문화
의 시대이다. 그리고 문학은 문화의 꽃이다 나는 문화의 영역에서
도 하나님이 영광을 받으셔야 한다는 작가적 신념을 가지고 있다.

이를 하여서는 기독문학 작가들은 큐베르네테스58)의 역할을 잘
감당할 사명을 안고 있다고 본다.

---

58) 정충영, 『사이버교회 — 어떻게 할 것인가?』(서울: 겨자씨, 2004)
　　원래 사이버(cyber)라는 단어는 고대 그리스어 큐베르나오($\kappa \upsilon \beta \epsilon \rho \nu$
　　$\epsilon \tau \epsilon \sigma$)에서 나온 것으로서 기본적으로는 '배의 길을 조정하다'(steer)
　　라는 뜻을 가지며 명사형인 큐베르네테스는 '조타수'조정사, 인도자
　　통치자'등의 뜻으로 사용되었다고 한다.

제3장

한국기독문학의 흐름

1. 한국기독문학의 일별

1) 시대적 구분

우리나라의 문학적 여건하에서 기독문학을 하나의 장르로 체계화시키고자 할 때에 그 가능성과 전망은 어떤 것일까? 이 논의를 위하여 우선 한국의 근·현대와 기독문학과의 관계에 대하여 정리하고자 한다.

우리가 문학사에서 말하는 '근대'나 '현대'라는 명칭은 서구의 모던(modern)에서 차용한 말로서 시대를 나타내는 용어가 아니라 문예사조를 지칭하는 용어이다. 이 경우에 모더니즘은 '근대주의'이기보다는 '현대주의'에 가깝다. 모더니즘은 한국의 문학사에서는 근대와 현대를 구분하는 분기점이다.

일반역사학 분야에서의 시대구분은 서구의 3분법에 의거하여 고대, 중세, 근대로 나눈다. 그러나 근대의 기점을 어디까지로 하느냐 하는 문제는 오랜 쟁점에도 불구하고 사학계에서 아직 해결하지 못한 논의 중의 하나이다. 즉 갑오경장 기점 설, 18세기 설, 1860년대 설, 개항기 설, 3·1 운동 설, 8·15 해방 설 등의 논란들이다. 그러므로 근대문학 기점론 자체는 학계에서조차도 합의점을 찾는 것은 매우 어려운 일이다.

내 개인적으로는 우리의 근대는 갑오동학혁명을 전후한 시기로
보며 전 시대와 구분되는 8·15 해방에서 4·19를 거친 그 이후의
시기를 '현대'로 하는 것이 타당하다고 본다. 비록 우리의 근대가
서구의 19세기 말에서 20세기 초처럼 완숙한 자본주의 사회화는
아니었을지라도 외세의 침략이라는 특징상 타당한 구분이다.

따라서 우리의 '현대'는 8·15와 더불어 식민지 지배에서 벗어나
민족국가를 수립하고 시민정신의 성숙을 거쳐 서구의 자본주의 경
제를 도입하여 산업사회로 들어선 시점을 기점으로 할 수밖에 없
다. 그러나 현대 문학의 경우에는 1920년대 후반부터 30년대 초에
이미 시작이 되었다. 이것은 비록 소수이기는 하나 근대적 의식을
갖춘 지식층의 자체 내 성장을 염두에 두어야 하기 때문이다. 즉
우리는 문학사의 30년대 모더니즘 운동 이후의 한국문학을 현대문
학이라 보는 것이 타당하다고 생각한다.

기독문학은 기독교 신앙 안에서 성서적 복음을 토대로 보편적
예술상을 달성할 때 이루어지는 문학이다. 구원은 하나님의 창조
의 본래의 모습을 회복하는 것이며 구원이라는 주제를 언어예술로
형상화하는 것이므로 기독문학은 구원을 믿는 신앙을 담고 있거나
그것을 지향하는 문학이다.

그러므로 기독 작가에 의해 창작된 작품으로서 기독교의 진리를
예술적으로 형상화한 작품은 물론 기독문학이 될 수 있지만 작가
가 누구이든 간에 기독교적 일반 은총의 논리에 의해 창작한 작품
속에서 기독교적 가치관을 이끌어 낼 수 있는 작품은 기독문학작
품이 될 수 있다. 그러나 기독문학의 가장 중요한 특징인 '십자가
의 대속'이라는 이 주제는 신앙적 체험이 없이는 영적 흡인력을

지닐 수 없다고 본다. 다시 말하면 구속의 은혜를 체험하지 못한 작가의 글쓰기가 성령의 역사와 같은 영적 감동을 끼치는 것은 극히 어려운 일이라 보기 때문이다.

이 모든 조건을 충족한다 하더라도 작품이 미적 감동을 주는 예술성을 지니지 못하는 작품이라면 진정한 의미의 기독문학이 될 수 없다. 이런 이유로 한국문학의 근·현대사에서 기독문학은 그 위치가 변방에 처할 수밖에 없었다.

2) 소설문학

(1) 기독소설문학의 소재적 한계

그럼에도 불구하고 기독문학은 1900년대에 개화 계몽의 서사적 형상화로서 존재하였다. 기독교 소설의 출발은 성서의 우리말 번역과 찬송가의 번역을 거쳐 개화기 문학을 주도하면서 시작이 되고 대표적 작품은 최병헌의 『성산명경』, 안국선의 『금수회의록』, 이해조의 『고목화』, 김필수의 『경세종』, 이상협의 『눈물』, 이상춘의 『박연폭포』, 백악춘사의 『다정다한』, 반아의 『몽조』, 배위량 부인의 『고영규전』, 이승휴의 『쟁도불공설』 등이다. 그러나 기독교에 대한 깊은 인식이 부족하였기 때문에 교조적이고 상식적인 기독교소제의 등장 정도로 기독성 여부를 파악할 수밖에 없다. 다음 몇 작품을 보자[59]

당시의 시대상을 반영한 백악춘사의 『다정다한, 1906』은 고위직 관리가 신학문을 익히고 관리가 된 후에 독립협회가 벌인 만민공

---

59) 홍문표, 『기독교 문학의 이론』(서울, 창조문학사, 2005).

동회를 탄압하라는 상부의 지시를 거부하다 강등, 면직되고 소학교를 세우려다 투옥되는데 그는 옥중고초를 겪으면서 기독교에 귀의한다. 『다정다한』은 부패한 관료를 구원하고자 한 시대정신의 발로이자 기독교적 박애주의 사상의 실천을 묘사한 작품이다.

이승휴의 『쟁도불공설, 1907』은 유교와 기독교가 서로의 우월성을 논증하는 내용으로 결국 유교인이 기독교를 택하게 된다는 내용을 담고 있다. 같은 해의 반아라는 필명의 작가가 쓴 『몽조, 1907』는 유학하여 신학문을 배운 주인공 한대홍이 개화 운동을 하다가 옥중에서 살해되자 그의 부인 정 씨가 기독교에 귀의하여 마음의 평안을 찾는다는 내용이다. 『몽조』는 개화기 사상의 근원을 서구적인 것으로 보았으며 서구문명의 바탕이 기독교임을 보여준 작품으로서 기독교사상을 순수한 교리적 입장에서 다룬 작품이다.

목사이며 작품을 쓴 최병헌의 『성산명경, 1907』은 주인공 신천옹이 유교와 불교를 비롯한 민간신앙차원의 종교를 주로 거친 후에 기독교로 귀의할 뿐 아니라 타 종교를 믿는 사람들에게 그 종교의 불합리성을 지적하고 그들을 전도하는 내용이다. 질문과 담론, 그리고 해답이라는 변증법적 과정을 통해 논리로 기독교를 증명하는 한편 성령의 역사와 삼위일체하나님을 투사함으로써 기독교의 진리를 올바르게 표현하려고 시도한 작품이다.

이해조가 동농이라는 필명으로 발표한 『고목화, 1907』는 기독교인 의사인 조 박사의 희생적인 헌신을 다루고 있다. 자신을 죽이려는 원수까지도 예수의 사랑으로 받아드린 조 박사에게 권진사도 감동되고 악인이 감화되어 회개하고 기독교에 귀의한다. 두 사람과 두 계층의 화해를 통하여 민족적 화합을 기독교정신으로 모색하고 있다.

안국선의 『금수회의록, 1908』은 꿈속에서 인류를 논박하는 동물들의 연설회장에 들어간 일인칭 관찰자인 주인공의 보고서이다. 현실에 대한 강렬한 비판 의식을 동물들의 입을 통해 우회적으로 표현한 풍자소설이다. 윤리적 타락으로 인한 가정과 사회의 붕괴를 기독교의 교리로 회복하고자 시도한 작품인 동시에 기독인들을 비판하는 한편 그 사명을 주장한 작품이다.

본격적인 기독교 비판 작품은 김필수의 『경세종, 1908』을 들 수 있다. 당시 기독교는 개화의 열풍에 휩싸여 양적으로는 대단히 팽창하였으나 신자들 각각의 신안상태는 지정한 의미의 기독교적 진리와 거리가 멀었다. 작가는 이 작품에서 신자들의 참다운 내적 반성을 촉구함으로써 기독교가 혼탁한 시대의 빛을 비추어야 한다고 주장하고 있다.

(2) 기독교적 사유의 진전

단순히 기독교적 소제를 등장시킨 작품에서 벗어나 좀더 깊은 기독교적 사유를 담은 작품의 등장은 1913부터 14년에 걸쳐 매일신보에 연재되었던 이상협의 『눈물』을 들 수 있다. 이 소설은 근대화에 따른 산업의 발달과 그로 인한 한 가정의 파탄을 다루고 있는데 가장 조필환의 타락으로 가정은 붕괴되지만 그는 구세군의 마야대좌를 만나 회개함으로써, 평양집의 타락행위까지도 용서와 화해의 차원으로 이끌어 기독교의 구원관을 정확하게 보여주고자 한다.

이상춘의 『박연폭포, 1913』는 도적의 괴수노릇을 하던 최성일은 동경에서 기독교 신학을 연구하고, 또 자기 목숨을 노리던 원수에게 복수 대신 성경을 주는 애경을 통하여 원수까지도 사랑하라는 기독교의 사랑을 표현하고 있다. 그리고 작자미상의『부벽루, 1913』는 주색에 미친 남편에 의해 색주가에 팔린 부인이 목사를 통해 복음을 받아드리고 신도가 되고 남편을 회개시켜 권사직분까지 받게 함으로써 함께 전도사업에 동참하는 내용을 다루고 있다. 탕자도 회개하면 새로운 인생을 시작할 수 있음을 보여준다.

그러나 이 작품들 역시 기독교의 진리를 선포하기 위한 주제를 매우 교리적으로 다루고 있다. 감동을 통해서이기보다는 교리를 교훈적으로 교시함으로서 독자들의 이성을 움직이고자 한다. 문학의 기능 면에서 효용성과 교훈설을 구체적으로 나타내는 작품들이다. 작품들의 구조적 특성도 매우 단선적이고 평이하며 극적인 갈등이나 긴장감이 부족하여 한계를 지니고 있다.

(3) 기독문학 형식의 진전

작품의 기독교적 소재와 함께 플롯과 인물과 구성 면에서 다양한 변모를 보여주는 작품은 춘원 이광수[60]와 김동인[61], 그리고 전영택[62]의 문학이 그 대표적인 예이다. 그러나 김동인은 소재의 기독성이란 공통점에도 불구하고 기독교의 진리를 전영택, 이광수와는 전혀 다른 관점에서 다룬다.

이광수는 그의 성장기에 체험한 기독교의 영향으로『무정』,『재

---

60) 이광수,『춘원시가집』(경진사, 1954).
61) 김동인,『약한자의 슬픔』(창조 창간호, 1919).
62) 전영택,『화수분』(조선문단, 1925).
　　　　『기독문학론』(기독교사상, 1957).

생』, 『흙』, 『애욕의 피안』, 『자서전』, 『유정』, 『사랑』 등의 모든 작품에서 저자의 기독교적 세계관을 보여준다. 그는 기독교의 박애 사상을 민족주의와 결합하여 형상화함으로써 당시 한국기독교회를 냉정하게 비판하고 인물들의 풍자적인 묘사와 의식의 흐름을 통한 새로운 소설기법을 시도하였다.

개인적인 좌절은 시대적 상황과의 대결구도로 진행시키고 사랑이라는 기독교적 주제는 통속적인 서사구조로 다루어졌지만 이 때문에 독자의 정서에 더 깊이 닿는 효과를 보인다. 또한 그가 추구한 이상향은 성서의 진리에 근거한 것이었으며 삶의 현실성이라는 소설의 본질과 형식 면으로의 기법을 통해서도 자신이 확신하는 바를 교리적으로가 아니라 감동을 통해 확산하고자 하였다. 이런 의미에서 그의 문학은 진정한 의미에서의 기독문학으로 볼 수 있다. 이광수는 기독교의 교리를 작품의 사상성으로 소화하려고 한 작가였다.

김동인 역시 기독교 가정에서 출생하여 기독교적인 분위기에서 성장하였다. 그러나 1930년대의 『약한자의 슬픔』, 『신앙으로』는 기독교적 소재에도 불구하고 기독교의 진리와는 상반되는 예술 지상주의 또는 사실주의로 일관하고 있다.

1930년대는 개인의 운명이나 생의 허무 인생론적 성찰을 통해 기독교적 사상을 보여주거나 신앙적 자의식을 보여주는 작품이 대두된다. 이 유형의 작품들로는 기독교인의 신앙양심에 관심을 보인 김동리의 『무녀도』, 염상섭의 『삼대』, 임영빈의 『목사의 죽음』, 이광수의 『흙』과 심훈의 『상록수』[63] 등이 있다.

심훈의 『상록수』는 이광수의 『흙』과는 달리 교회를 배경으로 하

---

63) 심훈, 『상록수』(동아일보 창간 15주년 현상모집 당선작, 1935).

여 가진 자의 횡포와 없는 자의 고통을 대립시켜 농민의 빈곤과
피폐의 원인을 시대적 사회적 맥락에서 추적하면서 농촌문제에 보
다 진지한 열의로 파고든다. 이 작품이 공감의 폭을 넓힌 데는 기
독교적 주제를 드러낸 것은 아니지만 기독교가 배경으로 내면화된
소설이란 점이다.

(4) 영적 각성과 문학

그러나 한편 30년대의 한국의 기독교는 영적진취력의 고갈을 충
족시키려는 신앙운동을 일으킨다. 고난받으신 그리스도와 고난의
체험을 같이 함으로써 그 일치성을 강조하려는 신앙운동은 문학에
도 영향을 미친다. 박계주의『순애보』64),『애로역정』, 전영택의『생
명의 봄』후기소설『남매』등이 이에 해당된다.

전영택은 목사로서 작품 활동을 한 사람이다. 그럼에도 불구하
고 그의 초기의 작품에는 기독교의 교리나 기독교적 용어를 사용
하지 않고 있다. 그 당시 사회의 현실성인 가난과 죽음의 문제를
생명존중과 기독교적 박애사상을 바탕으로 전개해 나가지만 기독
교의 사상에 대한 직접적인 표현을 억제함으로써 기독교의 진리를
독자의 정서에 호소하는 문학적 형식을 취한다.

그의 초기대표작『화수분』은 화수분이라는 행랑아범가족의 비극
을 자연주의 수법으로 그린 것이다. 그 당시 우리나라는 일본의 식
민지 수탈이 극대화된 상황이었다. 저자는 그 속에서 가난과 죽음
에 대한 새로운 시각을 제시하고 급변하는 윤리의 변화에 대해 그
하나의 방향을 삶과 사랑과의 만남을 통해 제시하고자 하였다.

---

64) 박계주,『순애보』(웅진출판사, 1975).

후기에 들어서서 그는 자신의 문학에 대한 관점을 『기독문학론』
을 통해 밝힘으로써 그 스스로 기독문학 작가인 것을 밝히고 있
다. 그는 인간의 삶은 기독교적 관점으로 구원의 과정이라 보고
죽음이나 고통을 통한 시련에 의미를 부여할 수 있었다.

또한 자서전적 소설 『생명의 봄』은 사회현실에 대한 작가의 날
카로운 통찰을 보여준다. 그는 삶의 질곡의 현상을 대단히 사실적
으로 그려내어 3·1 운동을 겪은 후의 좌절된 민족의식을 회복하
기 위하여 기독교사상을 통해 새로운 비전을 제시한다. 『생명의 봄』
서두에 제시되는 '솔로몬의 노래'는 그의 작품의 기독성을 단적으
로 보여준다.

전영택과 박계주는 1945년 이후 광복 공간에서도 기독교적 작품
을 시도한다. 전영택의 『소, 1948』는 기독교적 휴머니즘을 가장 설
득력 있게 보여주는 작품이다. 민족분단의 아픔을 상징적으로 그
려낸 이 작품은 '소만도 못한 사람들'의 비정을 한탄하며 사랑과
화해의 길을 성서적으로 제시하고 있다.

박계주의 『진리의 밤』 역시 '진리가 너희를 자유케 하리라'라는
성구를 서두에 제시하여 무지와 죄와 비진리의 밤의 상황에서 자
기희생과 사랑으로 진리의 빛을 비추어 참된 자유의 길을 보여주
고자 한다.

(5) 기독교적 휴머니즘과 문학

전후문학의 시대인 1950년대의 기독교소설로 논의될 수 있는 작품
들은 사랑의 문제를 기독교적 윤리의 차원에서 제시한 김말봉의 『생
명』, 세속적 관능주의를 기독교적 휴머니즘의 입장에서 극복하고자

한 이종환의『인간보』, 공산주의와의 대결을 정치논리가 아니라 구
체적인 삶의 체험으로부터 확인하고자 한 임옥인의『월남전후』서구
휴머니즘과 기독교적 갈등으로부터 새로운 휴머니즘을 이끌어내고
자 시도한 김동리의『사반의 십자가』[65], 한국교회의 속물주의를 풍
자와 해학으로 신랄하게 비판한 작품, 이범선의『피해자』등이 있다.
　김동리의『사반의 십자가』는 그 상황이 사반과 예수의 대결이다.
시빈은 로마의 압제로부터 이스라엘을 해방시켜 지상의 왕국을 건
설하려는 혁명당, 젤로트의 두목이다. 그는 '메시아의 날'을 혁명의
결정적인 시기로 잡고 예수에게 '땅 위에 맺은 것을 땅에서 이루게
하소서'라고 촉구한다. 이에 반하여 예수는 '사람이 땅 위에 있음은
오직 하늘에 맺기 위함이니라'고 하여 사반의 요구를 일축한다.
　이것은 하늘을 잃은 근대휴머니즘과 땅의 자기충족을 거부하는
서구 기독교의 숙명적인 귀착점을 상징적으로 시사한 것이다. 작
가는 사반과 예수가 상징하는 근대휴머니즘과 서구 기독교에 의한
두가지형태의 구원에 대하여 동시에 회의하고 의문을 제기하고 있
다. 그는 구원의 가능성을 휴머니즘도 기독교도 아닌 제3의 그 무
엇에 기대고 있는 것이다.

　이범선의『피해자』[66]는 한국교회의 기형적인 신앙양상에 대한
고발서이다. 그 당시 한국교회는 세 가지 측면에서 문제점을 안고
있었다. 샤머니즘에 근거한 기독교인들의 기복 사상은 모든 신앙
행위를 신의 축복으로 흥정하려 하였으며 모든 인간사를 계율일변
도로 따지면서 교회는 교조주의로 흘러갔으며 유교주의의 의식과

65) 김동리,『사반의 십자가』(삼성문고, 1972).
66) 이범선,『피해자』(일지사, 1963).

접목된 기독교는 옹졸하고 경색된 이미지를 만들므로 결국 기독
교의 사랑이나 인간에 대한 애정은 구호로만 그치는 결과를 만들
었다.

이범선은 한국교회와 크리스천들이 빚은 '신의 성품과 인간다움
의 상실'에 대하여 해학적으로 고발하고 있다. '하나님은 당신네들
이 소위 예배당이라고 부르는 그 서낭당 저 너머에 계십니다'고
함으로써 서낭당 정도의 구실밖에 하지 못하는 교회를 풍자한다.

그러나 작가의 기독교 신앙에 대한 관점은 매우 성서적임을 보
여주고 있다. 서낭당저 너머에 계신 하나님은 '봄동산에 내놓은 어
린애처럼 놀 수 있어야 하고…… 또 저녁에 해가 지기 시작하면
돌아가야 할' 그런 집에 앉아 있는 하나님, 그리고 '즐거워야 할
청춘을, 저 한껏 아름다워야 할' 청춘을 향유하도록 허락한 하나
님, 또 그렇지 못할 때 '이 어리석은 자식아' 하고 웃어넘길 하나
님으로 묘사한다.

하나님은 작가에게 일상으로 존재한다. 호흡처럼 함께 있으면서
지극히 너그럽고 또 평범한 일상처럼 담담한 존재이다.

(6) 한국전쟁 이후 1980년대

오승재는 6 · 25전쟁 이후 양적으로 팽창하는 교회가 질적 성장
을 따라가지 못하는 현실을 심각하게 고민한다[67]. 그는 『대성리
교회』에서 주인공 김장로를 통하여 "주여, 교회는 무엇하는 곳입
니까?" "어떤 사람이 참신자이며 어떤 사람이 참목자입니까?"라는
물음을 던진다. 한국교회가 안고 있는 이 같은 문제들을 주제로

---

67) 오승재, 『신 없는 신 앞에』(창조문예사, 2005).

다른 작가는 오승재외에 정을병, 강정규, 김원일, 김용운, 백도기[68], 윤남경 등이 있다.

이 작가들의 작품은 그동안 호교적인 성향을 보여 온 작가들의 작품들과는 확연히 구분된다. 그들은 하나같이 한국교회의 교조주의적 독선, 샤머니즘, 현세적 기복신앙, 위선적 이중성, 타성에 젖은 의식주의를 비판하였고 기독교의 비본질적인 양태들을 고발함으로써 그 반성을 촉구하였다.

기독교와 문학의 이 같은 흐름 가운데서 김은국의 『순교자』[69]는 진정 기독교적인 삶이 무엇이며 전쟁과 고난의 현실에서 구원은 어디에 있는지를 성서의 진리에 근거하여 진지하게 파헤친다. 그리고 고민하며 침묵하는 신을 향해 그 해답을 구한다. 그는 재미작가이지만 6·25전쟁과 가난과 빗나간 기독교로 인한 정신적 방황 속에서 우리민족을 위한 하나의 구원의 길을 기독교와 그의 문학을 통해 제시하고자 한다.

작품의 스토리 라인에서 볼 때는 작가는 십자가의 진리를 정확하게 인식하지 못하고 있다. 그럼에도 불구하고 전후에 팽배했던 문학사의 니힐리즘을 극복하고 한국사회의 구원을 기독교적으로 꿈꾸고자 하였던 치열한 작가 정신은 한국문단에 암시하는 바가 크다. 특히 이 시대가 겪는 엄청난 비극이 보여주는 억압하는 것들에 대한 깊은 통찰과 물음은 문학의 본질과 역할을 성찰하도록 한다.

그는 인간의 비극에 대하여 외면하는 신을 향하여 끊임없이 절

---

68) 백도기, 『어떤 행렬』(신춘문예(서울신문), 1969).
　　　　『청동의 뱀』(현대사상사, 1976).
69) 김은국, 『순교자』(삼중당, 1964).

162

규하면서 자비를 베풀어주기를 구한다. 그러나 신은 끝까지 침묵하고 그 신에 대하여 전율하면서도 절망의 노예가 되지 않고 영광스런 환상을 품고 죽어가도록 인도한다. 인간에 대한 끝없는 신뢰와 인간 자체에 대한 변하지 않는 사랑을 통해 우리는 인간 예수의 이미지를 본다.

백도기의『어떤 행렬』『청동의 뱀』역시 그 주제는 인간의 고통의 문제에 집중되어 있다.『어떤 행렬』은 신학교를 갓 나온 주인공 '나'가 파송지인 한 시골 교회를 방문한다. 그 교회는 타락한 인간의 고통의 현장이다. 주인공이 그 고통들을 자신의 것으로 수용하는 순간 십자가의 도를 깨닫는다.

십자가의 사랑은 감상이 아니다. 십자가의 사랑을 실천하는 것은 스스로 타인의 고통을 짊어지고 고통에 동참하는 것을 의미한다. '나'는 우리의 삶 속에 십자가를 지시고 찾아오는 그리스도의 이미지를 대신한다. 그리고『청동의 뱀』에서 절망적인 인간의 실체를 파헤치면서 민수기21장 9절에 나오는 구원의 '청동 놋뱀'을 목마르게 찾는다. 작가는 타는 목마름으로 인간의 구원을 성서에 기대어 갈망한다.

(7) 1980년대부터

세기말적인 니힐리즘은 한국문학사에서도 외면할 수 없는 문학적 과제였다. 이 시대의 구원의 의미는 무엇인가. 그것은 문학적 과제였던 동시에 기독문학의 중심과제다. 이러한 문제는 1980년대를 지나면서도 계속되어 이문렬, 이청준, 조성기, 현의섭 등의 작가들이 이 주제를 형상화하였고 80년대 이후에도 이들 작가들의 작품과 함께 기독교적 성향을 띈 작가들을 몇 명 더 거론할 수 있다. 그러나 80년대 이후부터의 기독문학은 다음의 '기독문학의 현주소'에서 개괄적으로 언급하고자 한다.

이문렬의 『사람의 아들』[70]은 한마디로 자유혼의 선언이다. 이 자유는 인간을 얽어매는 '노예와 여자들의 도덕'으로부터의 자유이며 너무나 인간적인 영혼의 절규이다. 이청준의 『낮은 데로 임하소서』[71]는 하나님을 향한 인간의 서운함과 원망의 형상화이다. '하나님, 어찌하여 내게서 빛을 빼앗으려 하십니까. 도대체 이게 무슨 심술이십니까라고 인요한은 부르짖는다.

조성기는 『라하트 하헤렙』[72](칼 모양의 불길)에서 실존을 에워싸고 있는 어둠의 실상과 그 위기를 처절하게 직시하면서 '정말 하나님은 있습니까?'라고 외친다. 북두칠성과 카시오피아의 별자리를 가로지르며 줄을 긋고 사라지는 유성의 반짝임, 비록 그 한순간의 반짝임일지라도 작가는 그 희망을 줄을 끝까지 붙잡으려고 한다. 철저한 부정의 끝에서 가장 강한 긍정의 힘을 발견하고 싶은 것이다.

조성기는 스스로 체험한 기독교를 통해 자기인식의 긍정의 코드를 설정한다. 빛과 어둠이 맞물리는 긴장의 순간에, 철저한 부정은 긍정인 것을 상징적으로 라하트 하헤렙의 이미지와 연결시키고 있다.

---

70) 이문렬, 『사람의 아들』(세계의 문학, 1979).

71) 이청준, 『낮은 데로 임하소서』(열림원, 1998).

72) 조성기, 『라하트 하헤렙』(연음사, 1985).

3) 시문학

(1) 민족의식과 기독교

기독교 시 역시 1900년대는 애국독립사상을 시적으로 형상화하였다. 1905년의 을사보호조약과 1910년의 한일합방조약의 체결로 일본의 통치가 시작되고 그 과정에서 기독교는 민족주의자들의 사상과 이념의 중심에 자리를 잡는다. 민족을 구하고자 하는 애국운동은 교회를 중심으로 시작이 되고 그 때문에 일본정부는 기독교와 교회를 탄압한다. 실제로 교회는 강력한 조직력을 가진 저항세력이었으며 항일 민족운동의 온상이었다. 당시 기독교는 일본의 식민지라는 특수한 상황하에서 민족의식을 강화시키는 역할을 하였다.

육당 최남선은 근대시의 선구자이다. 물론 그의 작품의 형태 면에서는 그동안 많은 논란이 있었다. 그러나 문학작품이란 작가의 정신적인 산물로서 표현의 형태도 중요하지만 문학사적으로는 그가 무엇을 말하고자 했느냐가 더 중요하다. 문학의 역사는 작가가 처해진 사회적 상황과 밀접하게 관련을 맺고 있기 때문이다.

이런 의미에서 나는 최남선 문학의 기본 사상인 민족의식이 현실 속에서 어떻게 형상화되고 굴절되었는가를 기독교적 관점에서 말하고자 한다. 근대사상적 맥락에서 볼 때에 후기실학 사상과 민간사상은 기독교의 충격을 받아 점진적으로 개화사상으로 꽃을 피운다. 최남선은 이를 기독교적 세계관으로 문화적 민족주의 민족적 개몽주의로 확대 심화시킨다.

그의 대표작 「해에게서 소년에게, 1908」[73]는 기독교적 소재를 직접 등장시키지는 않았지만 바다의 무한한 힘과 장엄한 기개를 대한소년의 무한한 이상과 세계를 향한 힘찬 가능성으로 제시하는 작가의 세계관은 기독교에 근거하고 있다. 기독교정신은 「가난 배」에서 성서의 인유를 통하여 바다를 예수와의 관계에서 중점적으로 다루고 있다.

그는 자신의 이상을 펼쳐가기에는 현실적으로 어려움이 너무나 많지만 믿음으로 승리할 수 있음을 보여준다. 거칠고 흉흉한 바다가 예수 앞에 복종한다는 시의 이미지를 통해서 장애요소를 뛰어넘을 믿음을 형상화하였다. 구체화시킨다. 저 거칠고 흉흉한 바다가 잠잠해졌듯이 믿음으로 승리할 수 있을 것이라는 작가의 의지를 드러낸다. 「해에게서 소년에게」에서처럼 바다와 같은 심상이 아니라 신약성서의 직접적인 은유를 사용하였던 것이다.

「크리스마쓰」에서 작가의 강렬한 심정적 구원이 기독교적으로 표현되어 있다. 그는 그리스도의 출현을 알리고 죄악 가운데 빠져 있는 사람들을 회개시켜 구원의 길로 인도하기 위한 메시지를 직접적으로 표현하고 있다. 그러나 이 두 시는 형태에 비해서 숭고한 종교시로 승화됨을 보여주었음에도 불구하고 기독교의 교리를 교조적인 글쓰기로 드러냈음으로 인하여 문학성의 한계를 드러낸다.

춘원 이광수는 처음 성경과 접하였을 때 마태복음서를 읽고 세례요한의 행위를 그대로 모방하고 싶을 정도로 감동을 받는다. 그리고 톨스토이의 기독교사상이 나타나 있는 예술론에 심취하여 이같은 기독교정신을 자신의 작품 속에서 구현하고자 한다. 춘원의

---

73) 최남선, 『해에게서 소년에게』(소년에 발표, 1908).

문학은 기독교의 영향 아래서 출발하였고 기독교는 그의 문학세계의 사상적인 배경을 이루고 있다. 그의 대표적 기도시인 「미쁨」, 「기도」 등은 구약성서의 인유와 심상을 중심으로 시적구조를 형성하고 있다.74)

뿐만 아니라 이광수의 작품들은 기독교의 교리를 미학적 언어로 형상화함에 있어서 탁월한 문학성을 보여준다. 나는 이러한 면에서 이광수의 문학은 진정한 의미의 기독문학이라 생각하고 있다. 이 부분에 대하여 백철도 "이광수는 기독교의 교리를 문학작품의 사상성으로서 소화하려고 한 유일한 작가"75)라 하였다. 그의 작품의 주재는 기독교적 사상이지만 이 사상을 교리로서가 아니라 독자의 정서에 호소하고 고양된 정서의 감동을 통하여 깨닫도록 만들었다. 1940년도에 발간된 『춘원 시가집』에 실린 「새 아이」를 보자

> 네 눈이 밝고나 액스빛 같다.
> 하늘을 꿰뚫고 땅을 들추어
> 온 가지 진리를 캐고 말란다
> 네가 '새 아이'로구나
>
> 네 손이 슬깁고 힘도 크도다
> 불길도 만지고 돌도 주물러
> 새롭은 누리를 지려는고나
> 네가 '새 아이'로구나

---

74) 이광수, 『흙』(동아일보, 1932).

75) 백 철, 「기독교와 한국의 현대소설」, 『동서문화』창간호, (동서문화연구소, 1967) 9.

네 맘이 맑고나 예민도 하다
하늘과 땅 새에 미묘한 것이
거울에 더 밝게 비취는고나
네가 '새 아이'로구나

네 인격 높고나 정성과 사랑
네 손 발 가는 데 화평이 있고
무심한 미물도 다 믿는고나
네가 '새 아이'로구나

　물론 이 시는 어린아이의 의미를 겁 없이 '불길도 만지고 돌도 주무르는' 순수를 표상한다. 그러나 어리다는 것에만 국한할 수 없는 '새'라는 접두사를 통해 낡은 것들과 옛것들에 새로운 시야의 관점을 부여하고 있다. 그 새로운 시선을 통해서만 진리를 발견해 낼 수 있고 그 진리가 새로운 세상을 창조할 수 있음을 알려준다.

　이 새 아이의 이미지는 어린예수에서 온 것이며 어린아이와 같은 순수함이 없이는 천국을 소유할 수 없음을 말하자고 한 것이다. 새 아이에 의해 선포된 진리만이 세상을 새롭게 할 수 있으므로 새 술을 새 부대에 담아야 한다. 새 아이인 예수의 인격을 닮은 자만이 지극한 정성과 깊고 높은 사랑을 통해 주변을 화평케 할 수 있다.

　이광수는 이 시에서 기독교적 소재를 직접적으로 사용하지 않고 있지만 '새 아이'에 대한 문학적 형상화를 통해 현실과 상반된 기독교적 이상향을 지향한 것이다.

168

(2) 퇴폐적 비관주의의 극복

3·1 운동의 실패 이후 문단에는 퇴폐적 비관주의가 범람한다. 이 상황에서 민족에게 기독교정신으로 소망과 이상을 고취시켜 준 시인은 전영택과 주요한이다. 이 두 사람은 희망적이고 긍정적인 세계관으로 미래를 바라보면서 현재의 고난을 하나님의 도움으로 극복하고자 하는 의지를 문학적으로 형상화한다.

주요한의 「불놀이, 1919)」[76]는 근대 시 사의 한 획을 긋는다. 내용과 형식 양면에서 본격적으로 근대시의 위치를 확립하고 그 개인뿐 아니라 우리의 근대시사의 선구자가 된다. 「하늘」에서는 하늘 위로 떠오르는 아침 해를 묘사함으로써 시련과 고통의 시간이 지나고 이상과 소망의 밝아오는 새날을 그리고 있다.

그는 시적 화자의 가슴 속에 숨겨둔 애타는 생각을 파란하늘에 풀어 놓는다면 그 생각이 '금' 같은 소리가 되고 불과 같은 별이 되어 남에게 전달할 수 있다고 표현하였다. 생각이라는 관념의 소리가 청각적 이미지로 혹은 별이라는 시각적 이미지로 변용되어 나타나고 애타는 생각은 작가의 소원과 맥을 같이 함에도 불구하고 그것이 무엇을 의미하는지 정확하게 나타내지 않고 있다.

즉 주요한은 시적 상상의 지경을 넓혀줌으로써 감상자로 하여금 화자의 사고나 신념이 기독교적 이미지에서 온 것임을 깨닫게 만든다. 그래서 독자는 '님'을 향한 화자의 소망이나 바람은 단순한 님이 아닌 '주님'을 향한 간구인 것을 매우 자연스럽게 수용하게 된다. 그는 기독교만이 3·1 운동의 실패 후 피지배민족이 처한 참담한 현실을 극복할 수 있는 원동력임을 주장한다.

76) 주요한, 『불놀이』(창조 창간호, 1919).

　　그러나 "주요한 시인의 문학과 삶의 목적은 하나님의 사랑과 예수를 통한 인간의 구원을 형상화하는 것, 그리고 이러한 영적인 전쟁을 통하여 성서문학을 구체적으로 보여주려는 것"[77]이었다. 「사랑」은 이 사실을 더 확실하게 해주는 시이다.

　　　　나는 사랑의 사도외다
　　　　사랑은 비 뒤의 무지개처럼
　　　　사람의 이상을 무한히 끌어 올리는
　　　　가장 아름다운 목표이다.
　　　　……중략……
　　　　사랑하기 때문에
　　　　나는 싸우지 않으면 안 되겠사외다
　　　　사랑하기 때문에
　　　　나는 피를 뽑지 않으면 안 되겠사외다
　　　　학대받고 짓밟힌 인류가 있는 동안
　　　　사랑은 나를 명령합니다.
　　　　x x의 깃발을 앞세우라고
　　　　……중략……
　　　　나는 이 세기를 향하여 싸움을 걸겠습니다.
　　　　싸우지 않는 사람은 거짓이외다
　　　　미워하지 않는 사랑은 값없사외다
　　　　노함이 없는 사랑은 헛되외다

---

77) 주요한(1900~1770)은 평양에서 목사인 주공삼의 장남으로 출생, 일본 명치학원 중학부와 동견제1고등학교에서 수학하고 상해 호강대학을 졸업하였다. 1919 『창조』 창간호에 「불놀이」를 발표함으로써 시작활동을 개시, 이어 『아름다운 새벽, 1924』, 이광수, 김동환과 함께 『3인시가집, 1929』, 시조집 『복사꽃, 1930』을 간행하였다. 각주77번의 내용은 내가 이 책을 집필하면서 나와 친분이 두터운 주동설(주요한의 아들)과의 인터뷰에서 직접 들은 내용이다.

   시의 제목이 말하고 있듯이 이 시는 기독교의 사랑을 형상화하고 작가의 소명을 미학으로 표현한 시이다. 또한 작가의 미의식을 역설법에 기대고 있음으로써 성서의 문학성을 드러내준다. 사랑의 사도로서 사랑의 삶을 실천하겠다는 작가의 사명 의식은 성서의 진리를 문학의 도구로서가 아니라 그 자체를 목적으로 보고 있다. 시편의 구체화이다.

   참고 용서하고 남을 위해 봉사하는 시편의 덕목을 시로 형상화함으로써 그 결과 독자에게는 더 큰 기독교적 감동을 불러일으키고 있다.

   ## (3) 민족적 소망과 기독 시

   전영택 역시 대부분의 시에서 그리스도의 발자취를 따르고자 하는 화자의 심정을 형상화한다. 「이 날에」에서 기다림이 지속되고 억압과 핍박이 연속되는 암울한 현실에서도 '더 찬데 있으며', '더 목마른 이들을 위해' 그는 '작은 등불'이 되고 '따뜻한 불'이 되고 '작은 샘'이 되고자 한다. 그는 주가 현현하는 날을 꿈꾸면서 자신의 희생과 봉사활동을 통하여 그리스도의 사랑을 실천하고자 한다. 그의 시 「광야」를 보자.

      주여 보옵소서 저 광야를
      사람도 없고 물 한 방울 없이 마르고
      모래와 돌만 뜨겁고 사나운 짐승만 우는
      주여 저 쓸쓸한 광야를 보소서

      주여 낙원으로 변하게 하소서

　　광야를 낙원이 되게 하소서
　　비록 길은 멀고 세월은 오래나
　　주의 빛으로 낙원이 되게 하소서

　그는 대립되는 두 세계의 이미지인 광야와 낙원을 통하여 현실과 이상세계를 표상하고 있다. 광야는 불모의 땅으로 사람이 살수 없으며 이는 주권이 상실된 한 민족의 현실이다. 그의 이상향은 풍요로운 세계로서 꿈이 존재하는 곳이며 해방된 조국의 자유와 풍요를 상징한다. 이 같은 세계의 실현은 오직 하나님의 도움으로 가능하다고 믿고 있으므로 주의 빛과 능력을 간구하고 있다.

　그리스도의 발자취를 따르고자 하는 시인의 의지는 「주의 발자취」에서 두드러진다. '티끌'로 비유된 세상을 구원한 그리스도의 음성과 발자취가 새겨진 '요단강 잔물결과', '하틴산 풀수풀'을 찾아 헤맨다. 주가 고난의 십자가를 지고 가시면류관을 쓴 채 사형장 골고다의 언덕을 오르는 장면을 묘사하면서 그의 뒤를 따라 역경의 가시밭길을 가며 기꺼이 민족을 위해 십자가를 지겠다고 결심한다.

　전영택은 작가의 기독교적 의식과 더불어 민족적 참담한 현실을 형상화하고 있다. 세기말적인 허무나 절망을 노래한 다른 시인들과는 다르게 그의 시는 소망 중의 기다림을 그리고 있다. 그 소망은 희생과 본사 용서를 바탕으로 구체화된다고 보았으며 그러한 감동은 하나님의 선물이라고 생각한다.

　(4) 기도 시

　이용도는 1930년대 전반기에 『이용도 목사의 일기』에서 주님에

대한 찬미와 축도의 형태를 수많은 기도 시로 남겼다. 그는 감리
교 협성신학교 영문학과를 졸업하고 목사로서 활동했다. 기도 시
에서 주님은 주체로 화자는 대상으로 상호관계를 설정하고 대상인
화자는 절대자에게 바라고 의지하며 예찬과 찬양을 돌린다. 다음
은 「나의 주님」의 일부이다.[78]

주님은 일향 미쁘시고 신실하신지라, 그를 바라고 의지하는 자,
사랑과 은혜를 잊지 아니하리로다. 우리가 눈물로 불러 아뢸 때
에, 귀를 기울이시고, 머리를 흔들어 찾을 때에 사랑의 손을 주시
는 이시로다. 주 외에 나를 알 자가 어디 있으며, 주 외에 나를
긍휼히 여길 자가 어디 있으리오, 오직 주님만이 나의 위로요, 나
의 힘이요, 또 나의 기쁨이로다.

시인은 「준미은 사랑」, 「눈물을 주소서」, 「주여, 우리를 불러 일
으키소서」, 그리고 「공」 등의 시에서 민족현실극복의 하나의 길이
세속적 자아를 탈피하고 신앙적 자아를 확립함으로써 가능함을 시
적으로 형상화한다. 검은 두루마기를 입고 흰 고무신을 신고 다녔
던 이용도의 기독교 신앙의 시적 형상화는 단지 서구 종교로서가
아니라 한국 사람의 심성에 의하여 재구되고 재생되는 주체적이고
한국적인 수사법이었다.

이영도 외에 전도사로서 본격적인 기독교 시를 쓴 사람은 장점
심이다. 그는 기독교적 세계관을 통해 현실을 극복한 시인이다. 특
기할 점은 그는 원죄와 구원의 문제를 주제로 다룸으로써 기독교
시의 본질적인 토대를 마련한 점이다.

---

78) 변종호, 『이영도목사선간집』(서광문화사, 1934)

인류의 구세주여 만왕의 왕이시니
이화가 실패함을 성모가 승리하랴
성자를 탄생하사 대속하신 주의 주

하날의 천만성도 따아래 억만인생
희생의 제물 되신 자비의 만유의주
사선을 너무시고서 부활하신 영생주
······중략······

만악을 물리친 주 내 맘의 힘이 되사
인정의 애착 떠나 임께만 빛인 이 몸
십자가 지고 가시는 님의 옆에 가리라
「주의 승리」의 일부

시집 『주의 승리』에서 이어지는 시들은 예수의 출생에서부터 십
자가의 죽음 이후 부활에 이르기까지 각각의 시적 모티브마다 작
품을 달리하고 있다. 가브리엘 천사가 마리아를 찾아와 잉태에 관
한 소식을 전하는가 하면, 또 다른 시에서는 예수가 탄생한 후 동
방박사와 목자가 찾아와 경배하는 내용을 형상화하고 있다. 그는
신약의 모든 내용을 이렇게 형상화한 후 단지 시의 종결부분에서
만 화자의 의지가 담긴 서술로 끝맺음한다. 이 때문에 장점심의
시 세계도 문학적 한계를 드러낸다.

이상에서 나는 한국의 근·현대 문학사 가운데서 기독문학의 특
성과 기독문학이 차지하는 비중을 알아보았다. 이 시대 작가의 공
통점은 30년대의 일제 식민지상황을 극복할 수 있는 시련으로 인
식하고 항상 미래를 향한 소망과 이상을 제시하고 있었다는 점이
다. 그 가운데서 기독교는 하나의 종교를 수용한다는 차원으로 그

치지 않고 우리의 정신 속에 새로운 의식으로 작용하였고 작가는 그것을 문학작품으로 형상화하였다.

그러나 대부분의 작가들이 기독교의 교리를 교훈적인 또는 교조적인 글쓰기로 드러냄으로써 문학성의 한계를 보여주었다. 특히 기독교를 적극적으로 수용하고 있는 대부분의 근대 기독교소설은 전반부에서는 흥미 위주로 애정관계를 전개시켜 나가지만 갈등이 심화되었을 때는 기독교 신앙으로 이를 해소하고 있는데 그 변화의 과정에서 문학적 감동을 이끌어 내지 못하였다.

나는 기독교의 진리가 작품 속에서 용해되어 문학적 감동으로 승화되어야만 진정한 의미의 기독문학작품이 될 수 있다고 본다. 따라서 현실적으로 우리의 기독문학은 그 문학성의 한계를 벗어나야 한다는 문제를 안게 된다.

2. 오늘의 기독문학

1) 기독문학에 대한 기자의 눈[79]

- 박동수의 미션프리즘: 크리스천 문인과의 만남

최근 귀한 크리스천 문인을 알게 됐다. 기행문학 작가이자 수필

---

79) 이 글은 국민일보 박동수 기자의 「미션프리즘: 크리스천 문인과의 만남」(2007/02/22)에 게재된 것이다.
http://www.kukinews.com/mission/article/view.asp ?page=1&gCode =all&arcid=0920370816&code=23111721에서 읽을 수 있다.

가인 송명옥 대경문학회 부회장이다. 영문학 박사이자 국제 PEN 클럽 정회원이기도 한 그를 처음 본 것은 지난 11일 열린 기독학문학회에서였다. 국내 크리스천 학자들의 연례 학술행사에서 그는 한 섹션의 발제자로 나섰다. 주제는 '기독교적 문학의 개념 정립을 위한 시론', 신학, 철학, 경영, 경제, 교육 등 딱딱한 논문이 대종을 이룬 이번 학회에서 단연 눈에 띄는 주제였다.

국내에서 기독교적 문학을 다룬 논문을 보기란 쉽지 않다. 그만큼 일반 학계는 물론 크리스천 공동체에도 낯선 주제다 한국 교회엔 문학에 대한 이상한 불신과 편견, 고정관념이 상존한다. 기독인이 문학을 한다고 하면 별로 평가해주질 않는다. 목회자들은 성경을 문학적으로 조명하는 것을 거북하게 여긴다. 이런 몰이해와 편견이 기독교적 문학의 불모지화를 불러온 주원인이다.

송 박사는 이런 현실을 개탄하고 기독교적 문학의 필요성과 한국기독문학의 현주소, 작품 활동과 구조적 문제점 등을 조목조목 짚어냈다. 뼈아픈 자성도 잊지 않았다. 크리스천 작가들은 작품의 예술성을 빙자해 하나님을 나타내기 부끄러워하고 기독교 독자들도 기독교적 문학을 설교나 선교 간증의 범주에만 가둬두려 했다는 것이다. 그 결과 한국의 기독교적 문학은 복음 전파 110주년을 넘긴 현재까지 정착은커녕 개념 정립도 못한 채 떠돌고 있는 실정이다.

문학도 '영적 전쟁'이란 것이 송 박사의 신념이었다. 일반 문학은 "작가의 상상력이 창조적 힘을 지닐 수 있고 문학이 종교를 대신해 인간을 구원할 수 있다"고 주장한다. 그런 일반 문학의 공세에 대항해 싸워야 할 영적 전쟁의 무기가 바로 기독교적 문학이란 것이다.

그렇다면 기독교적 문학이 뿌리 내릴 토양을 만들기 위해선 어떻게 해야 할까. 송 박사와 이메일 대화를 나누며 몇 가지를 정리해봤다. 우선 목회자와 성도들이 문학에 대한 편견을 깨는 게 중요하다. 이를 위해선 "건전한 의미에서 성경은 결국 문학이므로 문학으로서가 아니면 올바로 읽을 수 없다"던 C S 루이스의 말이나 "성경은 실제로 문학이 되지 않고도 최대한 문학적이다"는 노스럽 프라이의 언급을 음미해볼 필요가 있다. 또 기독 문인들은 신앙적 메시지와 문학적 예술성을 수준 높게 결합시키는 작가적 역량을 보여줄 수 있어야 한다. 기독출판사들의 사명감도 빼놓을 수 없다. 이 땅에 기독문학이 뿌리내리고 만개하길 바라는 것은 비단 송 박사만은 아닐 것이다.

2) 기독문학을 위한 인터뷰[80]

— 기독문학은 창조세계 미학적 언어 —

최근 한국 교회가 문화에 눈을 돌리면서 기독교적 문학에 대한 관심도 높아지고 있다. 기독교적 문화 부흥을 위해선 그 토대가 되는 기독문학 활성화가 수반돼야 한다는 인식 때문이다. 불모지에 가까운 국내의 기독문학을 부흥시키기 위해선 어떻게 해야 할

---

80) 이 글은 국민일보 2006.11.27자에 게재된 인터뷰 기사이다.
http://www.kukinews.com/mission/article/view.asp?page=1&gCode=kmis&arcid=0920378011&code=23111111.

까. 기독문학 부흥을 위해 적극적으로 활동하고 있는 송영옥 대경
문학회 부회장(58·작가·영문학 박사)을 만나 기독교적 문학의
필요성과 활성화 방안 등을 들어봤다. 대경문학회는 대구 경북지
역의 문인들을 중심으로 구성된 모임이다.

－기독문학이 왜 필요한가?

△21세기는 지식사회이며 문화의 시대이므로 문학의 영역에서도
하나님이 영광을 받으셔야 한다고 생각한다. 문학은 그 관점에 있
어서는 전적으로 중립적이다. 그러나 기독문학이 필요한 이유는
문학의 본질인 경험과 상상에 대한 관점이 기독 작가와 일반 문학
작가가 전혀 다르기 때문이다. 일반 문학에서는 작가의 상상이 창
조력을 지닐 수 있기 때문에 문학이 종교를 대신할 수 있고 인간
을 구원할 수 있다고 주장한다. 그러나 기독문학에서는 문학적 상
상력은 창조력을 지닐 수 없으며 작가의 경험은 하나님의 창조세
계의 반영일 뿐이라고 본다. 따라서 기독문학이란 하나님의 창조
세계를 미학적 언어로 가시화하는 작업으로 문학의 영토에 하나님
의 깃발을 꽂는다는 상징적 의미를 지닌다.

－한국의 기독문학이 뿌리를 못 내리고 있는 이유는?

△세 가지 측면에서 진단이 가능하다. 첫째는 기독문학의 개념
정립이다. 기독문학이란 무엇인가에 대한 명쾌한 답이 없어 현실
적으로 기독 작가의 자질과 작품의 예술성을 논할 준거가 없다.
둘째는 기독 작가를 배출할 공신력 있는 등단 제도가 없어 작가군
이 형성되지 못하는 점이다. 셋째는 기독 출판사와 기독 독자들의
의식 문제다. 기독 출판사들은 외국 목회자들의 번역서나 설교·

선교 내지 개인의 간증서만을 대부분 출간하고 있다. 이 때문에 작가는 기독교적 소재의 한계성을 벗어나지 못하고 기독 독자들은 문학을 선교의 도구로서만 기대하게 되었다.

— 국내 기독문학작품들은 예술성이 떨어진다는 평가를 받는데 어떻게 신앙과 예술성을 조화시킬 수 있나?

△기독문학도 문학성이 우선이다. 문학성은 작가의 의식이 자유롭게 열려 있을 때만 가능하다. 문학의 옷을 입고 선교의 직접성을 풍기면 문학적 감동이 약화돼 독자에게 이어지지 않는다. 기독문학의 예술적 준거란 기독교적 소재에 가두지 말고 열어주는 글쓰기에 있다. 기독 작가의 글쓰기가 교조적인 글쓰기에 갇혀버리면 그 작품은 기독교의 윤리나 도덕을 표면화시켜 간증문학 내지 설교문학 범주를 벗어날 수 없다. 작가의 열린 의식은 기독문학에 대한 관점에 있다. 경험과 상상이 하나님의 창조세계인 것이 전제되면 작가는 소재의 한계에서 자유로울 수 있으며 교조적인 글쓰기에서 벗어날 수 있다. 기독문학이란 그 소재에 의한 것이 아니며 작가의 인간과 신, 세계에 대한 관점에 의해 결정된다. 비기독인들의 세계 안에 있는 소재까지도 취해 기독교적 감동으로 형상화시키는 것이 기독 작가의 사명이다.

— 기독문학에서의 상상력은 어떤 것인가?

△기독 작가란 하나님의 창조세계를 영적인 힘과 위안의 상징으로 바라보고 그 세계를 미학적 언어로 가시화하는 문학적 능력을 가진 사람이다. 그래서 기독 작가의 상상력은 성령의 역사와 같은 생명력을 말한다. 작가의 상상력이 더 깊고 더 넓게 확장될 수 있

는 것은 인간의 상상력을 뛰어넘는 하나님의 창조 섭리를 향해 열려 있을 때 가능하다.

─ 어떻게 하면 한국에서 기독문학을 꽃피울 수 있을까?

△가장 중요한 것은 작가의 사명감과 기독 출판사를 비롯한 신문 방송, 기독 독자들의 기독문학에 대한 애정일 것이다. 문학적 능력을 지닌 기독 작가가 하나님에 대한 사랑으로 그를 높이고 그를 기쁘게 할 사명으로 작품을 창작한다면 작품의 생명력은 그분의 은총의 영역이 아닐까 한다. 그리고 그러한 작가의 작품을 세상에 알려 빛을 보게 해줄 출판사와 기독문학을 문학의 관점에서 수용하는 독자들의 열린 생각 등이 기독문학을 뿌리내리게 할 수 있지 않을까 생각한다.

─ 기독문학에 천착하게 된 동기와 향후 소망은?

△1987년에 수필과 단편소설로 등단해 작품 활동을 시작했고 국제 PEN 정회원으로 다섯 권의 수필집과 한 권의 영한 시집을 발간했다. 지금도 한 월간지와 한 신문에 연재를 하고 있다. 나의 문학은 나의 삶 자체였다. 그러나 신앙적으로 믿음의 3대를 내려오는 가정임에도 불구하고 나의 글쓰기는 기독교 신앙과 전혀 관계없었다. 3년 전쯤 기독교 신앙과 관계없는 내 글쓰기에 갈등하기 시작했고 내 문학적 삶과 신앙을 일치시킬 수 없다면 어느 하나를 포기할 생각이었다. 마침 나의 전공이 외국 문학이었으므로 원서를 대하는 데 무리가 없어 기독문학에 대해 연구하게 되었다. 지금은 이를 사명으로 의식하고 있으며 가능하다면 이론에 맞는 글쓰기의 모델을 제시할 수 있으면 한다.

3. 기독문학이란 용어에 대해[81]

1) 신앙문학이란 용어

최근 원로시인 황금찬 씨는 '창조문예' 10주년 특별대담에서 '기독문학'이란 용어 대신 '신앙문학'이란 용어를 사용해야 한다고 주장하였다.

황 시인은 이 주장과 연계하여
다음과 같이 신앙문학에 대한 자신의 입장을 밝혔다.

(1) 기독문학이라는 말은 서양에는 없고 일본과 대만, 우리나라에만 있다. 우리나라에는 불교적인 문학도 있고 유교적인 문학도 있기 때문에 기독문학이라고 말하는 것으로 알고 있다. 하지만 기독문학의 시대는 이미 지났다고 생각한다.

(2) 이 시대는 기독교를 상식적인 면에서만이 아니라 영혼으로 접하고 있기 때문에 기독문학이라는 관념적인 말보다는 신앙문학이라고 해야 한다.

(3) 우리가 신앙문학을 한다면 구약이 아닌 신약을 써야 한다. 구약은 문학에서 이미 다 써 먹은 지 오래이다.

(4) 이 세상에서 가장 위대한 시인은 예수님이다. 예수님은 그 시대에 없었던 '에바다'나 '달리다굼' 같은 새로운 언어를 창조하셨는데 이 말 안에는 절대성이 담겨 있다. 지금 우리가 쓰고 있는

---

81) 이 글은 크리스천 투데이에 연재중인 "송영옥작가와 함께하는 기독문학산책"15회에 실린 글이다. http://www.christaintoday.co.kr/view.htm?code=cul&id=183248.

말에서는 구원을 얻을 수 없다. 우리의 언어를 기독교정신을 바탕
으로 완전히 바꿔야 한다.

　필자는 먼저 황 시인의 주장에 대한 논리적 모순성을 지적한 후
기독문학에 대한 나의 입장을 밝히려 한다.

2) 신앙문학이란 용어의 비논리성

　1항에 대하여: '기독문학'이란 용어를 대만, 일본, 그리고 한국
불과 세 나라에서 사용하는 말이기 때문에 부적합하다면 '신앙문
학'이란 용어는 전세계 어느 나라에서도 사용하지 않는다. 그것은
'신앙'에는 다양한 종교에 따라 수많은 신앙이 존재하며 그 수준도
가름할 수 없도록 천차만별이기 때문이다. 그리고 '신앙'이란 기준
이 없는 주관적인 것이다. 그럼으로 이를 구분 짓기 위해서는 '기
독교 신앙', '불교신앙', '무속신앙' 등으로 표시하게 된다. 그렇다면
기독문학이란 용어보다 더욱 복잡하고 객관성을 상실하게 된다.
'기독교'라는 용어가 첨부된 경우는 그나마도 객관성을 띨 수 있기
때문이다.

　또한 '서양에는 기독문학이라는 말이 없다'고 한 것은 문학의 특
성을 잘못 이해한 것이라 보인다. 황 시인은 이번 대담에서뿐 아
니고 이미 오래전 한 문학 심포지엄에서 이 말을 한 적이 있었다.
이에 대하여 필자는 2006년 11월 11일 총신대학교에서 열린 제23
차 기독교학문학회에 제5분과에서 '기독문학의 개념정립을 위한
시론'이란 논문을 통하여 반대의견을 개진한 바 있다.

　문학은 역사의 산물이며 그 기원은 문명과 문화와 예술의 혼합

체이다. 서양에서는 2000년 동안 기독교가 문학의 본질을 인식하는 주체였다. 문학은 언제나 인식주체가 개념적 이론적 규정의 문학론을 부수고 그 영토를 구축하는 것이다. 문학은 시대에 따라 그 존재 방식을 달리하면서 현실에 참여해 있다. 때문에 서양에서는 기독교가 보편화되어 있기 때문에 문학이라면 기독문학이 문학 그 자체를 가리키는 것이 일반적이다.

2항에 대하여: 황 시인이 의도한 뜻이 확실치는 않으나 그가 인식하고 있는 기독문학이 무엇인지에 대해 많은 의문을 갖게 한다. 일반적으로 한국의 기독문학 작가들은 기독문학이란 문학을 통해 하나님의 이름을 더 높이고 그가 창조하신 천지만물과 인간들에게 주신 달란트와 그가 베푸신 사랑과 은총을 찬미하는 문학으로 알고 있다. 이것은 관념이 아니다.

관념적이기 때문에 '기독문학'이란 말을 그만둬야 한다면 문학을 통하여 하나님을 더 이상 찬미하는 것을 중단해야 한다는 뜻이 된다. 뿐만 아니라 기독 신앙을 담은 문학 대신에 이제는 불교나 마호멧, 또는 샤머니즘을 담은 문학을 전개해야 한다는 뜻으로도 해석된다. 그도 아니면 비종교화된 신앙 문학을 새로 만들어야 한다는 주장인가?

그는 또한 기독문학의 시대는 지나갔으며 기독교란 상식적인 것이며 기독문학이란 관념적이며 영혼을 다루기 위해서는 신앙문학이 타당하다고 말했다. 그러나 기독교라는 용어가 상식적이라 한다는 것은 지나친 주장이다. 기독교라는 용어는 하나님(예수님)을 신앙하는 종교라는 뜻인데 이것을 상식적이거나 관념적이라 말하는 것은 있을 수 없는 일이다. 황 시인은 수많은 시를 발표하였는

데 그의 아름다운 시들이 기독교적이라 해서 관념적인 시로 바꿔
지는 것은 아니다.

3항에 대하여: 문학의 소재는 제한되어서는 안 된다. 칠 흙 같
은 어둠 속에서도 빛을 볼 수 있고 절망 속에서도 희망을 보도록
하는 것이 문학의 사명이다. 구약은 다 써먹어 더 이상의 소재가
되지 못한다는 주장은 너무나 엉뚱하다. 다윗의 시편은 읽는 사람
들에게 참으로 감동을 더해주고 있다. 더 이상 다윗의 시를 읽지
말라는 뜻인지, 홍해를 건너 출애굽한 극적인 내용들을 더 이상
문학에서 다루지 말아야 한다는 것을 의미하는 것인가?

필자가 좀 너그럽게 말할 수 있다면 황 시인이 구약시대가 끝났
다는 신앙에 바탕을 두고 구주로 오신 그분을 소재로 삼아야 한다
는 뜻으로 받아드리고 싶다. 어떤 이들은 구약은 이제 존재가치가
없다고 주장하기도 한다. 그러한 신앙은 위험한데(왜냐하면 중세
기를 거쳐 오늘에 이르기까지 기독교 신앙은 검증을 거쳐 오늘에
이른 것이다) 이러한 주관적인 신앙이 엉뚱한 결론 즉 구약은 더
이상 문학의 소재가 되어서는 안 된다는 결론을 도출하게 되는 것
이 아닌지 우려된다.

4항에 대하여: 예수님께서 그 시대에 없었던 '에바다'나 '달리다
굼' 같은 새로운 언어를 창조하셨기 때문에 시인이라는 말에는 어
패가 있다. 예수님이 만왕의 왕이며 만주의 주시며 믿음의 창시자
요 지혜의 결정임을 기독교인은 아무도 부인하지 않는다. 그러므
로 예수님을 시인이라 하려고 한다면 그분이 사용한 아름다운 말
씀들이 모두 아름다운 시라고 말하는 것이 더 타당할 것이다. 예

컨대 예수님이 가르쳐 주신 산상수훈과 같은 말씀은 정말 아름답기 그지없는 뛰어난 시임에 틀림없다. 그러나 그것은 시의 차원을 넘어서는 진리의 말씀이다. 시 속에는 얼마나 많은 거짓꾸밈과 수사가 들어 있는가. 그뿐 아니라 '에바다'나 '달리다굼'은 예수님이 창조하신 언어가 아니다. 이미 그 시대에 존재하고 있던 언어를 적절하게 적용하신 것일 뿐이다. 또 그것이 새로운 단어의 창조라 하더라도 그것으로 시인이 되는 것이 아닌 것은 너무나 명백하다. 요즈음 수많은 새로운 용어들이 등장하고 있는데 그 용어를 만든 사람을 우리는 시인이라 부르지 않는 것과 같다.

3) 기독문학이란 용어의 정당성

최근 한국 교회가 문화에 눈을 돌리면서 기독교적 문학에 대한 관심도 높아지고 있다. 기독교적 문화 부흥을 위해선 그 토대가 되는 기독문학 활성화가 수반돼야 한다는 인식 때문이다. 나는 불모지에 가까운 국내의 기독문학을 부흥시키기 위해 애를 쓰고 있다. 기독문학에 대한 나의 입장을 2006년 11월 28일자 국민일보와의 인터뷰에서 밝힌 바 있다.

21세기는 지식사회이며 문화의 시대이므로 문학의 영역에서도 하나님이 영광을 받으셔야 한다고 생각한다. 문학은 그 관점에 있어서는 전적으로 가치중립적이다. 그러나 기독문학이 필요한 이유는 문학의 본질인 경험과 상상에 대한 관점이 기독 작가와 일반 문학 작가가 전혀 다르기 때문이다. 일반 문학에서는 작가의 상상이 창조력을 지닐 수 있기 때문에 문학이 종교를 대신할 수 있고 인간을 구원할 수 있다고 주장한다. 그러나 기독문학에서는 문학적 상상력은 창조력을 지닐 수 없으며 작가의 경험은 하나님의 창조세계의 반영일 뿐이라고 본다. 따라서 기독문학이란 하나님의 창조세계를 미학적 언어로 가시화하는 작업으로 문학의 영토에 하나님의 깃발을 꽂는다는 상징적 의미를 지닌다.

기독문학도 문학성이 우선이다. 기독 작가란 하나님의 창조세계를 영적인 힘과 위안의 상징으로 바라보고 그 세계를 미학적 언어로 가시화하는 문학적 능력을 가진 사람이다. 그래서 기독 작가의 상상력은 성령의 역사와 같은 생명력을 말한다. 작가의 상상력이 더 깊고 더 넓게 확장될 수 있는 것은 인간의 상상력을 뛰어넘는 하나님의 창조 섭리를 향해 열려 있을 때 가능하다.

문학성은 작가의 의식이 자유롭게 열려 있을 때만 가능하다. 문학의 옷을 입고 선교의 직접성을 풍기면 문학적 감동이 약화돼 독자에게 이어지지 않는다. 기독문학의 예술적 준거란 기독교적 소재에 가두지 말고 열어주는 글쓰기에 있다. 기독 작가의 글쓰기가 교조적인 글쓰기에 갇혀버리면 그 작품은 기독교의 윤리나 도덕을 표면화시켜 간증문학 내지 설교문학 범주를 벗어날 수 없다. 작가의 열린 의식은 기독문학에 대한 관점에 있다.

경험과 상상이 하나님의 창조세계인 것이 전제되면 작가는 소재의 한계에서 자유로울 수 있으며 교조적인 글쓰기에서 벗어날 수 있다. 기독문학이란 그 소재에 의한 것이 아니며 작가의 인간과 신, 세계에 대한 관점에 의해 결정된다. 비기독인들의 세계 안에 있는 소재까지도 취해 기독교적 감동으로 형상화시키는 것이 기독교 작가의 사명이다.

4. 문화 콘텐츠(contents)로서의 기독문학

오늘날 문화 산업으로서 각광을 받고 있는 것은 만화나 영화나 게임산업이다. 「겨울연가」는 수조원의 부가가치를 창출하였다. 「해리퍼터」 한 편으로 우리나라 자동차 산업으로 벌어들이는 돈보다 더 많은 이익을 남기고 「반지의 제왕」은 수십만 명이 공장에서 일 년간 일을 해서 벌어드리는 수익을 앞서는 것이다.

이들 콘텐츠의 전달방법이나 표현방법은 영상기기와 멀티미디어 산업을 발달시켰다. 캐릭터 미술의 활성화가 관심의 대상이 되고 컴퓨터게임의 프로그램이 대중의 흥미와 관심 속에서 문화 영역을 점하고 있다. 그런데 이 모든 콘텐츠의 중심에 문학적 형식, 문학적 표현의 요소가 있음을 우리는 이해해야 한다.

문학의 중요한 요소는 미적 정서로 인한 감동이다. 문화의 수많은 정보 중에서 우리가 선택하는 것은 일차적으로 감동적인 내용이다. 한 예로 시청자는 긴장감과 흥미와 박력이 있으며 재미와 자유로움을 주는 영화의 방영 채널을 선택하게 된다. 따라서 그 영화의 문화적 가치는 감동에 의해서 결정이 된다.

이러한 감동은 흔히 문학적 의미로 극적인 표현에 기인한다. 극적인 구성, 극적인 전개, 극적인 전이가 독자의 감동을 유발시키고 시청자를 사로잡고 사회를 격려하고 세상을 바꾼다. 그리고 결국 세계를 지배하게 될 것이다. 이러한 논리에 의해서 나는 모든 문화 콘텐츠에는 문학적 내용이 존재한다고 본다. 따라서 문화의 미래는 문학성 있는 문화콘텐츠의 무한경쟁시대가 될지도 모른다.

하나님의 로고스인 성경은 메시지를 통하여 인간에게 전달이 된다. 기독 작가의 사상은 기독문학작품을 통하여 독자를 감동시킨다. 로고스의 온전한 소통, 대화, 선포의 사역은 독자와 청중과 성도에 의해서 완성된다. 하나님의 로고스가 진리라 하더라도 독자에게 감동적으로 전달되지 못하면 그 진리는 인간의 삶과 상관이 없다.

때문에 기독문학 작가에게는 감동을 주는 문학적 콘텐츠, 즉 문학적 내용과 표현방법의 개발이 중요한 과제가 된다. 기독교적 인간관은 인간의 능력과 상상은 유한한 것이라 전제한다. 유한한 작가의 상상으로 무한한 감동을 불러일으키는 작품세계를 창조하는 것은 불가능하다. 내가 작가의 상상이 하나님의 창조세계를 향해 열려 있어야 한다고 주장하는 이유는 여기에 있다.

이것은 비단 기독 작가에게 국한되는 것은 아니다. 목사들의 설교에서 감동을 느끼는 성도들은 믿음이 자란다. 그 믿음에 따라 헌신이 자라고 봉사가 커진다. 결국 교회는 감동받은 크리스천들에 의해서 부흥이 되는 것이다. 목사들도 문학적 감동을 주는 설교를 발화해야 한다. 지상에 존재하는 그 모든 것에서 하나님의 진리와 미를 발견하여 독자에게 감동적으로 펼쳐 보이는 것은 나님의 나라를 이 땅 위에 실현시키는 가장 설득력 있는 도구 중의 하나이다.

이 일은 문화콘텐츠의 영역을 기독교적으로 확대하는 것이며 기독문학은 그 길의 나침판과 같다. 오늘날 저급문화에 대한 우려가 확산되는 추세에 있다. 기독문학은 인간의 삶에 기쁨과 희망을 주고 의미를 부여해주는 문화의 방향을 제시해줄 책임이 있다. 문화의 미래와 함께 이 책임에 우리가 희망적일 수 있는 것은 성령의 역사하심을 믿고 있기 때문이다.

영상매체가 아무리 발달하여 성서를 효과적으로 알려줄 수 있다 하더라도 그것은 하나의 도움이 될 뿐 근본적으로는 감동은 말씀 그 자체의 생명력이 준다. 때문에 기독 작가의 세계관이 성서에 근거해야 하고 그의 영성이 성령의 은혜로 거듭나 깨어 있어야 한다. 성서는 진리의 말씀이고 문학은 허구의 세계인 것은 성서와 문학의 근본적인 차별성이다. 그러나 성서가 인간과의 관계에서는 문학적 소통수단을 택할 수밖에 없는 것은 성서와 문학의 공존성이다.

문화 콘텐츠의 핵심 속에 있는 문학적 요소는 고급문화의 창달을 꿈꾸는 문화인의 의식 속에 성서의 진리가 필요한 것을 보여준다. 그리고 성서는 문화의 미래에 하나의 구원이 될 수 있으며 기독문학은 그 하나의 길을 제시할 수 있다. 성서를 선포하고 전하는 소통의 수단, 전달이 언어적 형식인 때문이다.

제4장

기독문학과 예술 간의 거리

1. 영화 「밀양」의 기독교적 논란에 대하여

1) 예술적 사명

1988년에 소설가 이청준 씨가 5·18 광주항쟁을 상징적 주제로 해서 썼던 작품 「벌레 이야기」가 20년이 지난 오늘날에 이창동 감독에 의해서 「밀양」으로 영화화하였다.(Secret Sunshine이라는 영어표현은 표기상으로도, 그리고 작품의 주제상으로도 무리가 있는 것 같다). 「밀양」은 올해의 칸 영화제의 초청작품이었고 여주인공 전도연은 칸 영화제에서 여우주연상을 받았다. 원작 「벌레 이야기」가 영화되고 칸 영화제의 수상작이란 것만으로도 「밀양」은 충분히 대중의 관심 속으로 들어올 만하였다.

후기산업사회의 패러다임이 우리의 의식을 지배하는 가운데 예술은 개인의 발견과 감각과 관능을 중시하면서 대중화와 세속화의 길로 치닫고 있다. 이 때문에 고전시대의 가치였던 질서 내지 총체성이 붕괴되는 현실에 서게 되었다. 그래서 문학을 비롯한 현대예술은 질서와 총체성이 존재했던 고전시대에 대한 향수를 가지고 예술적 탐색을 통해 그러한 가치의 궁극적인 회복을 믿고 싶어 한다.

이런 시점에서 피해를 입은 사람이 용서할 수조차 없도록 억압당하는 현실을 고발하였던 문학작품을 20년이 지난 지금도 여전히 인간을 억압하는 조건들에서 죄와 용서와 구원의 문제로 끌어와 오늘의 문제로 재구성한 이창동 감독에게 격려와 찬사를 보낸다. 그동안 한국영화도 감각과 가벼움을 추구하는 시대의 기호와 맞물리면서 대부분 인터넷 소설이나 일본 소설 등을 원작으로 하고 있었다. 때문에 「밀양」은 고전시대의 가치에 대한 애정으로 보이며 감독의 예술관과 시대적 사명감을 짐작케 한다.

　억압당하는 것에 대한 고발은 문학에서뿐 아니라 모든 예술에서 인간의 영원한 주제이다. 인간을 억압하는 이 부정적인 힘에 대한 인식이 우리로 하여금 세계를 개조하여 보다 살기 좋은 세상을 만들고자 하는 열망을 갖게 한다. 이 열망은 인간의 잠재된 욕망이다. 이창동 감독은 인간의 열망의 실현 가능성을 원작 소설에서보다는 긍정적으로 그리고 있다. 원작 「벌레이야기」에서는 엄마가 유괴범을 용서하러 가다가 같은 상황에서 자살을 하지만 밀양에서는 죽지 않고 미친다. 자살은 세계와 신에 대한 부정이다. 어떤 상태로든 살아 있다는 것은 하나의 가능성을 암시하기 때문이다.

2) 한 작품의 기독성이라는 것

　그런데 「밀양」에서 신앙과 고통과 구원의 문제를 기독교적 소재로 다루었다는 점에서 많은 기독교인들의 관심과 논란의 대상이 되고 있다. 관심이란 기독교적 소재 작품에 대한 당연한 결과이며 논란의 원인은 기독교적 소재로 다룬 작품에서 구원과 용서의 문제를 비성서적으로 만들어서 기독교를 모욕했다는 분노에서 비롯된 것 같다.

　이에 대해 영화 평론가들은 이창동 감독이 기독교를 모욕할 의

사가 없었다고 해명해 주고 있다. 그리고 감독 스스로도 단지 이 영화는 "우리가 살아야 할 의미는 하늘이 아니라 두 발을 딛고 서 있는 땅에 있다고 말하고 싶었을 뿐이며 영화의 초점은 인간"이라고 밝혔다. 그럼에도 불구하고 기독교인들은 「밀양」을 주제로 포럼을 열고 온라인에서도 뜨거운 논의가 진행 중이다. 이 논의의 결과로 기독교인들은 「밀양」을 기독교영화로 볼 것이냐, 안티 기독교영화로 규정할 것인가를 결정하려고 하는 것 같다.

내 개인적인 소견으로는 이런 논란은 예술에 대한 편견과 편협함에 기인하는 것 같다. 왜냐하면 기독문학이나 기독교 예술이라 하는 개념은 작품의 소재에 의해 결정되는 것이 아니기 때문이다. 그 자체는 가치중립적이다. 단지 작가나 예술창작자의 세계관과 인간관과 역사관이 성서적일 때 비로소 우리는 그 작품에 기독성을 부여할 수 있다.

3) 밀양에 기독성을 부여할 수 있는 근거

「밀양」에서는 감독도 스스로 밝혔듯이 그 초점은 인간이다. 신과 인간의 '관계', '구원'의 문제를 심도 깊게 다루기 위하여 기독교를 소재로 차용한 것은 분명하지만 그 결말을 성서적으로 맺지 않았다. 그 한 예로 신애가 사형수의 평화를 문제삼는 것은 하나님의 용서와 구원을 은총으로, 단 한 번에 이루어지는 사건으로 인정하지 않은 것이다. 인간관계를 무시하고 진정한 참회를 모르는 유괴범의 태도가 그렇다. 그럼에도 불구하고 「밀양」은 그 어떤 기독교 영화보다 더 기독교적 감동을 끼치고 있다.

여기서 기독교적 감동이란 기독교의 연약함과 치부를 그대로 드러내고. 빗나간 부흥회나 특별집회나 전도의 방법들이 공개되어 기독교인들만의 성역으로 여겼던 이러한 것들이 세상에 어떻게 비추어질까 하는 우려와 함께 그러한 것들의 실체를 인정하지 않을 수 없음에서 비롯된 것이다. 따라서 「밀양」의 기독성은 논의의 대상이 아니라 관객들이 이를 어떻게 받아드릴 것인가에 의해 결정되어야 한다고 본다. 조금만 더 이 영화를 개인적이고 철학적인 시각으로 접근해 본다면 영화가 부정하고 거부한 것은 교회와 교인들의 신앙 방법이지 성경과 하나님이 아니라는 것을 알 수 있기 때문이다.

인간은 문화적인 존재이다. 문학이나 예술을 통하여 길을 찾고 진리를 모색하고 생명을 꿈꾸는 것이 인간이다. 예술을 통해 찾아가는 길은 감동이라고 하는 심리적 반응을 통해서인데 이 울림은 한 인간이 대상을 자기의 온몸으로 직관으로 파악하는 행위를 말한다. 문화에 대한 열린 시각만이 예술적 감동을 통해 자기와 다른 사람의 삶의 기쁨과 고통에 동참할 수 있다. 그 확인을 통하여 고통과 기쁨을 자기의 일부로 받아드릴 수 있다.

인간을 억압하는 세상의 모든 것은 유용하고 그 유용성 때문에 권력을 지니게 되지만 예술은 인간을 억압하지 않기 때문에 그 감동의 원초적 느낌의 단계는 힘이 아니고 감각적 쾌락이다. 쾌락은 고통을 동반하고 고통은 반성과 각오를 통해 대상의 총체적 파악에 이르게 된다. 영화 밀양에 우리 스스로가 기독성을 부여할 수 있는 근거는 이 때문이다. 또 하나는 이 영화는 한국의 기독교에 대한 비판만이 아니라 종교 전반에 대한 비판으로 볼 수도 있기 때문이다. 만약 타 종교가 소재로 되었어도 똑같은 치부가 드러났을 것이다.

때문에 이 시점에서 우리는 이 영화의 기독성을 규명하기 위해 힘을 소진할 것이 아니라 한국교회와 기독예술에 대한 새로운 비전확립을 진지하게 논의해 보는 것이 더 바람직하다고 본다. 용서조차 맘대로 할 수 없는 피조물의 무력감 앞에서, 그리고 신에 대한 원망과 분노가 우리 앞에 놓일 때 그 절망을 딛고 살아날 수 있는 은총, 뭐랄까 성령의 역사 같은 것을 예술 속에 담는 작가를 꿈꾸어 보는 것이 어떨까. 그런 사람을 발견하고 후원할 수 있는 총체적 시스템 구축에 힘을 모을 비전을 가질 수 있었으면 한다. 「밀양」에서 우리가 느끼는 실망과 모욕감은 교회와 우리의 신앙방법에 대한 것이지 성경과 하나님에 대한 긍지와 신뢰는 변하지 않고 그대로 있는 것이 아닌가.

4) 기독교와 예술의 거리

여기서 잠깐 내 개인적 경험을 이야기한다. 어느 주간지에 연재되고 있는 기독문학 산책이란 주제의 내 글 '한 잔 포도주의 기억'에 한 독자가 다음과 같은 댓글을 붙였다.

"지금 이런 글이 진정 기독문학이라고 생각하십니까?

마지막 문단은 정말 님의 기독문학에 대한 생각의 정절을 보여주고 있습니다.

「나는 앞으로도 지롱드의 강바람이 그리울 때면 와인샵에 들를 것이다」 저도 한 번 따라 해 볼까요? 「나는 앞으로도 한강의 강바람이 그리울 때면 포장마차엘 들를 것이다.」

정말 대단하십니다."

그리고 지난주에는 다른 내 글에 "이 바보 지식인아……"로 시작되는 댓 글을 받았다.

우선 내 글에 관심을 갖고 있는 독자들께 진정 고마운 맘이다. 그럼에도 불구하고 나는 기독교와 문학예술 사이의 보이지 않는 높은 담을 느끼고 있다. 예술에서뿐 아니라 일상에서도 격려와 칭찬으로 용기를 줄 때에 그것이 나의 힘이 된다. 남을 배려하는 것이 나의 기쁨이 된다는 것을 교리적으로는 알지만 이를 실천하기는 쉽지 않다. 그러나 기독교인들이 하나님의 창조세계에 대한 열린 의식으로 문학과 예술을 바라본다면, 그리고 인간에 대한 보다 따스한 맘으로 그의 일들을 이해한다면 삶의 은총을 더 깊이 호흡할 수 있음을 알게 될 것이다.

어쨌거나 기독교와 예술 사이엔 엄청난 괴리감이 있다. 그래서 반 데르 레우후는 예술전문가와 기독교인은 서로 어울리기 정말로 어려운 사람들이라 하였다. 예술을 하는 사람들은 미의 향유를 통하여 축복받은 자신감을 누리면서 즐거운 마음으로 자신을 헌신한다. 그들에게 있어서는 예술의 실천이란 신앙, 문화, 과학과 같은 가치 있는 노력의 체계들과 동의어이다. 그들은 미를 통하여 영광스럽게 된 세계에 참여하기를 바란다.

많은 기독교인들이 예술을 이해하고 사랑한다. 그러나 많은 기독교인들은 예술이 종교적 신념을 위하여 봉사하는 위치에 있어야 한다고 생각한다. 그래서 예술작품을 만들 때에는 반드시 도덕적이고 교육적인 성서의 내용이 직접적 표현으로 나타나기를 구한다. 작품의 소재적 한계를 주문하는 것이다. 그러나 예술은 언어의 상징성과 행간을 통한 의미전달과 색과 음향 선과 형태 사이의 형식적인 게임에서 그 완전한 모습을 드러낼 수 있다. 아무리 기독교 예술이라 하더라도 후자를 무시하고는 예술이 될 수가 없는 것이다.

우리가 신앙하는 하나님은 미를 통해서도 우리와 함께 대화하기를 원하신다. 우리는 좀더 너그럽고 인간적인 기독교인들이 될 필요가 있지 않을까. 하나님의 창조세계에서는 종교와 예술의 길은 서로 교차할 뿐 아니라 서로 합해지는 것이 아닐까. 여기에 기독문학과 기독교 예술이 함께 공유할 비전이 있다고 본다.

2. 『다빈치 코드』의 기독교적 논란에 대하여
- 허구의 흡인력은 어디까지일까

1) 픽션으로서의 쾌

댄 브라운(Dan Brown)이 쓴 소설 『다빈치 코드』가 최근 수년간 폭발적인 인기를 얻고 있다. 소설은 사천만 부 이상의 판매기록을 세우고 40개 국어로 번역이 되었다. 그리고 무엇보다 지난 오 년간 그가 쓴 다섯 권의 소설 모두 베스트셀러가 되었으니 댄 브라운의 작가적 역량은 정말 대단한 것 같다. 베스트셀러 작품이 꼭 문학성이 있다고는 생각하지 않는다. 그러나 아무리 문학성이 있는 작품이라 하더라도 독자를 끌어들이지 못한다면 그 작품의 생명력은 부재상태에 놓이는 것이다. 이런 면에서 『다빈치 코드』의 문학적 흡인력에 대하여 경탄하지 않을 수 없다.

내가 『다빈치 코드』를 읽은 것은 2004년 가을이었다. 그 책이 다투어 여러 나라의 말로 번역이 되기 훨씬 전, 상하 두 권, 칠백 쪽에 달하는 분량을 하루 만에 다 읽고 나서 내가 한 말은 "와우 정말 재미있다"였다. 재미있다는 이 단순한 표현은 일상적인 것과는 달랐다. 내가 문학작품을 읽었을 때 통상적으로 하는 표현은 '감동적이다'라는 말이다. 감동적이라 함은 그 작품으로 나의 내면이 흔들렸다는 뜻이다. 그러나 『다빈치 코드』는 그야말로 재미 그 자체뿐이었다. 잠시 즐거워하다 금세 사라지는 표피적 쾌였다고 할까.

그로부터 한 달 후쯤이었던가. 책을 읽은 사실조차도 잊어버린 어느 날, 나는 일이 있어서 부산을 가게 되었다. 그 열차에서 내 옆자리의 승객이 『다빈치 코드』를 읽고 있었다. 그 사람은 어느 회사의 CEO라고 자기소개를 하면서 기다렸다는 듯이 '와우 이 책이 얼마나 재미있는지' 하고 경탄하면서 나의 동의를 구하였다. 우리는 그 당시 일고 있던 『다빈치 코드』의 논란에 대하여서도 의견을 나누었다. 그는 크리스천은 아니었지만 성경에 대한 지식이 많았다. 예수의 탄생과 십자가의 죽음과 부활에 대하여도 정확하게 알고 있었다. 이러한 내용들이 소설 속에서 다른 시각으로 묘사된 것에 대해서는 한마디로 '픽션이니까'라고 일축하는 성숙함을 보였다.

그는 서울 역에서 출발하여 세 시간 동안 한순간도 책을 놓을 수 없었다고 하였고 자신은 지금까지 단 한 권의 소설책도 제대로 읽은 적이 없다고 하였다. 소설이란 언제나 따분한 이야기라고 생각하였다고 털어놓았다. 그가 다른 소설을 읽은 적이 없었다는 것은 바쁜 일상 때문이었을 것이다. 그럼에도 불구하고 그를 무섭게 작품 속으로 끌어드린 『다빈치 코드』의 흡인력에 대하여 나는 새삼 놀라지 않을 수 없었다. 그가 읽던 부분이 첫 권의 52장, 그러니 소피가 발레트 성관 앞에서 출입문 오른쪽에 붙은 인터콤 시스템을 보고 의문을 품는 장면이었는데, 대화는 그곳에서 시작이 되었지만 한 시간 동안 이어지면서 소설 상하권 구석구석을 넘나들었다.

2) 작가의 의도는 무엇이었을까

이 일이 계기가 되어 내가 단순한 재미로만 즐기고 덮어놓았던『다빈치 코드』에 대하여 문학적 시각으로 다시 생각을 정리해 보게 되었다. 한 작가의 어떤 문학적 역량이 소설 속에 그 재미를 만들어 독자를 끌어드리는 힘이 되었을까…… 간결함과 의미 전달의 명쾌함이 돋보이는 그의 특유의 문체 때문이었을까. 문체가 간결하면 그만큼 의미전달이 명확해지고 그로 인해 플롯상의 박진감과 스릴이 살아난다. 거기에다 인물들의 행동이 주는 트릭과 매직이 시대적 흐름에 대한 독자들의 흥미와 맞물리면서 놀라운 흡인력을 발휘한 것 같았다. 이런 의미에서 댄 브라운은 '소설은 허구적 픽션으로서 독자의 호기심을 유발해야 한다'는 기본 원칙에 정말로 충실한 작가라는 생각이 들었다. 그리고 성서적 역사적 다양한 자료들을 소설 속에 끌어드려 플롯을 설정한 지적 아이콘에 대하여도 새삼 감탄스러웠다. 픽션의 허구성이라는 소설의 특성상 소설 속에 사용된 모든 제재들을 나는 거부감 없이 수용할 수 있었으니까.

그로부터 얼마 후에 나의 견해와 일치하는 작가 자신의 말을 NBC Special을 통해 듣게 되었다. 그는 '다빈치 코드는 전적으로 픽션이며 인물들과 그 행동들은 모두다 사실은 아니다'(The Da Vinci Code is a novel and therefore a work of fiction. book's characters and their actions are obviously not real)라고 밝히면서 소설을 쓴 목적을 '독자들에게 카타르시스와 분출하는 즐거움을 주기 위한 것'이고 독자에 대한 작가의 기대는 '소설 속의 인물들의 시점으로 모든 것을 본 후에 자기 나름의 관점에 도달하는 것'이라 덧붙였다. 『다빈치 코드』는 소설 그 자체일 뿐이니 독자들 역시 픽션으로서의 소설로 읽어달라는 작가의 의도를 엿볼 수 있었다.[82] 그러니 허구의 세계를 허구로 받아드리지 못하는 것은 작가의 의도이기보다는 독자의 선택의 몫일지도 모르겠다.

3) 허구가 준 매력

『다빈치 코드』의 흡인력이 이쯤에서 끝났으면 좋았을 건데……소설이 영화화되면서, 그리고 올해의 깐느 영화제의 개막작품으로 선정이 되고 개막 첫 주 박스오피스 1위를 차지하게 되면서부터 소설의 흡인력은 문화전반에 영향을 미치게 된 것 같다. 올해의 깐느 영화제가 예전과는 달리 우리가 살아가는 현실과 역사를 반영한 작품들이 많은 것도 그 영향이 아닌가 생각되고 깐느의 현지 언론들로부터 영화 다빈치 코드가 폭탄 세례를 받은 일도 역시 그 흡인력과 무관하지 않은 듯싶다. 성서의 역사와 레오나르드 다빈치의 예술작품에 대한 진위여부에 대한 논란의 열풍도 역시 그러한 것 같으니 이 무서운 흡인력의 끝은 어디쯤일까.

특히 소설 구성의 재료로 이용한 성서의 역사와 다빈치의 예술작품에 대한 진위를 밝혀야 한다는 목소리가 커지고 인도의 무슬림과 기독교인들과 한국 교계의 분노의 목소리가 점점 더 높아가고 있는 시점이고 보니 더욱 그 끝을 예측하기가 어려운 것 같다. 그리고 나 역시 작가가 분명히 모든 내용이 허구라고 밝혔음에도

82) 댄 브라운, 『다빈치 코드』(양선아 역: 서울 베텔스만, 2004).

불구하고 사실성 여부가 초점이 되는 이유에 대하여 고민을 하게 된다. 논란의 직접적 원인은 아마도 작가가 소설 서두에서 '이 소설에 나오는 예술 작품과 건물, 자료, 비밀종교의식들에 대한 모든 묘사는 정확하다'(1권 p.9)라고 한 데 기인한 것 아닐까 한다.

그러나 내 개인의 관점으로는 이 문장은 이미 소설 속의 서술이기 때문에 그 자체가 허구일 수 있다는 생각이다. 또한 레오나르드 다빈치의 작품에 대하여서도 그의 회화가 스푸마토(sfumato) 기법에 의한 것이라고 전제할 때에는 여러 가지 관점에서 작품해석이 가능하다고 보인다.[83] 댄 브라운 자신의 고백처럼 이 기법을 통하여 감상자의 무한한 상상력은 자극받는 것이고, 그 결과 문학에서와 마찬가지로 다빈치의 회화에서도 감상자의 숫자만큼이나 많은 해석이 가능하지 않을까 한다.

때문에 하나의 허구에 불과한 『다빈치 코드』로 인해 성서와 미술의 역사가 왜곡될 수도 있다는 독자들의 우려가 크면 클수록 소설의 흡인력은 더 무섭게 강해질지도 모르겠다. 그로 인해 댄 브라운은 인류의 구원과 관련된 문제를 희화화시킨 픽션작가임에도 불구하고 탁월한 문학적 역량을 지닌 작가로 평가받을지도 모르겠다. 이에 더하여 근래에 회자하는 음모이론으로 플롯을 설정한 지극히 평범한 이야기일 뿐인 그의 소설이 포스트모더니즘을 이끈, 아니면 뉴 에이지운동의 영역을 점하는 작품으로 규정이 될지도 모르겠다. 하나의 문학적 이념 속에 자리를 잡을 수 있는 작가와 그 작품은 문학사적 의미를 지니게 된다.

---

83) H. W. Janson, *History of Art*: A Survey of the Major Visual Arts from the Dawn of History of the Present Day (Second Edition, Published in 1977 by Harry N. Abrams, Incorporated, New York).

4) 논란으로 부추겨진 허구

글을 쓰다 생각하니 지난 한 달 동안 신문과 잡지에서 보았던 다빈치 코드에 대한 논란의 기사들이 떠오른다. 그리고 한 기독교 문화회가 중심이 되었던 심포지엄도 생각난다. 그들은 모두 왜곡되게 묘사된 성서의 역사와 예술 작품들에 대하여 진실을 규명하고 명예를 회복하고자 힘을 모았다. 그러나 이러한 열망이 크면 클수록 『다빈치 코드』의 흡인력이 더 왕성하게 될 것이 아닐까 우려하게 된다. 허구를 허구로 놓아두는 것, 댄 브라운의 말대로 픽션을 픽션으로 치부해 버리면 끝나는 일이 아닐까. 분노가 너무 지나쳐서 댄 브라운의 베스트셀러 소설들의 문학성에 대하여 논란이 일게 될까봐 두렵다. 문학성을 논할 작품은 이미 문학성을 지니고 있는 작품이다. 그렇게 되면 내가 『다빈치 코드』를 단순한 오락물로 치부해 버린 것에 대하여 작가에게 정중한 사과를 해야 할 텐데…… 이 또한 지극히 어려운 일일 것이니 이쯤에서 『다빈치 코드』의 허구의 끝을 보았으면 좋겠다.

3. 기독교적 관점으로 대중문학 다시 읽기[84)]

맥패든(George McFdden)은 텍스트의 독자를 현저하게 서로 다른 기호 성향을 갖는 세 부류—다른 작가들, 전문적인 학자나 비평가, 일반 독서대중—으로 분류하였다. 그리고 잉가르덴(Roman

---

84) 다음 네편의 작품에 대한 것은 크리스천 투데이 홈페이지에서 다시 읽을수 있다. http://www.christaintoday.co.kr/sophiabooks.

Ingarden)은 이 개개의 독자에 의한 깊고 다양한 구체화 속에 문학
작품은 생명을 유지한다고 하였다. 한 작가가 어떤 의도로 작품을
썼든 간에 독자의 세계관에 따라서 그 작품은 기독문학작품으로도
재창조될 수 있다. (송영옥 박사의 기독문학 론에서) 오늘날 대중
속에서 널리 읽히고 있는 작품들을 어떻게 기독교적 관점으로 읽을
수 있는가. 그리고 "이 책도 기독문학작품이다"라고 말할 수 있는
가? 본 카페는 이 같은 물음에 답하기 위해 개설되었다.

1) 권정생의 「몽실 언니」

[한 작품의 기독성이란 기독교적 소재에 있는 것이 아니고 작가
의 삶과 인간과 역사에 대한 관점이 기독교적일 때 그 작품은 기
독문학작품이 된다.(송영옥의 기독문학론에서)]

「몽실 언니」의 저자 동화작가 권정생 님이 지난 5월 70세의 일
기로 세상을 떠났다.[85] 그는 일본 도쿄에서 태어나 해방과 함께
한국으로 돌아와 외가댁이 있는 경상북도의 청송에 기거하면서 고
구마장수, 나무장수 등으로 근근이 생계를 유지하였으며 가난 때
문에 가족들과도 이별을 하였다. 세상을 뜨기 전 근 20년 동안 그
곳 조탑리의 다섯 평짜리 오두막에서 살았으니 가난은 죽을 때까
지 그를 억압하는 굴레였으며 보이지 않는 하나의 폭력이었다.
  권정생은 교회의 문간방에 기거하면서 종치기 노릇을 하던 1969
년에 발표한 「강아지 똥」으로 작품 활동을 시작하여 「몽실 언니」
를 비롯하여 「하느님의 눈물」, 「우리들의 하느님」 등의 작품과 산

---

85) 권정생, 『몽실 언니』(서울 창작과 비평사, 1984).

문을 교회에서 발간하는 잡지와 신문을 통해 연재를 하였다. 「몽실 언니」는 1981년 연재를 시작하여 '새가정'이라는 교회 여성잡지에 옮겨 싣게 되었고 내용의 일부가 기존의 반공적이 아니라는 이유로 문제가 되어 연재 중단, 일부 수정, 그리고 일부 삭제를 거쳐 84년에 초판이 발행되었다.

　이 책은 어른들의 기억 속에서도 이제는 잊혀져가는 전쟁의 상처를 절뚝거리는 다리로 아이를 업고 다니는 언니 몽실이를 통하여 살려냄으로써 전쟁세대를 산 독자에게 큰 공감을 불러일으켰다. 그리고 몽실이가 절름발이가 된 것은 그녀의 잘못이 아님에도 불구하고 그를 놀리는 아이들을 통하여 이 시대의 폭력의 희생물의 양상을 드러내었다. 그리고 자신의 잘못과 아무런 관련 없는 이런 일에는 어떤 원인이 있지만 한 개인의 의지로는 극복할 수 없는 총체적 사회문제임을 암시함으로써 동화 이상의 무게를 더해 주었다.
　저자는 이러한 주제들을 어린아이 몽실이의 '착한 것'과 '나쁜 것'에 대한 관점을 통해서 확대해간다. 아버지를 버리고 딴 데 시집 간 어머니도 용서하고, 새 아버지의 구박으로 다리 불구가 되었음에도 그를 이해하며, 전쟁에서 병을 얻어 돌아온 아버지의 간병과 죽음이라는 견디기 어려운 수난의 탁류에 헤어나지 못하면서도 생을 긍정하면서 꿋꿋하게 생명을 이어가는 몽실이는 검둥이 아기를 버린 어머니를 향해 욕하는 사람들을 나무라기까지 한다.

　여성의 자기성찰을 통한 자아확장이라는 문학사의 페미니즘정신은 자기중심적 주체에 대한 반성과 비판에서 시작이 되었다. 「몽실 언니」는 현실세계를 여성주체에 대한 남성주체의 체계적 지배 구조로 파악하고 남녀 평등한 사회의 구현을 궁극적 목표로 하고 있다. 평등의식의 기본은 여성의 삶의 결과를 남성에게 책임을 지우지 않는 의식이다. 스스로 선택하고 스스로 책임을 지는 정신에 근거한다. 「몽실 언니」는 비록 동화이지만 페미니즘적 문학정신을 충분히 반영하고 있다.

또한 두 가지 측면에서 사회문제에 대한 우리의 의식을 깨운다. 해방 직후 만주에서 돌아온 몽실이 언니 가족 일가가 겪는 수난은 오늘날 우리시대에 팽배해 있는 소비와 향락지향적인 삶을 되돌아보도록 하고 착한 인민군 오빠 박동식이를 통하여 '통일이 되면 서로 편지를 하자'…… '남과 북은 절대로 적이 아니야 지금 우리는 모두가 잘못하고 있구나'라고 말함으로써 사상과 이념을 뛰어넘은 인간적 애정을 장조하고 있다. 이것을 정치논리로만 문제를 해결하려 했던 그 당시의 우리사회에 다른 시각이 있음을 제시한 것이었다.

나는 지금 이러한 주장의 타당성에 대하여 말하고자 하는 것이 아니다. 다만 80년대의 시대상황에서 그러한 말을 할 수 있었던 작가적 사명에 대하여 감동을 받는다. 그의 이 용기는 어디에서 나온 것이었을까.

작가는 이 모든 억압하는 힘을 폭력이라 간주하고 "세상의 모든 폭력이 사라지지 않는 한 누구나 불행한 인생을 살아갈 수밖에 없다"고 말한다. 그리고 폭력의 씨앗은 이미 골목길에서 서로에게 싸움질을 부추기는 덩치 크고 힘센 아이의 마음속에서, 공부를 강요하는 어머니를 망치로 살해하는 열여섯 나이의 고등학생에게서,

그리고 산꼭대기 대장은 나 하나뿐이라고 외치는 골목대장에게서 싹트고 있음을 알려준다.

폭력의 문제와 함께 일관된 주제는 '비천하고 보잘것없는 것들에 대한 인간적 애정'과 억압하는 것들 속에서도 굴하지 않고 꿋꿋하게 삶을 이어가는 '생명정신'이다. 저자는 억압하는 모든 것은 힘을 행사하기 때문에 일종의 폭력이라 간주한다. 즉 인간의 냉정함과 비천하고 보잘것없는 것들에 대한 멸시와 천대, 그리고 조롱과 비방, 무관심 등이 폭력의 근원지라고 보았다.

저자는 폭력을 고발하지만 머리에 띠를 두르고 팔을 휘두르며 목청을 높이거나 부르짖으며 폭력적으로 억압에 대항하지 않는다. 단지 인간의 관심 밖에 있는 강아지 똥과 같은 것들, 절름발이 아이의 조롱당함을 통하여 애정을 가지고 일깨워 주었을 뿐이다. 그래서 그들 속에 있는 생명의 소중함과 평등함을 독자의 가슴에 심어주는 것이다.

이상에서 살펴본 바와 같이 「몽실 언니」의 저자는 자신의 문학인생의 가치관 자체를 기독교적 가치관에 두고 그에 의해서 삶과 작품을 어느 정도 일치시키고 있다. 예수 그리스도의 관심은 인간에게 있었고 그중에서도 소외되고 멸시받고 비천한 사람들을 즐겨 친구로 삼았다. 그 사랑은 율법을 뛰어넘는 것이었다. 그래서 간음하다가 현장에서 잡힌 여인에게도 돌을 던질 수 없다는 것을 보여주었다.

두 번째는 폭력에 대한 저자의 관점이다. 하나님의 인간 창조의 목적은 인간이 행복한 삶을 사는 것이다. 죄의 근원은 폭력(violence)에 있음을 성경은 보여준다. 폭력이 난무하는 상태는 하나님

의 심판의 도래를 보여주며 인간의 멸망이라고 되어 있다. 폭력의
의미를 정확하게 짚기 위하여 나는 다음 영어 표현을 그대로 인용
하고자 한다.

So God said to Noah, I am going to put an end to all people,
for the earth is filled with violence because of them, I am surely
going to destroy both them and the earth (창세기 6:13)

이러한 관점에서 작품을 읽을 때 「몽실 언니」는 독자에 의해서
기독문학작품으로 될 수 있다.

2) 심승헌의 「파페포포 메모리즈」 그리고 안단테

[우리는 자신이 문학세계에서 자각했다고 생각하는 것과 한 작
가의 정신으로부터 받아드렸다고 생각하는 의미나 명제들을 우리
정신은 재창조한다. 이때 기술된 부호나 발화된 음성을 성서적으
로 인식할 때에 그 작품은 기독문학작품으로 다시 창조된다.(송영
옥의 기독문학론에서)]

「파페포포 메모리즈」는 카투니스트 심승헌의 카툰 에세이집이며
「파페포포 안단테」는 파페포포 시리즈의 그 3권에 해당된다.[86] 심
승헌은 1971년생인 젊은 카투니스트로서 파페포포 시리즈를 통하
여 카툰에세이라는 새로운 장을 연 만화가이다. 이 책은 순수청년
파페와 여린 처녀 포포의 사랑 이야기이기 때문에 사춘기의 세대

---

86) 심승헌 『파페포포 메모리즈』 (서울 홍익출판사, 2003).

들이나 관심 가질 법한 느낌을 준다.

　제1권의 사랑, 의미, 관계, 추억이라는 주제들과 이어지는 소제목들의 대부분이 주제와 중복되는 이미지들의 언어이다. 이러한 언어들을 발화하는 인물의 성격 역시 '파페'와 '포포'라는 이름을 가졌기 때문에 더 이상의 호기심 없이 내용을 지레짐작하게 만든다. 그래서 어른들은 이 책은 단지 젊은이들에게 소중한 추억의 의미에 기대어 살아가게 해주는 정도의 책으로만 인식하고 있다.

　그러나 이 책은 함께 살아가는 아름다운 이야기, 그래서 소중한 일상을 엮은 마음의 동화 같은 책이다. 마음속의 동화이기 때문에 흘러가 버린 시간들에 대한 향수를 불러온다. 너무 바쁜 일상 때문에 잊고 살아온 너와의 관계에 대하여 소중했던 가치를 일깨워 준다. 그 작은 깨달음 때문에 이 책은 「파페포포 메모리즈」 「파페포포 투게더」 그리고 「파페포포 안단테」로 이어지면서 독자들의 가슴속에서 또 한 사람의 파페와 포포를 만들어 낸다. 그 때문에 대중문화 부분에서 폭발적인 인기를 누리고 있다.

　그런데 이 책을 또 하나의 관점으로 보면 저자는 이 감성적 일상의 언어로 '인간 내면의 갈등'과 '진정한 사랑의 의미'라는 매우 깊고 무거운 주제를 다루고 있음을 알 수 있다. 이 주제의 진행은 '인간은 피조물'이며 '삶은 선물'이라는 인간관을 전제로 다루어 나간다. 그리고 어떤 면에서는 어른들의 성찰을 위하여 저자가 던지는 화살과도 같다. 그러나 매우 감성적인 언어를 사용함으로써 따스함을 느끼게 만든다.

　다음은 인간적 애정을 가지고 어루만짐으로 끌고 나가는 '내심'이라는 소제목의 글이다.

> 언제나 속마음은 스스로를 피곤하게 한다.
> 말하지도 못하면서 기대하고, 기대하면서도 후회하고,
> 배려라는 테두리로 속마음을 너무 감추는 것이 아닐까

 인간은 교훈적이고 교리적인 글에서보다는 정서에 호소하는 글에서 더 큰 감동을 느낀다. 문학에서의 감동이란 내면을 두드리는 언어의 힘에 의한 것이다. 감동을 주는 말에는 부족함을 지적받아도 주눅 들지 않게 하는 너그러움이 있다. 이 책의 저자는 이러한 배려로 독자의 의식이 언어의 상징적 의미를 재창조할 수 있도록 공간을 부여하고 있다. 인간의 약한 부분에 대한 이해와 연민을 함께 공유하도록 만들어 주는 것이다.

 또한 저자는 스스로의 힘으로 뛰어 넘을 수 없는 내면의 갈등을 절대적인 어떤 힘의 도움에 기대고 있음을 「파페포포 안단테」에서 보여준다. '느림의 미학'이라는 현대인들의 공통의 주제를 끌어와 인간은 스스로 삶의 주인이 아니며 주어진 삶을 살아야 할 피조물인 것을 보여준다. '내게 허락한 삶의 길이만큼, 그리고 내게 허용된 삶의 넓이만큼, 조금은 느리게, 느리게 이렇게 살고 싶습니다'가 3권의 주제이다. 여기에서 허락된 삶의 길이와 넓이란 절대자의 시간코드에 따라 살아가는 것을 의미한다. 그것이 인생인 것을 전제하는 것이다.
 다음은 사랑의 의미에 대한 견해이다. "네가 그곳에 있다는 그것 자체만으로 난 만족한다…… 네게 선물할 수 있다는 그것 자체만으로 행복하다. 난 언제나 널 생각하고 그 생각 속에서 널 키운다…… 내 곁에는 네가, 네 곁에는 내가 있음을 의심치 않는다. 널

좋아하는 이유를 묻지 말았으면 한다…… 단지 내가 하고 싶은 말
은…… "내가 널 사랑하는 데는 이유가 없다는 것뿐"

파페포포 시리즈가 대중의 공감대를 형성하는 이유는 작품의 상
징적 의미들을 우리의 정신이 재창조할 수 있는 공간을 비교적 많
이 남겨둔 때문이다. 어른들보다 젊은 세대의 정서에 호소하여 의
미나 명제들이 빠른 감응으로 되돌아오도록 만들고 있기 때문이
다. 삶의 의미는 순수한 감성에서 그만큼 감응이 빠르다.

또 하나는 주제 면에서, 모든 인간의 공통분모인 '삶'이라는 주
제를 다루면서 그 의미를 철학적 사유의 차원에서 그려냈기 때문
이다. 철학적 사유는 인간이 추구하는 이상적인 사고방법 중의 하
나이다. 때문에 이 책은 다양한 독자들의 감성만큼 내면을 흔들고
사유의 깊이만큼 다양하게 다시 태어남으로써 독자들의 시선을 붙
들고 있는 것이다.

기독교적 인간관은 삶은 하나님의 선물이며 실존은 그분의 시간
코드에 따라 존재한다는 믿음을 전제로 한다. 삶이라는 선물은 값
없이 온 그분의 사랑의 구체화이다. 「파페포포 메모리즈」, 그리고
「파페포포 안단테」는 이러한 인간관에 의해 쓰인 작품이다. 저자
는 인간관계의 모든 가치를 값없이 받은 선물로 감응하고 있다.
그래서 우리의 의식은 이 책을 기독교적으로 재창조할 수 있는 것
이다.

3) 박범신의 「흰소가 끄는 수레」

[문학의 요소 중 가장 중요한 것은 상상이다. 문학은 상상에 의

해 생명과 호기심을 입증하는 예술이다. 인간의 상상은 하나님의 창조세계의 일부이다. 한 작가의 상상이 하나님의 창조세계를 향해 열려 있을 때 그의 작품은 기독문학작품이 될 수 있다.(송영옥의 기독문학론 중에서)]

소설 "흰소가 끄는 수레"는 박범신의 연작 소설 작품집의 이름이다.87) 작가는 1946년에 태어나 73년 신춘문예에 「여름의 잔해」로 작품 활동을 시작한다. 그 후 20여 년간 전업 작가로서 「토끼와 잠수함」, 「덫」, 「죽음보다 깊은 잠」, 「풀잎처럼 눕다」, 「불꽃놀이」, 「불의 나라」 등을 발표하면서 전력투구하며 작가 생활을 해오다가 1993년 절필을 선언한다. 「흰소가 끄는 수레」는 작가 자신이 상상력의 샘이 말라버린 상태에서 절필을 선언하고 오랜 침묵 속에 있으면서 자신의 문학과 삶에 대해 행하는 반성과 반추로 97년에 출판한 작품집이다.

인간은 그 누구라도 이따금 자신의 정체성에 대해 회의를 갖는다. 마치 고갱이 화폭에 담았던 인생의 물음처럼 나는 누구인가? 어디서 와서 어디로 가는 것일까? 이 삶이 무슨 의미를 지니는가 라고 반문하게 된다. 그 속에서 주체는 불안해하며 떤다. 따라서 현대문학이 직면한 하나의 과제는 이 흔들리는 주체의 설 자리 찾기이며 작가란 바로 이 부랑하는 주체에 대해 문학적 접근을 시도하는 자이다. 박범신의 "흰소가 끄는 수레"는 바로 이러한 존재론적 물음을 세상 어디에도 존재하지 않는 흰소의 상징성을 빌려 찾고자 시도한 작품이다. 현재를 살아가는 자아의 존재 의의를 향한 절규인 것이다.

---

87) 박범신, 『흰소가 끄는 수레』(서울, 창작과 비평사, 1997).

소설의 주인공인 '나'로 대변되는 인물은 오십 전후의 나이에 20여 년간 집필 생활을 중단한 작가이다. '나'라고 하는 인칭 때문이기도 하지만 여러 가지 징조와 지표로 보아 작가 자신을 연상시키는 주인공으로서 작가 자신의 존재론적 물음을 대변하면서 삶과 죽음과 의미라는 길 찾기를 문학적 상상으로 형상화한다. 그는 작가로서의 자신의 꿈을 현실에서 이룰 수 없다는 절망감으로 50의 나이에 자살을 꿈꾸며 주머니 속에 면도칼을 넣고 젊은 날의 고뇌를 앓았던 추억의 장소로 찾아간다.

문학은 젊은 시절의 그에게 삶의 보람으로 작용하여 풍요로운 상상에 의해 작품을 씀으로써 행복을 가져다주었다. 그런데 지금의 그에게는 상상력의 고갈로 절필을 선언하고 그 절망감이 죽음의 유혹을 부추기고 있다. 그 순간의 참담함을 저자는 "상상력의 불이 꺼졌다"라고 절규함으로써 상상의 고갈은 곧 작가의 죽음이 되는 것을 말해주고 있다.

주인공은 이 부랑의 과정에서 3장의 중간 부분에서는 기독교의 부활에 대한 자신의 신념을 회복하고자 하는 망설임을 보인다. 그러나 "나무는 부러지고 꺾이고 죽지만 태어나는 나무들은 또 있으니 숲은 영원하다"라고 하는 법화경의 구절로 스스로를 타이르며 구도자의 길을 간다. 물론 저자는 원광대학을 졸업하였고 불교도 그의 관심의 대상이다. 그러나 작품의 주인공은 불멸의 빛을 찾아서 해인사로 들어가지만 글로써 쓴 작품들은 하나의 덧없는 사멸에 지나지 않는다고 독백한다.

그 깨달음으로 결국 모든 욕심을 포기하게 되고 부랑을 끝낸다. 유명한 작가가 되고 싶은 꿈과 희망은 하나의 집착일 뿐이라고 고백하는 순간에 자유로움을 느끼고 새로운 빛을 발견한다. 그 빛은 하나의 섬광으로서 그가 문학 자체로 귀의함으로써 본질을 회복하는 순간에 본 것이었다. 그때 저자는 한 사나이의 입을 통해 "수천억 겁, 불멸의 별들을 오가는 수레가 있다면…… 그곳엔 빛과 어둠이 하나인 '흰소가 끄는 수레'를 타고 싶다"고 말한다. 다음에서 알 수 있듯이 바로 창세기의 사건을 염두에 둔 것이다.

한 작가가 세계를 살아간다는 것은 작품을 쓴다는 것을 의미한다. 작품을 쓰지 못하는 작가는 작가로서의 생명이 유예된 상태이다. 그 유예상태는 작가에게 새로운 세계를 향한 발판이 되기도 하지만, 때로는 도약에 이르지 못하고 생명의 소진으로 끝나며 결국 절필할 수밖에 없도록 몰고 간다. 상상의 고갈로 인한 것이다. 그래서 낭만주의 시대에는 작가의 상상이 창조력을 지닐 수 있다고 보고 문학이 인간을 구원할 수 있다고 주장하였다.

그러나 인간은 피조물이며 유한한 인간의 상상은 한계를 지닐 수밖에 없다. 저자는 작가의 상상이 무한한 창조주의 세계를 향해 열려 있을 때 비로소 생명을 지닌다는 것을 「흰소가 끄는 수레」에서 보여준다. 그것은 불멸의 빛이며 흰소가 끄는 수레를 탄다는 것은 작가의 상상이 영원을 향해 열리는 것을 의미한다.

그 순간을 저자는 이렇게 고백한다. "나는 다시 연필을 들고 원고지와 마주해 앉으면서 천지창조의 마지막 날 아침처럼, 휘황한 광휘의 허공으로 형형색색 수천의 나비 떼가 날아오르는 것을 본다."(김치수의 해설에서). 작가의 상상은 창조세계에 닿아 억겁의 어둠을 뚫는 섬광이 된다.

절필했던 작가가 다시 모든 감각의 촉수를 열고 지표면을 차고 일어나는 어휘의 나비 떼들을 포충망에 담을 수 있는 것은 그의 상상이 생명력을 회복한 때문이다. 그래서 흰소는 화가 이중섭의 그림에서처럼 삶과 예술의 보이지 않는 일면까지 광범위하게 동반하면서 독자들의 삶 속에 문화적 파급효과를 나타내준다.

성경 사무엘상 6장에는 잃었던 여호와의 법궤를 찾아올 때에 '소가 끄는 수레'에 실리어 운반되고 있다. '소가 끄는 수레'는 이스라엘 백성에게 하나님의 말씀을 실어와 꺼져가는 생명을 소생시키는 도구였다. 비록 「흰소가 끄는 수레」에 불교적 소재가 많이 등장하는 작품이지만 작가의 흔들리며 방황하는 주체는 결국 기독교적 세계관으로 그 구원을 꿈꾸고 있다.

4) 파울로 코엘료의 『11분』

[문학의 영원한 주제는 사랑이며 사랑은 열정이라는 또 하나의 얼굴을 한다. 구약성서의 아가서는 이러한 사랑의 속성을 노래한 시로서 한 여인에 대한 사랑과 자기가 믿는 하나님에 대한 사랑을 동일선 상에 둔 사랑의 열정에 대한 노래이다. 열정은 미적 정서의 최고의 단계를 향해 승화되는 과정에서만 사랑으로 환원될 수 있다. (송영옥의 문학에세이 『가장 아름다운 사랑의 언어』 중에서)]

파울로 코엘료는 리오데자네이루에서 태어나서 청소년기에 세 차례나 정신 병원에 입원을 하는 불행한 시기를 보내지만 록 음악과 히피문화에 심취함으로써 문학적 잠재력에 불을 지피는 계기를 갖게 된다. 그러나 이러한 성향은 그 당시 브라질 사회에서는 매우 급진적인 것이었으므로 군사정권하에서 두 차례 수감되고 고문을 당한다.

이 일로 그는 자유로운 영혼을 위한 산티아고 순례의 길에 오르게 되고 이를 계기로 문학의 길로 들어서서 1987년에 자아의 연금술이라 일컬어진 『연금술사』를 펴낸다.[88] 이 책이 120개 국어로 번역이 되고 수천만 부의 판매기록을 세움으로써 그에게 세계적인 작가로서의 명성을 안겨준다. 이어 『피에트라 강가에서 나는 울었네』, 『베로니카, 죽기로 결심하다』, 『악마와 미스 프랭』 그리고 『11분』 등을 발표한다. 그는 현재 마르케스 이후 남미 최고의 작가로서의 반열에 올라 있다.

파울로는 『연금술사』에서는 한 평범한 양치기 산티아고라는 주인공이 자아를 발견하는 과정을 그리고 있다. 산티아고는 '자아의 신화를 살라'고 하는 한 속삭임에 귀를 열고 마치 무엇인가에 홀린 사람처럼 그 보물을 찾아서 길을 떠난다. 많은 어려움을 겪는 험난한 여정에서부터 보물을 발견하기까지의 고로의 과정을 마치 연금술의 차원에서 형상화하였다.

그러나 정작 저자가 말하고자 한 것은 인간은 하나의 언어를 완전히 이해할 때에 비로소 영혼의 연금술사가 된다는 언어의 신비, 그 말의 힘을 말한 것이다. 사람은 누구나 그 나름의 언어를 선택할 수 있으며 이 언어는 꿈이며 희망이다. 때문에 누구나 만물과 대화를 나눌 수 있는 자신만의 언어를 선택함으로써 자아의 신화를 살 수 있다는 것을 이 책은 보여주고 있다.

그런데 '11분'에서는 갑자기 인간의 정신을 형이하학적 차원으로 끌어내린 것 같은 유머를 느낀다. 소설 제목의 11분은 인간의 성

---

[88] 파울로 코엘료, 『연금술사』 (최정수 역: 서울, 문학동네, 2004).

행위의 평균지속시간을 위미한다.[89] 주인공은 마리아라는 창녀이며 그녀가 성과 사랑의 모험을 통하여 자아를 찾는 과정을 그리고 있다. 적나라한 성적 묘사와 함께 창녀를 통해 그려지는 사랑의 의미가 매우 시적인 에스프리와 아름다움을 느끼게 만들기 때문에 독자는 처음에 다소 혼란을 느낀다.

그럼에도 불구하고 역시 이 작품에서도 독자는 언어의 마법에 걸려 들 수밖에 없다. 음악과 같은 글과 아름다운 문체가 부드러운 어루만짐으로 가슴에 닿는다. 여자의 느낌과 두려움을 너무나 잘 알고 있는 한 남자의 섬세함에 독자가 반응하도록 만드는 것이다. 코엘료의 작품이 우리를 꿈꾸게 한다는 찬사는 여전히 『11분』에서도 마찬가지인 것 같다.

이 책의 서문에 저자는 '죄 없이 잉태하신 동정녀 마리아여, 당신께 도움을 청하는 우리를 위해 기도해 주소서. 아멘'이라고 적으면서 화두를 연다. 그리고 기원전 3~4기경 나그함마디에서 출토된 「아시스의 찬가」를 인용하여 예수님의 어머니로서의 마리아와 창녀로서의 마리아의 이미지를 풀어가며 작품의 소재로 차용한다. 눈물로 예수의 발을 적시고 제 머리칼로 씻고 그의 발에 입맞춤해 준 여인 마리아로 성과 사랑에 대한 작품의 진행을 예견한다. 이것만으로도 성과 사랑에 대한 저자의 기독교적 관점을 미리 가늠할 수 있게 한다. 그러나 내가 이 작품을 기독문학작품으로 읽을 수 있는 것은 저자가 사랑의 영성을 전적으로 기독교적 관점으로 탐구했기 때문이다. 「11분」이 제목의 이미지에도 불구하고 강렬한 영적 흡인력을 지니는 것은 이 때문이다.

---

89) 파울로 코엘료, 『11분』(이상해 역: 서울 , 문학동네 2004).

브라질의 한 시골 도시에 사는 마리아라는 젊은 처녀가 11살 때 이웃 남자 아이를 짝사랑하였는데 냉정한 소년의 마음을 한 번도 얻어 보지 못한 채 그를 떠나보내고 만다. 마리아는 남들보다 호기심이 많고 인생의 성공에 대한 남다른 욕망을 가지고 있기 때문에 그것을 얻기 위하여 고향을 떠난다. 그 과정에서 창녀로 전락하고 자신을 타락시키는 가운데서도 끊임없이 인생의 의미를 성과 사랑을 통해서 찾고자 열망한다.

그러다가 랄프라는 화가를 만나 사랑을 하게 된다. 랄프는 한 큐레이터에 의해 발탁되어 예술적 재능을 인정받음으로써 돈과 여자와 여행 이 모든 것을 감아진 행운아이지만 외롭고 불행한 남자이다. 그 역시 마리아를 만난 다음부터 작품세계의 오브제를 마리아의 선정적인 몸으로 삼고 그녀를 통한 인생의 구원을 꿈꾸게 된다.

이들의 사랑은 성애의 절정에서 모든 장벽이 제거되고 안과 밖의 모든 것을 함께 만나게 하는 힘을 경험함으로써 더욱 깊어가면서 진실에 닿는다. 이 경험은 사유의 영역을 확대시켜 결국 창녀 마리아와 성모마리아에게 인간으로서의 공통된 하나의 의미부여가 타당한 상태로 이끌고 간다. 작품 『11분』의 상징성은 여기에 있다.

성애의 절정에서는 행간 하나하나에 모든 일들이 조화 속에서 일어나고 있다는 것, 단 11분 동안의 일일지라도 그 시간은 모든 감정이 물처럼 자연스럽게 흐르는 미적 정서의 최고의 단계임을 보여준다. 비록 단순한 성적 욕망이라 할지라도 오르가슴은 정서의 정화를 가능하게 한다는 것과 그 믿음이 사랑을 완성한다고 보았다.

「11분」에서 의미하는 사랑은 성적 욕망이 오르가슴을 통해 정화되는 과정에서 느끼는 충만감이다. 때문에 사랑하는 사람들은 단지 그 일이 그냥 일어나도록 내버려 두면 된다. 이 자연스러움을 코엘료는 사랑의 자유라 하였다.

그 옛날 솔로몬은 성애의 색의 소리와 촉감의 향기에 흘러가는 기쁨과 힘을 가감 없이 노래하였다. 이원성이 무너지고 육체와 정신이 함께 용해되어 완벽하게 교감하는 상태, 그것을 솔로몬은 하나님과의 관계에서도 경험할 수 있기를 열망하였다. 『11분』의 상징성은 신을 사랑한다 함은 영적 오르가즘의 차원이라는 확대 해석을 가능하게 한다.

제5장

기독문학의 개념정립과 과제*

* 이 글은 2007년 11월 총신대학교에서 열린 제23차 기독교학문학회에서 발표한 논문 "기독문학의 개념정립을 위한 시론"을 약간 수정한 것이다.

1. 서 론

이 시대의 혼란을 극복하기 위한 방법으로 이미 학자들과 작가들은 문학과 기독교 신앙의 통합을 위한 기반으로서 성경의 본보기로 돌아가고자 하는 운동과 성경은 하나의 문학작품이라는 것을 체계적으로 보여주고 있다. 루이스(C. S. Lewis)는 "건전한 의미에서, 성경은 결국 문학이므로 문학으로서가 아니면 올바로 읽을 수 없다."[1]고 하였으며 프라이(Northrup Frye)는 "성경은 실제로 문학이 되지 않고도 최대한 문학적이다."[2]라고 하였다.

그리고 폴진(Polzin), 크로산(Crossan), 데트바일러(Detweiler) 등의 성경학자들은 성경연구의 도움을 얻기 위해 문학적 방법을 도입하였으며[3] 알터(Robert Alter), 라이컨(Leland Ryken), 커모드(Frank Kermode), 프라이(Northrop Frye) 등의 문학 연구가들이 문학비평으로서의 성경에 접근함으로써 미학이나, 미에 대한 사람들의 반응뿐만 아니라 독자와 청중에게 감명을 주는 예술적 수단으로서의 성경 연구를 체계화하고 있다.[4] 그리고 이미 금세기

1) C. S. Lewis, *Reflections on the Psalms* (Glasgow: Collins, 1961) 10.

2) Northrup Frye, *The Great Code* (London: A가, 1982) 62.

3) D. Crossan, "'Ruth amid the Alien Corn': Perspectives and Methods in contemporary Biblical Criticism", in the *Biblical Mosaic* ed. R. Polzin and E. Rothman (Philadelphia: Fortress, 1982).

4) Alter, Robert and Frank Kermode, eds. *The Literary Guide to the*

의 위대한 작가들, 엘리옷(T. S. Eliot)나 카프카(Franz Kafka) 톨스토이(Lev N. Tolstoj) 등이 그들의 작품 속에서 성경은 추상적인 교리의 형태로나 조직신학의 형태로가 아니라 문학형태로 우리에게 주어졌다고 해석하면서 기독교는 세계에서 가장 문학적인 종교라고 주장하였다.5)

그러나 한국의 기독문학은 선교 110주년을 넘긴 현재까지 '기독문학이란 과연 무엇인가'라는 담론의 언저리만 맴돌고 있을 뿐 그 개념을 정립 못하고 있다. 이것은 한국은 선교 초부터 문학예술은 교리 선포와 선교 그리고 교회성장의 이면에서 앞으로 나설 수가 없었고 그럼에도 불구하고 한국의 기독교작가나 학자들은 그 개념 정의에 밀도 있게 접근하지 않았다. 따라서 현실적으로 기독문학의 예술성을 논할 준거조차 부재인 상태이다.

이런 이유로 기독문학은 두 가지 측면에서 문제점을 안게 되었

Bible (Cambridge: Harvard Unv. Press, 1987)와 Frye, Northrop, *Anatomy of Criticism* (Princeton: Princeton Unv. Press, 1957) 그리고 Ryken, Leland, *The Literature of the Bible* (Grand Rapids: Zondervan, 1974).

5) T. S. Eliot은 'Four Quartets'의 제2부에서 "가톨릭적인 심경, 칼빈적인 정신유산과 청교도적인 기질을 겸비한 인간"으로서의 자신의 작품세계를 규정하였으며 그럼에도 불구하고 경험하는 인간과 창작하는 시적 정신과의 사이의 미묘한 유대에 대한 확실한 인식을 고전으로부터 프랑스의 상징주의에 이르는 다채로운 표현으로 거침없이 미학적으로 형상화하였다. 카프카문학은 인간존재의 본질적인 취약성을 하나님의 심판과 은총이라는 일관된 주제를 『관찰』『판결』『심판』 등의 작품 속에서 다루고 있으며 톨스토이는 내면생활의 모순에서 오는 사상적 동요를 과학이나 철학에 의해 해결하지 못하고 기독교에서 구원을 얻은 일생을 살면서 그의 작가적 소신을 『전쟁과 평화』『안나 카레니나』 등과 『요약복음서』『교회와 국가』『나의 신앙은 어디에 있는가』 등의 작품을 통해 삶과 신앙과 문학을 일체화시켰다.

다. 하나는 기독문학의 본질, 즉 개념의 정의와 관계된 문제이고 다른 하나는 일반문학과의 관계에서 야기된 문학의 작품성과 예술성의 문제이다. 즉 기독문학이란 현실적으로 개인적인 신앙체험을 쓴 간증문학이나 선교를 목적으로 쓴 설교문학, 그리고 기독교인 작가의 작품이거나 작품의 소제와 배경이 성서를 근거로 하여 작품이 구성되었을 경우로 국한되어 있으며 그로 인하여 기독문학작품은 일반적으로 정의되는 문학작품에 비해 작품성과 예술성에서 매우 뒤떨어진다.

그 구체적인 예를 90년대에 두드러졌던 선교문화와의 관계에서 찾아볼 수 있다. 한국교회의 복음전파의 특징 중의 하나인 문화선교가 각광을 받고 붐을 일으키면서 문학과 선교를 하나로 묶어 마치 문학의 선교적 특성이 곧 기독문학의 본질인 것처럼 인식하게 만들었다. 무엇이 기독문학인가라는 의견이 분분한 가운데 신앙고백이나 간증을 소재로 한 글들이 봇물처럼 쏟아져 나왔다. 이것은 기독교소재론에 집착하는 한계를 드러냄으로써 결과적으로 일반문학의 연구 성과를 무시한 기독문학을 형성하였다. 그 결과 기독문학은 일반 독자들로부터 외면당하고 문학의 예술성에서 변방에 처하게 되었다.

따라서 본 논문의 첫째 목적은 기독문학의 개념을 미학적 입장에서 정의함에 있다. 문학에서의 창조적 상상력은 결코 하나님의 창조의 능력을 뛰어넘을 수 없다. 아무리 작가의 무한한 상상력을 강조하여도 그것은 결국 하나님의 창조세계 안에서만 가능한 것이다. 그러나 기독문학은 하나님의 창조세계를 미학적 언어로 표현하여 감동을 줌으로써 하나님의 심오하고 영원한 진리를 깨닫게 해야 한다. 문학의 옷을 입고 선교의 직접성을 강하게 풍기면 문학적 설득력이 약화되어 감동이 독자에게 이어지지 않는다. 한국의 기독문학이 예술적인 가치와 미학에 있어서 일반문학보다 뒤떨어져 있고 문학의 중심부에서 온당한 취급을 받지 못하는 것은 이 때문이 아닐까 한다.

두 번째는 기독문학의 목적을 밝혀 그 중요성을 상기시킴으로 한국의 기독문학의 활성화를 시도함에 있다. 문학은 존재하는 모든 것에 대한 인간의 반응을 그 속에 담아낸다. 따라서 기독문학도 우리로 하여금 하나님이 만든 질서와 미와 은총과 그의 세상에 반응하게 하며 인간의 타락으로 인한 추함과 무질서와 갈등에 대하여도 반응하게 한다. 우리가 문학을 통하여 복락원에의 꿈을 꾸는 것은 이 때문이다. 기독문학은 하나님의 창조세계와 상호 교류할 수 있고 그 안에 사는 방법 중의 하나라고 생각한다. 이런 의미에서 기독문학은 인간을 위한 인간의 문학인 동시에 하나님의 문화를 이 땅 위에 이룩하는 주된 도구 중의 하나이다. 때문에 기독문학의 활성화란 모든 영역에 대한 하나님 나라의 총체적 회복을 뜻한다.

세 번째는 기독문학의 예술성과 기독교 작가란 누구인가에 대한 준거를 제시하고자 한다. 내 개인적으로는 문학은 그 관점에 있어서 전적으로 중립적인 것이기 때문에 기독문학이란 것이 따로 있을 수 없다고 생각한다. 좀더 구체적으로 말하면 나는 문학이란 하나님의 창조세계를 미학적 언어로 표현하는 것이라 생각하기 때문에 내가 어떤 주제와 소재를 미학적으로 형상화하였든 간에 그것은 결국 하나님의 창조세계 안에 있는 소재들이며 내 작가적 경험과 상상역시 그분의 창조세계의 영역을 넘어서지 못한다는 신념을 가지고 있다.

기독문학은 바로 창조세계의 리얼리티를 성경적으로 바라본다는 것을 전제로 한다. 성경적 현실 인식은 문학을 단순히 삶의 반영으로 보는 것이 아니고 삶을 그대로 받아드리는 것이다. 어떤 형태로 변형된 삶이든 간에 문학은 그것을 우리의 삶 그 자체로 수용할 수 있고 작가의 역량에 따라서 그것을 언어예술로 승화시킬 수 있다. 작가의 역량이라는 것은 문학을 통해 단순히 삶의 현실을 반영하기만 하는 차원을 넘어섬을 말한다. 삶을 묘사하는 대신에 독자들로 하여금 그들의 삶 속에서 형언할 수 없는 미의 섬광을 포착하도록 돕는 능력을 말한다. 작품의 예술성은 이 능력에 의해 만들어진다.

따라서 본 논문에서 말하는 기독교적 소재의 예술적 준거란 기독교적 교리에 가두지 말고 열어주는 글쓰기에 있다. 열어주는 글쓰기 속에는 언제나 원초적 일상의 싱그러움과 닿음이 있고 감동이 있다. 기독교의 교리나 윤리를 직접적으로 표현한 교훈적인 글에서는 독자는 자신의 불신앙과 왜소함을 부끄럽게만 느낀다. 독자는 깊이 깨우침을 주어도 자신을 주눅 들지 않게 할 수 있는 넉넉함을 원한다. 갇힘에서 열림으로 가는 은밀한 통로 하나를 허락받고 싶어 한다. 이 통로가 작품이 주는 섬광이다.

섬광은 연약한 실존을 다독여줄 수 있는 은근하고 따뜻한 배려이며 산뜻한 새벽공기 같은 희망의 기운이다. 독자들은 기독문학이 소외와 단절로부터 그리고 갈등으로부터 자유하게 해주고 나를 너에게로 이어주는 문학이길 원한다. 이때 문학은 하나의 구원이 될 수가 있다. 인간은 자신의 결핍을 비난받았을 때보다 스스로 눈치 채게 했을 때 아주 강력한 힘으로 감동을 받는다. 작가의 능력이란 독자로 하여금 자신의 작품 속에서 이 전율적인 힘을 발견할 수 있도록 하는 힘을 말한다. 작가와 독자는 이렇게 몸으로 맞물려 있어야 한다.

이에 따라 본 논문의 제2장에서는 서양의 기독교 역사를 통하여 기독문학의 필요성과 한국의 기독문학의 현주소를 짚어보고 이제까지 명분만 유지해온 한국의 기독문학에 대한 인식을 새롭게 함으로써 개념정립의 중요성과 작품 활동의 활성화를 시도하고자 한다. 제3장에서는 기독문학의 목적을 정립하고 그 목적을 설정한 역사적 근거를 밝힌다. 이로써 기독문학과 일반문학은 그 예술성에서 동등한 관계이며, 관점에 따라서는 일반문학이 기독문학의 범주에서 이해될 수도 있음을 말하고자 한다. 이 결과로 제4장에서 기독문학의 개념을 정립하고자 한다. 이를 통하여 '기독문학 작가란 누구인가'라는 질문과 '기독문학작품은 무엇인가'라는 질문의 답을 제시하고자 한다. 그리고 마지막 장인 제5장에서는 이상의 내용들을 요약하고 결론을 내린다.

또한 본고의 전개는 기독문학과 삶의 관계성을 중시할 것이며 그 결과 문화의 수혜자로서의 독자와 작가의 관계도 정립될 것이다. 즉 기독문학의 향유는 삶의 기쁨에 직접적인 영향을 미칠 뿐 아니라 그것이 창조세계의 목적 중의 하나임을 상기시켜 기독문학의 목적—즉 인간의 문학으로서 하나님의 문화를 이 땅 위에 펼쳐 보이고자 하는—의 정당성을 밝히게 될 것이다.

이 결과로 우리는 기독문학이 하나의 인간으로서의 우리에게 무엇인가. (또는 무엇을 할 수 있을까)라는 물음에 대한 답을 얻을 수 있을 것이며 이를 통하여 현대인들의 정신적 질병인 삶과 하나님에 대한 '위축된 인간의 찬양력과 상상력'6)은 회복될 수 있다고

---

6) Harvey Cox, *The Feast of Fools* (Cambridge, Mass: Harvard Univ.

본다. 이런 의미에서 기독문학은 하나님의 사랑, 즉 인간에 대한 그분의 구원의 역사에 동참하는 방법이 될 수 있다. 또한 셀린져 (Arthur Schlesinger)는 '그릇된 문학관 역시 현대인들의 삶을 일련의 분산된 상투어귀로 전락시키고 주체의식을 상실하게 만들어 수동적이고 순응주의자가 되게 하였다'7)고 하였다. 이처럼 범속과 균일성으로 만족을 느끼는 인간으로 하여금 자유로운 주체의식을 가지고 이상의 푸른 별을 향해 비상할 수 있는 힘의 일부도 기독문학은 공급할 수 있을 것으로 기대한다. 이러한 가치에 대한 인간의 기대를 충족시켜 주는 문학으로서의 기독문학만이 명실 공히 인간에 기여하는 인간의 문학으로서 하나님의 문화를 이 땅 위에 펼쳐나가는 목적을 달성할 수 있다고 본다. 때문에 기독문학의 활성화는 하나님 나라의 총체적 회복을 의미한다.

또한 기독문학의 목적과 개념정의에 대한 명징한 인식은 기독교 독자들뿐 아니라 일반 독자에게도 문학을 대하는 새로운 시각을 부여할 수 있으리라고 생각한다. 그 결과 극심한 문자몰락의 시대에 처해 있는 우리가 셰익스피어와 밀턴을 다시 읽으면서 삶을 감동적으로 밀도 있게 느끼며 위대하게 상상할 수 있는 힘을 얻는다면 이러한 삶의 모습이 하나님의 창조의 본래의 목적에 가깝지 않을까 생각한다. 세이어즈(Drothy Sayers)는 '위대한 일은…… 하나님에 대하여 염려하지 않는 태도가 아니라, 진리의 모든 영역에서 우리 주 임마누엘을 추방하지 않는 일'8)이라 하였다. 나는 미학의

Press, 1969) 11－2.

7) Arthur Schlesinger, Jr., "Implications of Leisure for Government" in *Technology, Human Values, and Leisure*, ed. Max Kaplan and Phillip Bosserman (Nashville: Abingdon Press, 1971) 77.

8) Dorothy Sayers, *Christian Letters to a Post－Christian World*, ed.

모든 영역에서 그리스도를 추방할 수 없다고 생각하며 문학이란 하나님의 창조세계를 미학적 언어로 가시화하는 작업이라는 작가적 신념을 가지고 있다. 따라서 본 논문은 좁은 의미에서는 나의 신앙 패러다임 안에서 조망되는 기독문학의 개념정립이라고 생각된다.

2. 기독문학의 필요성과 한국기독문학의 현주소

1) 기독문학은 왜 필요한가

기독문학의 개념정립과 그 필요성을 논의하기 위하여 본 논문은 먼저 '문학의 본질은 무엇인가'라는 근본적인 의문을 제기하여 협의의 문학개념을 정립하고자 한다. 보다 전문화된 개념규정으로부터 문학의 정확한 의미가 들어날 수 있다고 보며 기독문학은 문학과 기독문학의 공통요소들 속에서 논의될 것임을 전제하려고 한다.

문학의 개념정립을 위한 노력은 멀게는 고대그리스의 철학자들에서부터 가깝게는 1960~1970년대의 포스트모더니즘의 작가들에 이르기까지 다양한 각도에서 논의되고 시도되어 왔다. 그럼에도 불구하고 문학은 개념상의 단일하고 확정적인 인식을 거부한 채 오늘날 정보화 시대의 패러다임 속에서도 변함없는 화두를 던지고 있다. 그 이유는 문학은 역사의 산물이며 문학 그 자체가 하나의 역사를 가지고 있기 때문이다.

Roderick Jellema (Grand Rapids: William B. Eerdmans, 1969) 71.

그동안 생산되어 온 '문학이란 무엇인가'라는 담론의 공통적인 정의는 세 가지로 요약할 수 있다. 첫째, 문학의 내용 면에서 '문학의 본질은 현실의 반영이며 재현이다',9) 둘째, 문학의 형식 면에서, '문학이란 상상과 감정을 통해 표현하는 언어예술'10)이다. 셋째, 문학의 기능 면에서 '문학의 목적은 독자에게 가르침과 즐거움을 주기 위한 것'11)이라는 점이다. 특히 텍스트로 널리 사용되는 웰렉(Wellek)과 워렌(Warren)의 문학이론(Theory of Literature)에는 "문학을, 문학예술, 즉 상상의 글로 제한해서 사용할 때, '문학'이라는 용어를 가장 잘 표현한 것이다"12)라고 말함으로써 문학의 특징으로 '허구성' '창작성' 그리고 '상상력'을 들고 있다.

결국 문학이란 인간의 삶을 담는 그릇이며 작가의 시각에 따라 담아낼 삶의 내용이 결정이 된다. 따라서 작가의 수만큼 다양하고 많은 문학적 제제들이 존재할 수는 있고 작가의 자질과 작품의 예술성은 상상력에 의해 결정이 된다. 창조적 상상력만이 문학을 언어나 글자를 매개로 하는 다른 학문 또는 사상과 분리시켜 줄 수 있다. 이때의 상상력은 기교적 언어표현, 즉 문학성과 동일한 의미이며 문학언어를 일상언어와 대조를 이루게 만든다. 이러한 특질들은 결국 문학의 세계는 그 자체의 독특한 주체성과 그 자체의 완전성을 가지고 있다는 것을 말해준다.

---

9) 아리스토텔레스, 『시학』 천병희 역 (서울: 문예출판사, 2006) 65.

10) Terry Eagleton, *Literary Theory*, (Great Britain: Blackwell Publishers Ltd, 1996) 3.

11) Leland Ryken, *Christian Imagination*, (Shaw Books: Water Brook Press, 1968) 63.

12) R. Well다 and A. Wallen, *Theory of Literature*, 3d ed., (New York: Harcourt Brace Jovanovich, 1977) 22-26.

'기독문학이란 무엇인가'라는 담론 역시 문학과 기독교의 관계의 패러다임 속에서 오랫동안 논의되어 온 주제이며 그 대답 역시 많은 시간을 거치면서 현저하게 달라졌다. 때문에 문학과 기독교의 근대적 개념의 역사적 이해 없이는 기독문학의 개념의 정립이 불가능하다. 기록에 의하면 기원 797년에 알쿠인(Alcuin)과 터털리언 (Tertullian)이라는 성서학자가 문학이 기독교 신자에게 끼치는 영향에 대하여 놀라움을 나타내었다. 그들은 '잉겔드가(Ingeld): 『베오울프』(영국의 고전문학작품의 주인공)와 그리스도가 무슨 관계가 있는가?'[13] 그리고 '진실로 아테네(여기서는 예술의 의미)와 예루살렘과 무슨 상관이 있는가'[14]라는 질문을 던졌으며 로마시대에는 '호라티우스(Horace: 로마의 문인)와 시편작가가 어떻게 동행할 수 있는가' '버질(Virgil: 로마의 시인)과 복음서가 어떻게 같을 수 있는가'라는 의문이 제기되었다. 물론 이 말은 기독교에 대한 비난을 포함하고 있다. 허구의 세계인 문학과 진리인 성서와의 갈등을 표현하기 위한 담론이지만 이것은 역설적으로 문학과 기독교의 피할 수 없는 상호관계성의 중요성을 보여준다.

그 증거는 서양문학사에서 3000년 동안 고전으로 읽혀온 호머 (Homeros)의 『일리아드』는 서양이 기독교화한 이후에도 역시 존중받는 고전으로 인정되었으며 기독교의 대표적인 시인인 단테와 밀턴도 애독하여 자신들 작품의 기독교적 수용의 모델로 삼았다. 실제로 호머의 『일리아드』나 로마시인 버질의 『아에네이드』가 없

---

13) Letter to Higbald, as quoated in Eleanor S. Duckett, Alcuin, *Friend of Charlemagne* (New York: Macmillan, 1951) 209.
14) Leland Ryken, *Triumphs of the Imagination*, (Shaw Books: Water Brook Press, 1968) 7.

었더라면 기독교의 고전으로 읽히는 『신곡』이나 『실낙원』은 존재
하지 못하였을 것이다. 밀턴은 『실낙원』의 기독교적 수용을 밝히
면서 하나님을 알기 전의 호머나 버질, 즉 이교도의 작가들의 작
품 속에서도 희미하게나마 하나님의 뜻이 나타나 있다고 믿었으며
그것을 적극적으로 자신의 작품 속에 구현하면서 기독교적 진리를
살리려고 하였다고 고백하였다. 이 역사 속에서 우리는 문학의 신
앙적 기능을 수용할 수 있다.

　서양문학의 최대의 황금기인 낭만주의 시대에는 인간의 예술적
상상력이 창조적 힘을 지닐 수 있다고 보았으며 이러한 예술지상
주의는 문학이 종교를 대신할 수 있다는 사고를 낳았고 작가들은
문학이 인간을 구원할 수 있다고 주장하였다. 그러나 현대의 문학
이론에서는 문학의 확정된 의미의 부정과 함께 모든 문학작품은
허구에 불과하며 언어의 현란한 조합들에 지나지 않는다고 주장한
다. 이로 인해 현대문학은 사유와 광기의 양극단으로 표류하고 있
으며 그 방향을 예측하기 어렵게 되었다. 이러한 문학적 현실에서
기독문학의 개념을 정립하는 일은 독자들에게는 하나님의 메시지
인 성경을 어떻게 문학적으로 이해해야 하는지에 관한 정보를 알
려주는 한편, 이미 존재하는 문학적 신호들을 성서적으로 내보내
주는 일이 된다.

　또한 일반 문학 속에서 문학작품의 "가능케 하는 대화들(enabling
conversation)"15)에 익숙하지 못한 독자는 성경문학을 읽을 능력을
갖기 어려우며 작가 역시 문학적 능력(competency in literature)을
향상시킬 수 없다. 본고의 논제가 끊임없이 일반문학과의 관계 속에
서 논의되고 있는 것은 이 때문이며 이런 의미에서 기독문학의 개념

---

15) J. Culler, *Structuralist Poetics* (Ithaca: Cornell, 1975) 113.

정립은 문학의 미래에 대해서도 하나의 비전이 될 수 있다.

한국문학을 주도해온 사조는 70~80년대의 리얼리즘이었다. 군사혁명과 산업사회에서의 노동과 인간성 회복이라는 제 문제와 광주 항쟁 등의 정치적 요인들이 문학의 리얼리즘을 선호하게 만들었다. 리얼리즘은 문학은 현실을 있는 그대로 반영하고 독자에게 무엇인가를 주어야 한다고 주장하였다. 때문에 80년대 한국문단이 당면했던 가장 큰 시련은 모든 것을 리얼리즘 아니면 모더니즘으로 나누는 이분법적 오류에서 비롯되었다. 금력이나 권력과 결탁했던 일부 타락한 문인들이 모더니즘의 대표자로 분류되던 시절에 많은 사람들은 리얼리즘적 요소, 모더니즘적 요소, 그리고 포스트모더니즘적 요소를 동시에 가진 채 방황하였다. 90년대의 문학의 시대적 배경은 사회주의 몰락으로 인한 이념의 종말이었다. 후기 산업사회의 패러다임이 우리의 의식을 지배하고 담론의 시대였던 리얼리즘 문학은 사라져가고 개인의 발견과 감각과 관능을 중시하고 대중성과 세속성이 주류를 이루게 되었다. 포스트모더니즘으로 주도되는 현대문학은 리얼리즘적 문학의 역할로부터 자유롭기를 원한다. 때문에 독자는 깊은 사유와 논리의 내용보다는 감각적이고 흥미 위주의 작품을 선호하게 되었다.

포스트모더니즘이 리얼리즘이나 모더니즘과 현저한 차이를 보이는 것은 '질서의 회복' 또는 '총체성의 회복'의 붕괴에 있다. 모더니즘과 리얼리즘은 그나마도 현재를 무질서와 파편의 상태로 파악을 하면서도 질서와 총체성이 존재했던 고전시대에 대한 향수를 가지고 있었고 문학적 탐색을 통한 그의 궁극적인 회복을 믿었고 또 추구하였다. 그러나 포스트모더니즘에는 그러한 향수나 신념이 없다. 뿐만 아니라 작가들은 총체성과 질서에 대한 신념은 허위이고 기만이라고 서슴없이 주장한다.

　이로 인하여 현대문학은 광기와 사유의 극단적 분열의 양태 속에서 표류하고 있다. 선사상이랄까, 정신주의 또는 형이상학 등의 말들의 규범과 격자 성 속에서 유형화되고 있거나 반대로 극도로 유동적인 해체나 고백 같은 과감한 의식으로 표류하고 있다. 특히 실험적인 젊은 작가들 사이에 팽배하고 있는 후자의 경향은 탈규격화된 과감한 의식으로서 광기 자살 자해 등의 형태로 나타난다. 전자의 경우는 리얼리즘의 바탕 위에서 예술적 사유에 의해 지배되는 형이상학적 정신체계이며 후자의 경우는 리얼리즘적 규범들로부터 일탈된 상태이며 예술적 광기에 의해 지배되는 상태이다.

　따라서 현대문학은 두 가지의 과제를 안게 되었다. 하나는 문학이 언어 예술이라는 측면에서 전자의 경우 형이상학적인 관념의 세계에서는 예술에 한계가 쳐질 수밖에 없다. 또 하나는 문학이 삶에 기여해야 한다는 기능적 측면에서 후자의 경우는 삶과 문학의 보완의 관계를 허물게 된다. 본 논문은 어떻게 하면 관념적 한계를 극복하여 문학이 무한한 상상으로 현실을 뛰어넘고 열린 문학의 길을 갈 수 있을까라는 문제와 가치의 부재로 야기된 혼란의 한 양상인 흔들리는 주체가 그 설 자리를 찾아서 문학과 삶의 공존관계를 회복할 수 있을까라는 문제의 답을 기독문학이 담아낼 수 있을 것으로 본다. 현대문학의 내면화와 감각화와 대중화는 기독교적 관점으로는 철저한 세속화일지도 모른다. 문학의 세속화로 문학은 왜소해졌다. 더 이상 인류의 정신에 영향을 미쳤던 고전의 생명력과 같은 작품을 만나는 것이 어렵게 되었다. 이런 문학적 현실에 대하여 기독문학은 하나의 구원이 될 수 있다.

2) 한국의 기독문학의 현주소

한국의 기독문학은 현실적으로 두 가지 측면에서 문제점을 안고
있다. 하나는 기독문학의 본질, 즉 개념의 정의와 관계된 문제이고
다른 하나는 일반문학과의 관계에서 야기된 문학의 작품성과 예술
성의 문제이다. 즉 기독문학이란 개인적인 신앙체험을 쓴 간증문
학이나 선교를 목적으로 쓴 설교문학, 그리고 기독교인 작가의 작
품이거나 작품의 소제와 배경이 성서를 근거로 하여 작품이 구성
되었을 경우로 국한되어 있으며 그로 인하여 기독문학작품은 일반
적으로 정의되는 문학작품에 비해 작품성과 예술성에서 매우 뒤떨
어진다. 그 결과 기독문학은 일반문학계에서 외면당하고 있는 실
정이다. 그럼에도 불구하고 기독문학의 개념에 대한 정의도 분명
치 않으며 작품의 예술성을 논할 수 있는 준거가 거의 없다.

한국기독문학의 회장을 역임한 황금찬 시인은 한 문학 심포지엄
에서 기독문학이란 말을 사용하는 나라는 우리나라와 일본 그리고
대만 정도라고 하면서 서양에서는 기독문학이란 개념이 따로 없다
고 하였다. 이 말은 문학의 특성상 맞지 않는 전제이다. 문학은 역
사의 산물이며 그 기원은 문명과 문화와 예술의 혼합체에서 찾아
진다. 광의의 의미로는 문명의 산물이며 좁은 의미로는 문화의 한
분야이며 더 구체적 의미로는 예술의 한 분야이며, 그중에서도 문
학의 구상은 간접적인 수단에 의하여 형상적인 것을 표현하고 있
는 추상예술의 한 분야이다.

영국의 문예학자인 테리 이글튼(Terry Eaglton)은 그의 『문학이
론(Literary Theory)』에서 '역사적으로 문학의 개념을 정의하기 위
한 노력은 시대를 초월하여 끊임없이 시도되었다고 전제하고 광의의

의미에서 문학의 영역을 밝혔다. 그는 17세기의 영국문학은 셰익스피어(Shakespeare), 웹스터(Webster), 머빌(Marvell), 밀튼(Milton) 등의 작품과 함께 베이컨(Francis Bacon)의 철학서, 번연(Bunyan)의 정신적 자서전과 같은 순례기 등 모든 인문학을 문학 속에 포함시켰다.'16)고 하였다. 그리고 그는 문학이라는 용어 즉 영어의 'literature'는 원래 문자나 문서를 뜻하는 'litter'에서 유래된 것이므로 광의의 의미로는 문자로 기록된 모든 것(everything in point)을 포함하는 것이라고 덧붙이고 있다.

문학의 이런 본질 면에서도 『성서』는 문학작품이며 이 천 년 동안의 기독교 역사 속에 기독문학도 그 한 부분이었음을 아무도 부인할 수 없다. 서양에는 기독문학이란 개념이 없었던 것이 아니고 기독교의 역사 속에서 문학 전반에 기독교사상과 가치관이 존재해 왔기 때문에 문학은 그 자체가 기독문학으로 맥을 같이한 것이다. 기독교 문화권에서는 세계관이나 윤리관은 기독교적으로 구체화되었으며 비록 현대의 서양문학이 신과의 결별을 선언했다 하더라도 엘리어트와 카프카를 비롯한 위대한 작가들은 그들의 작품을 생명과 역사의 바탕인 성서를 근거로 창작하고 있으며 인류는 그들을 통하여 문학의 정신과 생명의 뿌리를 오늘도 만지고 있는 것이다. 이런 의미에서 한국의 기독문학의 현실을 진단해보고 활성화 방안을 모색하는 것은 한국의 130년 기독교의 역사 속에서 그 의미를 갖는다.

따라서 본고는 다음 세 가지 측면에서 우리의 기독문학의 현실을 진단해보고 그 각각에 대한 활성화 방안을 제시하고자 한다.

---

16) Terry Eagleton, *Literary Theory*, 1.

첫째, 기독문학 작가와 작품 활동의 구조적 문제점

한국문단에는 기독문학을 표방하는 작가협회가 있지만 사회적으로 독자층을 형성하지 못하고 있다. 한국은 선교 초부터 문학의 존재는 설교나 전도를 위한 하나의 도구에 불과하였는데 이것은 우리의 기독교적 정서가 선교와 전도는 열심이지만 영성을 표현하는 창작 예술에 대해서는 거부감을 갖고 있은 때문이다. 기독문학 잡지들은 한국 크리스천 문학 작가협회가 펴내는 『기독문학』을 비롯하여 대구와 부산 광주 등의 지역의 기독문학회에서 발간하는 잡지와 『창조문학』, 『창조문예』, 『크리스천문학』 등과 목회자들이 중심이 되어 펴내는 문예지들이 있다.

각 작가협회에서 활동하고 있는 회원의 숫자는 정확히 알 수 없으나 기성문단에 알려져 있을 뿐만 아니라 그 작품성을 인정받아 기독교적 영성과 창조성의 조화를 이루어내고 있다고 평가를 받는 작가들은 시에서 5~6명, 소설에서 10여 명이다. 그러나 이들 작가의 작품들은 기독교적 성향이 보이기도 하고 또 어떤 것은 전혀 기독성을 찾아볼 수 없는 작품들이다.(소설가 이대훈 발제: 한국 기독문학 심포지엄 1987 여름)

상대적으로 한국문단에 등록이 되어 있는 문학 작가의 숫자는 수천 명에 이르고 해마다 등단이라는 절차를 거쳐 배출되는 작가의 수도 수백여 명에 이른다. 물론 이들이 작가로서 동일한 대접을 받지 못하는 것은 사실이지만 문학의 양적 성장에 기여하는 것은 틀림이 없다. 그러나 기독교계에는 공신력 있는 작가의 등단제도가 없으며 이로 인하여 객관적 기독교작가의 산실이 부재인 상황이다. 이것은 선교문화가 각광을 받는 현실임에도 불구하고 문화의 꽃이라고 하는 문학이 변방에 있는 이유 중의 하나이다.

다음 장에서 논의될 것이지만 기독문학이란 하나님의 구원역사에 참여하는 인간의 문학적 소산으로서 문학적 창작활동은 은혜에 속한다. 그러나 성령 체험 같은 한순간에 일어날 수 있는 은혜가 아니다. 기독교의 역사 위에서 현재의 환경과 생활에서 우러나 시간을 두고 결정을 이루어가는 은혜의 열매이다. 기독문학 작가는 기독문학을 확산시키는 일을 성경을 확산시키는 것과 동일한 차원이라 생각하여야 한다. 때문에 기독문학의 활성화를 위한 첫 번째 방법은 현재 각 작가협회에서 활동하고 있는 기독교작가들의 작품이 그 기독성과 예술성을 인정받아야 하고 동시에 기독교작가를 발굴할 수 있는 제도적 장치가 필요하다.

둘째, 기독문학의 개념 정립에 관한 문제점

한국에는 '기독문학이란 무엇인가'에 대하여 답을 할 수 있는 기독문학론이 없다. 90년대의 한국교회의 복음전파의 특징인 문화선교는 문학과 선교를 하나로 묶어 마치 문학의 선교적 특성이 곧 기독문학의 본질인 것처럼 인식하게 만들었다. 그로 인한 신앙고백이나 간증을 소재로 한 글들은 기독교 소재론에 집착하는 한계를 드러내고 일반 문학과 관계없는 기독문학을 형성하였다. 개화기 직후에서부터 현대문학 정착기에 걸쳐지는 한국 문학사에도 기독문학에 대한 언급은 단상 정도의 글로 기록이 되었다. 교재로 사용될 만한 기독문학론이 없음으로 인해서 신앙 고백 시나 간증 문학만이 기독교 소설문학이라고 생각하는 것이 우리의 현실이다. 따라서 기독문학의 활성화를 위해서는 그 개념정립이 무엇보다 시급하다.

셋째, 기독문학작품의 예술성과 작가의 역량의 문제점

기독문학은 예술적인 가치와 미학에 있어서도 일반문학보다 뒤

떨어져서는 안 된다. 그러나 문학에 기독교란 문학 외적인 단어가
강하게 압박하게 되면 '기독문학'이란 예배와 종교행사에 사용되는
문학이며 기독교적인 소재의 한계성을 나타낼 수밖에 없다. 그러
나 기독교적 소재를 하나님의 선물인 창조적 상상력을 가지고 미
학적 언어로 표현하는 것이 기독문학이다. 문학의 옷을 입고 선교
의 직접성을 강하게 풍기면 문학적 설득력이 약화되어 감동이 독
자에게 이어지지 않는다. 이 때문에 기독문학이 문학의 중심부에
서 온당한 취급을 받지 못하고 있다.

이러한 현실은 앞에서도 지적하였지만 기독문학을 연구하는 학자
나 전문 작가군이 열악한 점이 작품의 다양성이나 질을 떨어뜨리는
한 요인이 된다. 따라서 문학작품이 빛을 보도록 하기 위하여서는
예술성 못지않게 연구가와 출판사의 역할이 중요하다. 최근 들어 성
경해석학 이론서들이 홍수처럼 범람하고 있으나 『문학적 성경해석』
에 대해서는 그 지침서조차 없는 것이 우리의 현실이다. 다행스럽게
도 미국 웨스트민스터 신학교 구약학 교수를 역임한 바 있는 트럼퍼
롱멘(Tremper Longman) 3세의 *Literary Approaches to Biblical
Interpretation*을 유은식(문학박사, 안양신학대학)이 『문학적 성경해
석』으로 번역하여 소개함으로써 성경의 권위에 대한 지적 헌신과
현대문학이론에 대한 전문지식을 융합시키는 하나의 길잡이를 제공
한 것으로 보인다.

그러나 기독교출판계는 거의 전무한 상태이다. 대중가수 한 명
을 만들어 내는 데도 대중음악기획사가 엄청난 투자를 하는 현실
에서 기독문학 작가를 키우기 위한 출판업계의 투자는 하나의 사
명처럼 중요하다고 본다. 기독출판계는 현실적으로 미국을 중심으
로 한 외국 목회자들이나 국내목회자들의 설교집이나 개인 영성에

관한 책들만을 출판하고 있다.

기독문학 연구가와 출판사가 없는 가장 근본적인 원인은 예술성이 높은 문학작품의 부재에 있다. 그러나 현실적으로 기독문학작품의 예술성과 작가의 자질을 농할 준거가 없다. 일반 문학 작가들처럼 등단제도를 통해서 등단한 작가들이 자신의 정체성을 대내외적으로 부여받아 작품 활동을 하듯이 기독문학도 그 준거에 따라 이러한 제도를 마련함으로써 기독문학을 활성화시킬 수 있다고 본다.

3. 기독문학의 목적

기독문학은 문학을 통하여 하나님의 심오하고 영원한 진리를 드러냄으로써 하나님의 문화를 이 땅에 이룩하는 데 그 목적이 있다고 생각한다. 예를 들어서 시는 구체적인 심상이나 이야기를 사용하여 정신(관념적 사상)과 육체(구체적인 심상)를 하나로 통일시킬 수 있다고 가정한다. 이러한 가정의 기독교적 개념은 하나님이 그 자신을 나사렛 예수라는 인간의 형체로 드러내는 것이라는 상상을 가능하게 한다. 물론 성육화는 사상의 범주 또는 관념의 원리는 아니다. 그것은 단 한 번 발생한 유일한 사건이며 그 기적적인 사실은 말씀이 육신이 되어 우리 안에 거한다는 것이다.

문학적 상징으로 본 기독문학은 시를 통하여 관념과 육체의 통일을 가정하듯, 하나님께서 예수그리스도를 통하여 자신의 실체를 드러내듯, 문학적 감동을 통하여 하나님의 창조세계를 가시화하는 작업이다. 이때의 감동은 일차적으로 창조적 상상의 결과인 언어의 미학에서 오는 것이지만 말씀이 육신이 되어 우리 안에 거하는 것과 같은 기적적인 변화를 일으킬 수 있음을 전제로 한다.

그러므로 문학에서의 창조적 상상력은 결코 하나님의 창조의 능력을 뛰어넘을 수 없다. 아무리 작가의 무한한 상상력을 강조하여도 그것은 결국 하나님의 창조세계 안에서만 가능한 것이다. 따라서 문학은 하나님의 창조세계를 미학적 언어로 표현하여 감동을 줌으로써 하나님의 심오하고 영원한 진리를 깨닫게 하기 위한 도구 중의 하나이다. 문학은 우리로 하여금 하나님이 만든 질서와 미와 은총과 그의 세상에 반응하게 하며 인간의 타락으로 인한 추함과 무질서와 갈등에 대하여도 반응하게 한다. 우리가 문학을 통하여 복락원에의 꿈을 꾸는 것은 이 때문이다. 문학은 하나님의 창조세계와 상호 교류할 수 있고 그 안에 사는 방법 중의 하나이다. 이런 의미에서 기독문학은 인간을 위한 인간의 문학이다. 따라서 기독문학의 목적은 인간에게 기여하는 인간의 문학으로서 하나님의 문화를 이 땅 위에 이룩하는 데 있다고 정의할 수 있다.

앞에서 살펴본 바와 같이 우리의 현대문학은 그 방향을 예측할 수 없이 표류하고 있다. 이 현상을 기독교적으로 보면 세속사적 혼돈 속에서 보이는 세계에만 몰입한 나머지 인간존재에 대한 신성함이나 생명에 대한 외경심을 잃고 있는 것이다. 역사적으로는 르네상스의 인본주의 이후 현대사상은 감각적 실증적인 경험의 세계만을 진리로 국한하여 믿음으로써 영원성에 대하여 관심을 두지 않고 절대 선을 부정하는 데서 기인한다. 영원성은 절대자에게 속한 영역이며 절대자를 인정하지 않는 상황에서는 절대선이 존재할 수 없다. 무신론적 길을 걷고 있는 현대사상은 역사가 토인비의 말대로 정신세계의 종말론적 황혼기인지도 모른다.

일반적으로 문학은 인간구원의 한 방주이다. 인간은 문학을 통하여 에덴회복에의 꿈을 꾼다. 때문에 기독문학도 세기의 황혼에 접어든 이 시대의 종말론적 어둠에 빛을 밝힐 수 있어야 한다. 하나님의 말씀인 성경으로 이 시대의 제 현상을 끌어안고 생명에 대한 외경심을 회복시키고 상처 입은 심령을 어루만져 치유하는 인간의 문학이 되어야 한다는 뜻이다. 이 시대의 문화는 하나님의 존재에 대하여 무관심하다. 특히 니체의 초인사상으로부터 시작된 현대문학에는 신은 죽어 있고 신은 적대의 대상이 되었다. 무신론적 사고 속에서는 윤리와 도덕의 준거가 없음으로 진리의 길을 찾기 어렵다. 기독문학은 이 시대의 윤리와 도덕적인 가치관에 대해서도 대안을 제시할 수 있어야 한다. 때문에 하나님의 문화를 이룩한다 함은 모든 영역에 대한 하나님 나라의 총체적 회복을 뜻한다.

따라서 기독문학이란 그 속에 기독교적 세계관과 역사관과 인간관이 나타나야 한다. 기독교적 세계관이라 함은 자연과 인간과 세계에 대한 구조적인 인식과 인간 존재와 세계에 대한 관계성의 인식을 말한다. 기독교적 역사관이란 역사에 대한 엄정성과 함께 역사적 사실을 기독교적 관점에서 해석하는 것을 말한다. 사학자 토인비는 "역사란 과거와 현재의 부단한 대화"라 하였다. 이것은 과거의 사실(fact)을 현재의 관점에서 해석하여 사건(event)화시킨다는 의미이다. 역사적 사실을 객관적 시각으로 가감 없이 수용하고 인식하는 일도 중요하지만 그 이상의 의미로 보는 시각은 더 중요하다. 역사적 사건에 담긴 의미를 통해서 오늘의 교훈으로 삼고 미래의 좌표로 삼아야 한다. 기독교적 역사관이란 성경에 의해 역사를 해석한다는 뜻이다. 기독교 작가는 자신의 작품의 바탕을 성경적으로 다시 인식한 역사관의 토대 위에 세워야 한다. 기독교

적 인관관이란 신성을 타고난 개별적인 인간존재에 대한 인식이
다. 존재의 존엄성과 함께 타락한 인간의 고뇌와 갈등에 대한 근
본적인 탐색을 포함한다.

따라서 기독교적 세계관이란 하나님의 창조세계를 인정한다는
뜻이며 역사관이란 하나님이 역사의 주인이라는 인식을 말한다.
개인의 삶의 차원에서는 자신은 하나님의 피조물이며 삶, 즉 시간
의 주인은 하나님이며 삶의 목적은 그분의 뜻을 이루어드리는 것
이라는 확실한 인식이다. 그리고 기독교적 인간관이란 죄와 구원
에 관계된 것으로서 예수그리스도를 구세주로 인정하는 것이며 그
를 통한 세상과 인간의 구원에 대한 확신이다. 그리고 이상적인
의미에서의 기독교작가란 바로 성령의 은혜로 이 신앙 고백을 할
수 있는 사람이어야 한다고 생각한다. 그러나 작가와 작품을 일치
시킨다는 것은 현실적으로 문제를 안게 된다.

그렇다면 문학에 있어서 기독교적 관점을 구성하는 것은 무엇인
가. 내 개인적으로는 문학은 그 관점에 있어서 전적으로 중립적인
것이기 때문에 기독문학이란 것이 따로 있을 수 없다고 생각한다.
좀더 구체적으로 말하면 나는 문학이란 하나님의 창조세계를 미학
적 언어로 표현하는 것이라 생각하기 때문에 내가 어떤 주제와 소
재를 미학적으로 형상화하였든 간에 그것은 결국 하나님의 창조세
계 안에 있는 소재들이며 내 작가적 경험과 상상 역시 그분의 창
조세계의 영역을 넘어서지 못한다는 신념을 가지고 있다. W. H.
오든(Auden)도 '기독문학이 따로 있을 수 없다는 것은 마치 기독
교적 섭생법이 따로 있을 수 없다는 말과 같다'17)고 하였다.

---

17) W. H. Auden. "Postscript: Christianity and Art", in *The New
    Orpheus*, ed., Nathan A. Scott, Jr. (NEw York: Sheed and Word,

그럼에도 불구하고 왜 내가 기독문학의 개념을 정의할 필요를 절실히 느끼는가. 그것은 문학은 경험을 제시할 뿐 아니라 사상적 인 내용을 가지고 세계관이나 인간관을 구체화시키고 역사를 해석 하는 것이다. 이것을 인본주의가 아닌 기독교의 신앙과 일치하는 관점에서 구체화시킴으로써 하나님을 좀더 구체적으로 나타내 보 이고 내 삶과 밀접한 관계가 있는 그리스도를 부각시켜 영원을 사 모하고 진리를 사랑하며 삶을 사랑하는 사람들의 세상을 만들어 가고 싶은 꿈을 개인적으로 가지고 있다. 모든 작가의 작품들은 도 덕적 및 지성적인 편견을 나타낼 수밖에 없으며 문학작품을 기독 교적인 신앙과 일치시키려고 하는 기독교작가들 역시 편견을 가졌 다고 볼 수 있겠다. 때문에 나는 서론에서 본고는 나의 개인적인 신앙의 패러다임 안에서 조망되는 기독문학론이라고 전제하였다.

이러한 기독문학의 목적설정에 대한 역사적 근거는 근대적 개념 의 역사에 대한 이해에 있다. 17~18세기에 시작된 근대과학은 기 계로서 우주의 이미지를 설명하였고 그것은 문학적 상상력을 장악 하였다. 모든 사물이 역학의 법칙에 따라 작용한다는 사고 속에서 시와 문학의 존재의미는 하나의 오락물 정도에 지나지 않았다. 당 대의 과학자이자 수학자인 뉴턴(Isaac Newton)의 시에 대한 견해 는 당대의 문학의 위치를 잘 말해준다. "시에 대한 나의 견해는 아이작 바로우(Issac Barrow: 영국의 신학자이며 수학자)와 일치 한다. 시란 교묘한 난센스의 일종이다"[18]라고 하였다.

그러나 이 주장은 낭만주의 시인 키이츠(John Keats)에 의해

1964) 76.

18) Abrams, M. H. *The Mirrow and The Lamp: Romentic Theory and Critical Tradition.* (LOndon: Oxford University Press, 1953) 300.

혹되게 반박당한다. 키이츠는 그의 시 라미아(Lamia)에서 과학의 파괴적이고 계몽적인 힘에 대하여 말하면서 신화나 시적 상상력을 박탈당한 인간의 세계가 얼마나 황량하고 매력 없는지를 보여준다. 그는 뉴턴주의적 관점이야말로 세계의 아름다움을 바라보는 인간의 능력을 파괴한다고 생각하였다. 이로 인해 막이 오른 서양 문학의 최대의 황금기인 낭만주의 시대에는 인간의 예술적 상상력이 창조적 힘을 지닐 수 있다고 보았으며 이러한 예술지상주의는 문학이 종교를 대신할 수 있다는 사고를 낳았고 작가들은 문학이 인간을 구원할 수 있다고 주장하였다.

그러나 현대의 문학 이론에서는 문학의 확정된 의미의 부정과 함께 모든 문학작품은 허구에 불과하며 언어의 현란한 조합들에 지나지 않는다고 주장한다. 이러한 주장은 문예사조의 흐름에 의한 필연의 결과이다. 왜냐하면 아리스토텔레스의 『시학』에서 정의된 '문학은 현실의 반영이며 재현이라'는 고전적 정의는 오랫동안 문학의 본질을 나타내는 말로 통용이 되었다. 그러나 문학이 담아내야 하는 이 '현실(reality)'은 바라보는 시각에 따라 다양한 의미로 해석되기 때문이다.

전통적인 리얼리스트들은 현실이란 거울에 되비치는 실재로서 우리의 실재의 삶과 세계를 의미하였고 모더니즘작가들은 조각난 거울에 비쳐진 상이었고 포스트모더니즘 시대의 작가들은 현실을 재현한다는 그 자체에 대하여 회의하였다. 20세기에 들어서면서 우리사회의 패러다임이 자본주의 사회에서 정보화 사회로 변하면서 컴퓨터의 대중화로 활자매체는 쇠퇴해가고 영화나 TV드라마와 같은 서사장르들이 그 지위를 확대해나감에 따라 문학의 설 자리가 좁아졌다. 뿐만 아니라 새로운 통신공간은 '작가와 독자' 간의 전통적 관계를 허물고 더 이상 일차원적 소통관계가 존재할 수 없게 된 사이버 공간은 기존의 독서 패러다임을 해체시켰다. 정보화 시대에서의 문학이 안고 있는 가장 큰 문제는 문학이 재현해야 할 리얼리티의 범위에 관한 것이다.

기독문학의 목적은 바로 이 리얼리티를 성경적으로 바라본다는 것을 전제로 한다. 성경적 현실 인식은 문학을 단순히 삶의 반영으로 보는 것이 아니고 삶을 그대로 받아드리는 것이다. 어떤 형태로 변형된 삶이든 간에 문학은 그것을 우리의 삶 그 자체로 수용할 수 있고 작가의 역량에 따라서 그것을 언어예술로 승화시킬 수 있다. 작가의 역량이라는 것은 문학을 통해 삶의 현실을 묘사하는 대신에 사람들이 형언할 수 없는 미의 섬광을 포착하도록 돕는 능력을 말한다. 따라서 문학이 현실의 삶을 그대로 받아드린다 함은 문학을 통하여 인간을 더 만족스럽고 안전한 곳, 이상향으로 이끌어 낸다는 뜻이다.

이상향이란 하나님의 창조원리에 입각한 현실이란 뜻이다. 하나님은 자신이 창조한 세상을 보시기에 좋았다고 하였다. 따라서 리얼리티에 대한 기독교적 인식은 우리의 죄로 인하여 예수가 인간의 몸으로 세상에 왔다는 사실과 그의 죽음이 죄로 인해 세속화되고 결함투성이가 된 세상을 다시 창조의 원형으로 회복시킬 수 있다는 확신이 있을 때 가능한 일이다. 이때의 문학은 하나님이 창조한 세계와 상호 교류하는 것이며 작가도 독자도 창조 세계 안에서 그의 일부로 사는 것이다.

이에 대해 클리언즈 부룩크스(Cleanth Brooks)는 '인간 조직에 있어서 문학의 작가가 해야 할 일차적인 역할은 ……우리들의 세계에 대한 하나의 자각을…… 단지 임상적인 초연함 속에서 본 대

상물로서가 아니라 ……그 속에 우리를 포함시킨 세계로서의 자각
을 우리에게 주어야 한다.'19)고 하였다. 부룩크스가 말한 자각이란
인간도 자연의 일부로 하나님의 창조세계 속에 있음에 대한 인식
이다. 기독교작가가 이 역할을 잘 감당할 때에 기독문학은 인간의
삶에 기여하게 되고 그 결과 하나님의 문화를 펼쳐 보일 수 있다.

4. 기독문학의 정립

　본장에서는 기독문학작품의 개념을 정립하기 위하여 문학의 형
식과 내용 면에서 가장 중요한 요소인 경험과 상상을 주제로 하여
전개하고자 한다. 경험과 상상은 2장에 제시된 기독문학의 목적을
완성시키는 필수 조건이며 이 논의는 '기독교작가란 누구인가'라는
질문과 '기독문학작품은 어떤 것인가'라는 질문의 답을 포함한다.
문학은 작가의 경험을 그의 상상에 의하여 미학적 언어로 표현한
예술이다. 상상은 문학을 다른 언어예술로부터 구별 지워주는 요
소이다. 작가의 경험의 내용과 그의 상상력이 작품의 문학성과 작
가의 자질을 논할 준거를 제시해준다. 작가란 인간경험을 제시하
여 우리로 하여금 공유하도록 만드는 일과 그 자신을 미의 대상으
로 제공하여 우리의 상상에 의해 예술적으로 관조하도록 만드는
사람인 때문이다.

---

19) Cleanth Brooks, *The Hidden God* (New Haven: Yale Univ. Press.
　　1963) 132.

1) 기독문학의 본질: 기독교적 경험

기독문학작품은 성서로 걸러진 경험의 미학적 표현을 본질로 해야 한다. 앞에서도 언급하였지만 하나님의 세계에 대한 문학적 묘사는 과학적 묘사와는 다르다. 하나님이 만든 미와 은총과 그의 세상에 반응하는 것은 그와의 교류를 통한 구체적인 경험인 때문이다. 문학의 기능 중의 하나는 인간의 경험을 예술적으로 쳐들어 올려 독자가 관조할 수 있도록 보여주는 것이다.

이에 대해 네이단 스코트(Nathan A. Scott)는 '작가는 창조된 세계를 응시하며 눈여겨보며 또 다른 사람들을 자기와 같은 관조에로 유인해주는 사람'20)이라 하였으며 에머슨(Ralph Emerson)은 '린캐우스(Lyncaues: 놀라운 시력을 가졌다고 전해지는 신)의 눈이 지구의 땅속을 투시했다고 전해지는 것처럼 시인은 세계를 거울 쪽으로 돌려 세상의 모든 것을 그 올바른 질서와 진행 속에서 우리에게 보여 주어야 한다'21)고 하였다. 문학은 이 같은 경험을 미학적 언어로 표현한 예술이며 문학적 상상력이 예술로서의 문학을 가능하게 해준다. 따라서 문학적 요소에서 가장 중요한 것이 경험과 상상력이다.

독자는 작가의 경험을 간접적으로 경험하며 자신을 그 경험의 일부로 수용하면서 자신의 존재를 확대해간다. 인간은 누구나 자기의 고유한 안목이나 선호에 따라 자신의 관점에서만 사물을 보

---

20) Nathan A. Scott, *Modern Literature and the Religious* Frontier (New York: Harper and Brothers, 1958) 52.
21) Ralph WAldo Emerson. *The Poet, in Eight American Writers*, ed., Norman Foerster et. al.(New York: W.W. Norton, 1963) 288.

기를 원한다. 그러나 문학은 우리의 눈과 가슴뿐 아니라 다른 사람의 눈과 상상력과 가슴으로 보고 상상하고 느끼도록 만들어준다. 우리의 존재를 확대시킬 수 있는 가능성을 주는 것, 이것이 문학의 존재이유이다. 루이스는 '인간은 누구나 자신의 존재를 확대하기를 바란다. 현재의 자기 이상의 것이 되려는 꿈을 가지고 있기 때문이다. 문학은 이를 가능하게 해준다'22)라고 하였다.

그렇다면 성서적 경험, 즉 성서의 채로 걸러진 경험의 정의는 무엇이며 그로 인한 구체적인 영향은 어떻게 드러나는 것일까. 앞에서 이미 언급한 것처럼 문학은 우리에게 새로운 경험을 제공할 뿐 아니라 보편적인 인간경험을 구체화시킬 수 있는 인정된 힘을 가지고 있다. 우리의 감정과 가치에 대해 형식과 표현을 부여해주며 그것을 우리가 할 수 있는 것보다 훨씬 더 잘 표현해준다. 모든 인간은 진리에 의해 살며 표현의 욕구를 가지고 있다. 인간을 기독교적 진리에 의해 살도록 도와주며 기독교적 삶을 찬양할 수 있게 만드는 힘을 가진 문학이 기독문학이다. 따라서 기독교작가는 실제의 경험이든 간접 경험이든 간에 자신의 경험이 성경의 진리에 근거해야 하고 그 표현이 창조세계의 아름다움에 준하는 미학적 언어로 되어야 한다. 따라서 성서적 경험의 의미는 모든 경험은 하나님의 창조세계의 반영이라는 것을 전제로 하는 것을 말한다. 이것은 작품의 소재를 성경에만 국한시킬 필요가 없음을 나타낸다.

또한 성경의 채로 걸러진 경험이란 심령적인 기쁨을 주는 경험을 말한다. 우리의 삶의 기쁨은 우리가 선택해야 할 가장 중요한 영역들 중의 하나이며 하나님은 우리가 그것을 책임성 있게 활용하기를 원하신다.(성경제시) 우리가 삶을 풍성하게 만드는 여가나 오

---

22) C. S. Lewis. "Preface" to *Paradise Lost* (Oxford Univ. Press, 1942) 3.

락을 선택하는 것이 중요하듯 기독문학이 삶에 문학적 기쁨을 주는
것은 중요한 기능 중의 하나이다. 심령적인 기쁨이란 구체적으로
어떤 것일까. 작가는 일방적으로 말로서 가장 효과적으로 묘사할
수 있는 것에 대하여 글을 쓴다. 이는 화가들이 자기들에게 가장
익숙한 것을 그리려는 의도와 같다. 작가가 심령적인 기쁨에 익숙
해져야 자신의 언어로 그것을 가장 효과적으로 표현할 수 있다. 성
경에는 '마음에 가득한 것을 입으로 말한다.'(마태복음 12:34)라고
하였다. 문학의 기능 면에서 기독문학 작가란 자기의 마음을 가득
채우고 있는 가장 중요한 삶의 기쁨을 글로서 말하는 사람이다.

심령적인 기쁨은 성 삼위일체 하나님에 대한 깊은 인식에 있다
고 본다. 구체적으로 하나님과의 관계, 그의 계시와 임재, 죄, 회
개, 말씀, 사랑, 부활, 영원을 사모하는 마음, 이러한 관념들이 주
는 기쁨이라고 볼 수 있다. 여러 번 언급하였지만 기독문학은 문
학성이 우선이다. 심령적인 기쁨이 선교의 도구로서가 아니라 삶
의 예술이어야 하고 교리가 아니라 작가의 살아 있는 경험이어야
한다. 심령적인 기쁨에 대한 경험은 작가의 소명이며 이것을 기독
교적 인간관으로 완수하는 것이 기독교작가이다.

현재 한국의 기독문학에 대한 정의를 논한 대부분의 글에서는
챠드 왈쉬(Chad Walsh)가 정의한 '기독문학은 하나님, 그리스도,
영혼 등과 같은 단어가 자주 나오는 책, 혹은 교회 생활, 목사, 혹
은 헌신적인 영혼 등을 취급하고 있는 책'23)이라고 말한 내용을
대부분 인용하고 있다. 그러나 기독문학을 기독교적으로 만드는

---

23) Chad Walsh, A Hope for Literature, "in The Climate of Faith in
   Mordern Literature, ed., Nathan A. Scott, Jr. (New YOrk:
   Seabury Press, 1964) 232.

것은 그러한 소재에 있는 것이 아니라 모든 소재에 대하여 문학적
광명을 줄 수 있는 열린 관점이라고 생각한다. 이에 대해 플래너
리 오코너(Flannery O'Conner)는 '기독문학은 반드시 기독교화된
세계에 관한 것일 필요는 없다. 기독문학이란 소재에 의해서 분류
될 수는 없으며 단지 작가가 인간적 또는 신적인 실체에 대하여
어떻게 생각하는가에 의해서만 분류될 수 있다'24)고 하였다. 본고
가 이 견해를 존중하는 이유는 모든 소재가 기독교 교인들이 알고
있는 그 진리의 세계를 밝혀주는 하나의 빛이 될 수 있다고 생각
하기 때문이다.

2) 기독문학의 본질: 기독교적 상상

기독문학은 왜 예술성이 결려되는가. 이것은 한마디로 상상의
부재라고 답할 수 있다. 결국 문학은 언어라는 매체를 통해서 존
재하며 작가는 언어를 가지고 집을 짓는 자이다. 문학가의 언어는
조각가의 조상의 대상과 같은 허약한 재료가 아니다. 조상이나 조
각보다 더 지속적이며 더 강한 전파력을 지닌 매체이다. 그러나
문학의 실재는 과학적으로 입증하거나 시험될 수도 없는 것이며
눈으로 볼 수 있도록 우리 세계 어딘가에 존재하는 것도 아니다.
단지 문학을 보고 만질 수 있는 것은 상상에 의해서뿐이다. 이에
대해 알빈 A. 리(Alyin A. Lee)는 '우리는 다만 상상이라고 부르
는 이성과 정서의 혼합물을 통해서만 문학을 할 수가 있다'25)고

---

24) Flannery O'Connor, *Mystery and Manners*, ed., Sally and Robert
    Fitsgerald (New York: Farrar, Straus and Giroux, 1957) 174. 196.
25) Alyvin A. Lee and Hope Arnott Lee, *The Garden and the*

하였다.

　문학에서 일반적인 정의로는 '상상(imagination)은 인상(impression), 의식(consciousness), 감각(sensibility), 그리고 경험(experience)을 포함하는 것'[26]이다. 작가란 이 개념들은 한데 모아 녹여서 다시 가공함으로써 신기롭고 새로운 합성물질을 만들어내는 용광로(melting pot)의 역할을 하는 능력을 지녀야 한다. 문학은 상상력에 의해 생명과 호기심을 입증하는 예술이므로 그 형식은 자유로운 의식의 흐름이다. 이것은 한 작가의 정신이나 감성이 글쓰기에 갇히지 않을 때 가능한 일이며 독자는 작가의 이 자유로운 의식에 대하여 온몸으로 활짝 열린 감응을 보인다. 따라서 기독 작가의 글쓰기가 교조적인 글쓰기에 갇혀버리면 그 작품은 기독교의 윤리와 도덕을 표면화시킴으로써 간증문학 내지 설교 또는 선교문학의 범주를 벗어날 수 없으며 이러한 협의의 기독문학속서는 문학적 섬광을 기대하기 어렵다.

　그 작품의 성서적 주제와 배경에도 불구하고 문학적 섬광이 없는 글은 독자를 기독교적으로 감동시키지 못한다. 교조적인 말 속에는 기독교적 윤리나 도덕관념들이 있을 뿐 움직임이나 닿음과 같은 생명의 리듬이 없기 때문이다. 이것은 성서를 읽을 때 그 내용들이 살아계신 하나님의 생명력으로 읽는 사람들의 심령을 흔들 때 감동을 느끼고 감동을 받은 사람만이 그 영혼이 소생될 수 있는 이치와 같다. 이때 역사하는 보이지 않는 힘을 우리는 성령이라 한다. 기독교작가의 작품이 성령의 역사와 같은 예술적 생명력

　Wilderness (New York: Harcourt Brace Jovanovich, 1973) 45.

26) Walter Besant and Henry James, *The Art of Fiction* (Boston: De Wolfe, Fiske & Co.1934) 73-4.

을 지녀야 할 당위가 여기에 있다.

때문에 기독교적 소재가 예술성을 지니려면 기독교적 교리에 가
두는 것이 아니라 열어주는 글쓰기를 말한다. 그 속에 원초적 일
상의 싱그러움이 있고 닮음이 있고 감동이 있다. 나는 이것을 섬
광이라 본다. 기독교의 교리나 윤리를 직접적으로 표현한 교훈적
인 글에서는 독자는 자신의 불신앙과 왜소함을 부끄럽게 느낀다.
독자는 깊이 깨우침을 주어도 자신을 주눅 들지 않게 할 수 있는
넉넉함을 원한다. 갇힘에서 열림으로 가는 은밀한 통로 하나를 허
락받고 싶어 한다. 이 통로가 섬광이다.

섬광은 연약한 실존을 다독여줄 수 있는 은근하고 따뜻한 배려
이며 산뜻한 새벽공기 같은 희망의 기운이다. 독자는 기독문학작
품 속에서 이런 것을 얻고 싶어 한다. 우리를 소외로부터 단절로
부터 갈등으로부터 자유하게 해주고 나를 너에게로 이어주는 문
학, 그래서 문학은 하나의 구원이 될 수가 있다. 그것이 감동이다.
인간은 자신의 결핍을 비난받았을 때보다 스스로 눈치 채게 했을
때 아주 강력한 힘으로 감동을 받는다. 작가의 능력이란 독자로
하여금 자신의 작품 속에서 이 전율적인 힘을 발견할 수 있도록
하는 능력을 지녀야 한다. 작가와 독자는 이렇게 몸으로 맞물려
있어야 한다. 이러한 능력은 작가의 능력은 상상의 산물이다.

기독문학은 포스트모더니즘의 문화에도 열려 있어야 한다. 우리
는 리얼리즘의 전통 속에서 태어나 모더니즘의 영향 속에서 자란
후, 포스트모더니즘의 상황 속에서 살고 있다. 그래서 핫산(Ihab
Hassan)은 "우리 모두는 다소간 리얼리스트이고 다소간은 모더니
스트이며 또 동시에 다소간은 포스트모더니스트라고도 할 수 있
다"27)라고 하였다. 만일 문학이 동시대를 반영하는 것이라면 오늘

날의 문학은 분명 포스트모던적일 수밖에 없다. 경계를 넘어서서 고급문화와 대중문화, 그리고 순수문학과 대중문학 양진영사이의 간격을 메우는 작업이 요구된다. 이 영향은 문학에서뿐만 아니라 문화전반의 변화를 일으켰다. 이제는 고급문화와 대중문화의 경계도 허물어져 문화영역에서 대중은 막강한 힘으로 문화상품의 구매력을 행사하고 대중의 문화적 안목도 점차 높아져 고급문화의 진영까지 그 자리를 확산하였다. 신은 죽었다고 한 니체를 끌어안았듯이 대중을 문학 속에 끌어안아야 한다. 이것은 세속화에 영합하라는 것이 아니다. 비기독교인들의 관심 속에 있는 소재를 끌어내어 그들 삶에 감동을 줄 수 있는 기독교적 시각으로 형상화해야 한다는 뜻이다.

대중문화의 기독교적 수용과 함께 기독문학이 안고 있는 또 하나의 도전은 사이버세계에서의 작가의 관점에 관한 것이다. 앞에서 언급한 것과 같이 정보화 시대에서의 문학이 안고 있는 가장 큰 문제는 문학이 재현해야 할 리얼리티의 범위를 어디까지로 해야 할 것인가, 즉 리얼리티의 지시점을 정하는 것과 그것을 담아내기 위한 새로운 창작방법에 관한 것이다. 정보화 사회에서 우리가 직면한 현실은 가상현실(hyper reality)의 세계로서 비록 우리가 그 공간 안에 실재 발을 딛고 살지는 않는다 하더라도 이미 거대한 사회구조를 이루고 있다.

만약 작가가 인간의 이 새로운 창조물인 가상현실의 세계를 문학 텍스트 안에 끌어들이지 못한다면 인간은 문학을 통해서 현실

---

27) Ihab Hassan, "POSTFACE 1982: Toward a Concept of Postmodernism" in *The Dismemberment of Orpheus: Toward a Postmodern Literature* (Madison: Univ. of Wisconsin Press, 1982) 264.

을 그대로 받아드릴 수 없게 된다. 가상의 현실까지도 언어예술로 형상화하기 위해서는 작가의 상상력과 감동의 재구성이 불가피하다고 본다. 작가가 시대의 가치판단을 충족시켜 줄 새로운 문학 패러다임을 만들 사명을 인식한다면 기존의 상상력의 형질변화는 불가피하다.

문예사조의 변화와 관계없이 역사적으로 문학이 공통적으로 두려워한 것은 한 사조의 패러다임 속에서 세계의 신비(논자는 이 부분을 하나님의 창조세계의 신비라 정의한다.)가 묶이고 정복당하고 없애져 마침내 실재에 대한 무미건조한 통찰만을 강요하지 않을까 하는 점이었다. 다시 말하면 문학적 상상력이 말살당한다는 것을 두려워하였으며 그것은 문학적 생명의 파멸을 의미했다. 내 개인적 견해로는 기독교적 상상이란 하나님의 창조세계를 영적인 힘과 위안의 상징으로 바라보는 것이라 정의한다. 앞에서 기독문학이란 개념을 하나님이 창조한 세계와 상호 교류하는 것이라 정의한 것도 이런 이유에서이다.

5. 결 론

본고는 두 가지의 문제제기로 논의를 시작하였다. 성경은 그 자체가 하나의 문학작품이라는 많은 학자들의 견해에도 불구하고 한국의 기독문학은 선교 110주년을 넘긴 현재까지 기독문학의 개념정립을 위한 연구가 부족하다는 것과 그 때문에 현실적으로 기독문학의 예술성을 논할 준거가 없음으로 기독문학은 일반적으로 정의되는 문학작품에 비해 작품성과 예술성에서 매우 뒤떨어져 문학의 변방에 처해 있다는 점이다.

이에 따라 본 논문의 목적은 기독문학의 개념을 미학적 입장에서 정립하는 것이었다. 이 논의는 문학의 역사적 입장에서 일반문학과의 관계 속에서 전개되었으며 그 과정에서 기독문학의 예술적 준거와 기독교작가의 자질에 대한 준거를 마련할 수 있었다. 즉 기독문학은 성서의 채로 걸러진 작가의 경험과 상상의 미학적 표현을 본질로 해야 한다. 그것은 인간을 기독교적 진리에 의해 살도록 도와주며 기독교적 삶을 찬양할 수 있게 만드는 힘에 대한 경험이며 상상력이다. 이 모든 경험과 인간의 상상력은 하나님의 창조세계의 반영이라는 것을 전제로 하기 때문에 작품의 소재를 성경에만 국한시킬 필요가 없다. 따라서 기독문학이란 기독교적 삶을 찬양할 수 있게 만드는 힘을 가진 문학을 말한다.

또한 성서의 채로 걸러진 경험과 상상은 심령적인 기쁨을 주는 것을 말한다. 기독교작가는 심령적인 기쁨에 익숙해져야 자신의 언어로 그것을 가장 효과적으로 표현할 수 있다. 심령적인 기쁨은 성 삼위일체 하나님에 대한 깊은 인식에 있다. 구체적으로 하나님과의 관계, 그의 계시와 임재, 죄, 회개, 말씀, 사랑, 부활, 영원을 사모하는 마음, 이러한 관념들이 주는 기쁨이라고 볼 수 있다. 심령적인 기쁨이 선교의 도구로서가 아니라 삶의 예술이어야 하고 교리가 아니라 작가의 살아 있는 경험이어야 한다. 심령적인 기쁨에 대한 경험은 작가의 소명이며 이것을 기독교적 인간관으로 완수하는 것이 기독교작가이다.

따라서 "기독문학은 하나님의 창조세계와 상호 교류할 수 있고 그 안에 사는 방법 중의 하나로서 인간을 위한 인간의 문학인 동시에 하나님의 문화를 이 땅 위에 이룩하는 도구로서의 문학이다"

로 그 개념을 요약할 수 있었다. 때문에 기독문학의 활성화란 모든 영역에 대한 하나님 나라의 총체적 회복을 뜻한다.

이 과정에서 기독문학의 예술성과 기독교 작가란 누구인가에 대한 준거를 제시하고자 하였다. 이 준거는 문학이란 하나님의 창조세계를 미학적 언어로 표현하는 것이므로 작가가 어떤 주제와 소재를 미학적으로 형상화하였든 간에 그것은 결국 하나님의 창조세계 안에 있는 소재들이며 작가적 경험과 상상 역시 그분의 창조세계의 영역을 넘어서지 못한다는 개인적 신념하에 제시되었다. 그 결과 기독문학은 바로 창조세계의 리얼리티를 성경적으로 바라본다는 것을 전제로 하며 성경적 현실 인식은 문학을 단순히 삶의 반영으로 보는 것이 아니고 삶을 그대로 받아드리는 것임을 증명하였다. 이것은 어떤 리얼리티든 작가의 역량에 따라 언어예술로 승화시킬 수 있음을 의미한다. 작가의 역량이라는 것은 문학을 통해 단순히 삶의 현실을 반영하기만 하는 차원을 넘어섬을 말하며 삶을 묘사하는 대신에 독자들로 하여금 그들의 삶 속에서 미의 섬광을 포착하도록 돕는 능력을 말한다. 작품의 예술성은 이 능력에 의해 만들어진다.

때문에 기독문학은 문학성이 우선이다. 문학성이란 한 작가의 정신이나 감성이 기독교적 소제라는 글쓰기에 갇히지 않을 때 가능한 일이며 독자는 작가의 이 자유로운 의식에 대해서 비로소 온 몸으로 활짝 열린 감응을 보인다. 따라서 기독 작가의 글쓰기가 교조적인 글쓰기에 갇혀버리면 그 작품은 기독교의 윤리와 도덕을 표면화시킴으로써 간증문학 내지 설교 또는 선교문학의 범주를 벗어날 수 없으며 이러한 협의의 기독문학 속에서는 문학적 섬광을 기대하기 어렵다.

그 작품의 성서적 주제와 배경에도 불구하고 문학적 섬광이 없는 글은 독자를 기독교적으로 감동시키지 못한다. 교조적인 말 속에는 기독교적 윤리나 도덕관념들이 있을 뿐 움직임이나 닿음과 같은 생명의 리듬이 없기 때문이다. 이것은 성서를 읽을 때 그 내용들이 살아계신 하나님의 생명력으로 읽는 사람들의 심령을 흔들 때 감동을 느끼고 감동을 받은 사람만이 그 영혼이 소생될 수 있는 이치와 같다. 이때 역사하는 보이지 않는 힘을 우리는 성령이라 한다. 기독교작가의 작품이 성령의 역사와 같은 예술적 생명력을 지녀야 할 당위가 여기에 있다.

따라서 본 논문에서 말하는 기독교적 소재의 예술적 준거란 기독교적 교리에 가두지 말고 열어주는 글쓰기에 있다. 열어주는 글쓰기란 독자에게 하나님의 말씀에 비추어 깊이 깨우침을 주어도 자신을 주눅 들지 않게 할 수 있는 넉넉함으로 표현되며 갇힘에서 열림으로 가는 은밀한 통로 하나를 더해주는 일이다. 이렇게 작가와 독자가 전율적인 생명력을 느낄 수 있도록 맞물려 있어야 한다. 이때 비로소 기독문학과 일반문학은 그 예술성에서 동등한 관계이며 관점에 따라서는 일반문학이 기독문학의 범주에서 이해될 수도 있다.

또한 본고는 기독문학과 삶의 관계성으로 문화의 수혜자로서의 독자와 작가의 관계를 정립하였다. 그 결과 기독문학의 향유는 삶의 기쁨에 직접적인 영향을 미칠 뿐 아니라 그것이 창조세계의 목적 중의 하나임을 알 수 있었다. 이로써 기독문학의 목적-(즉, 인간의 문학으로서 하나님의 문화를 이 땅 위에 펼쳐보이고자 하는-)의 정당성을 밝혔다. 끝으로 본 논문은 기독문학을 이미 존재하는 문학적 신호들로 전개함으로써 독자에게는 성경문학을 읽는 능력을 고무시키고 기독교 작가에게는 그의 문학적 능력을 확대하는 기회를 제공하고자 하였음을 밝혀둔다.

참고문헌

아리스토텔레스, 『시학』, 천병희 역 (서울: 문예출판사, 2006).

Abrams, M. H. *The Mirrow and The Lamp: Romentic Theory and Critical Tradition.* (London: Oxford University Press, 1953).

Alter, Robert and Frank Kermode, eds. *The Literary Guide to the Bible* (Cambridge: Harvard Unv. Press, 1987).

Auden, W.H., "Postscript: Christianity and Art," in *The New Orpheus*, ed., Nathan A. Scott, Jr. (NEw York: Sheed and Word, 1964).

Besant, Walter and Henry James, *The Art of Fiction* (Boston: De Wolfe, Fiske & Co., 1934).

Brooks, Cleanth, *The Hidden God* (New Haven: Yale Univ. Press, 1963) 132.

Connor, Flannery O., *Mystery and Manners*, ed., Sally and Robert Fitsgerald (New York: Farrar, Straus and Giroux, 1957) 1969.

Cox, Harvey, *The Feast of Fools* (Cambridge, Mass: Harvard Univ. Press, 1969).

Crossan, D. "'Ruth amid the Alien Corn': Perspectives and Methods in contemporary Biblical Criticism," in *the Biblical Mosaic* (ed. R. Polzin and E. Rothman (Philadelphia: Fortress, 1982).

Culler, J., Structuralist Poetics (Ithaca: Cornell, 1975).

Duckett, Eleanor S., Letter to Higbald, as quoated in Eleanor S. Duckett, Alcuin, *Friend of Charlemagne* (New York: Macmillan, 1951).

Eagleton, Terry, *Literary Theory*, (Great Britain: Blackwell Publishers Ltd, 1996).

Emerson, Ralph WAldo, The Poet, in *Eight American Writers*, ed.,

Norman Foerster et. al.(New York: W.W. Norton, 1963).

Frye, Northrop, *Anatomy of Criticism* (Princeton: Princeton Unv. Press, 1957).

Frye, Northrup, *The Great Code* (London: Ark, 1982).

Hassan, Ihab, "POSTFACE 1982: Toward a Concept of Postmodernism" in *The Dismemberment of Orpheus: Toward a Postmodern Literature* (Madison: Univ. of Wisconsin Press, 1982).

Lee, Alyvin A. and Hope Arnott Lee, *The Garden and the Wilderness* (New York: Harcourt Brace Jovanovich, 1973).

Lewis, C. S., *Reflections on the Psalms* (Glasgow: Collins, 1961).

Lewis, C.S., "Preface" to Paradise Lost (Oxford Univ. Press, 1942).

Ryken, Leland, *The Literature of the Bible* (Grand Rapids: Zondervan, 1974).

Ryken, Leland, *Triumphs of the Imagination*, (Shaw Books: Water Brook Press, 1968).

Ryken, Leland, *Christian Imagination*, (Shaw Books: Water Brook Press, 1968).

Sayers, Dorothy, *Christian Letters to a Post-Christian World*, ed. Roderick Jellema (Grand Rapids: William B. Eerdmans, 1969).

Schlesinger, Arthur, Jr., "Implications of Leisure for Government" in *Technology, Human Values, and Leisure*, ed. Max Kaplan and Phillip Bosserman (Nashville: Abingdon Press, 1971).

Scott, Nathan A., *Modern Literature and the Religious Frontier* (New York: Harper and Brothers, 1958).

Walsh, Chad, "A Hope for Literature," in *The Climate of Faith in Mordern Literature*, ed., Nathan A. Jr. (New York: Seabury Press, 1964).

Wellek, R. and A. Wallen, *Theory of Literature*, 3d ed., (New York: Harcourt Brace Jovanovich, 1977).

제6장

한국 기독문학의 과제*

* 이 글은 2007년 11월 기독교학문학회 제
24회 논문 발표회에 발표한 논문을 약간
수정한 것이다.

1. 서 론

본 연구는 한국 기독문학에 관한 두 가지과제에 대한 하나의 답을 제시함으로써 한국의 기독문학도 이제까지 전세계의 성서학자나 문학 작가들의 연구의 결과처럼 기독문학을 좀더 전력적으로 인식함과 동시에 기독문학을 통하여 이 시대의 혼란을 극복하고 인간의 삶에 하나의 비전을 제시하는 데 그 목적을 두고 있다.

미학적 의미에서 '성경은 하나의 문학작품이다'라는 주장은 성서가 미적 정서의 최고의 기능인 열정과 그 열정의 최상위 단계에 자리잡고 있는 사랑을 다루고 있기 때문이다. 영어의 passion의 어원 passio는 '고통을 받는다'라는 뜻이다. 열정은 단순히 사랑한다는 감정의 차원을 넘어서 사랑하기 때문에 자기의 전부를 희생하고 그 고통을 감수하는 상태이다. 성서는 바로 이러한 미적 정서로 감동을 주는 책이기 때문에 이 시대는 구원의 하나의 방법으로서 문학적 성경해석을 필요로 한다. 그리스도의 인류를 향한 사랑을 표현한 그의 수난(The Passion)과 수난극(The Passion Play)이 불멸하는 생명성을 지니고 오늘날까지 감동을 주고 있는 것은 이 때문이다.

루이스(C.S.Lewis)는 "건전한 의미에서, 성경은 결국 문학이므로 문학으로서가 아니면 올바로 읽을 수 없다."[1]고 하였으며 프라이(Northrup Frye)는 "성경은 실제로 문학이 되지 않고도 최대한 문학적이다."[2]라고 하였다. 또한 루이스는 "인간은 누구나 자신의 존재를 확대하기를 바라며 현재의 자기 이상의 것이 되려는 꿈을 가지고 있는데 문학은 이를 가능하게 해준다." 이것이 곧 문학의 '존재이유'[3]라고 하였다.

그리고 폴진(Polzin), 크로산(Crossan), 데트바일러(Detweiler) 등의 성경학자들은 성경연구의 도움을 얻기 위해 문학적 방법을 도입하였으며[4] 알터(Robert Alter), 라이컨(Leland Ryken), 커모드(Frank Kermode), 프라이(Northrop Frye) 등의 문학 연구가들이 문학비평으로서의 성경에 접근함으로써 미학이나, 미에 대한 사람들의 반응뿐만 아니라 독자와 청중에게 감명을 주는 예술적 수단으로서의 성경 연구를 체계화하고 있다.[5]

그리고 이미 금세기의 위대한 작가들, 엘리옷(T. S. Eliot)나 카프카(Franz Kafka), 톨스토이(lev. N. Tolstoj), 그리고 블레이크(William Blake, 1757~1827) 등이 그들의 작품 속에서 성경은 추상적인 교리의 형태로나 조직신학의 형태로가 아니라 문학형태로

---

1) C. S. Lewis, *Reflections on the Psalms* (Glasgow: Collins, 1961) 10.

2) Northrup Frye, *The Great Code* (London: A가, 1982) 62.

3) C. S. Lewis, "Preface" to *Paradise Lost* (Oxford Univ. Press, 1942) 3.

4) D. Crossan, "'Ruth amid the Alien Corn': Perspectives and Methods in Contemporary Biblical Criticism", in the *Biblical Mosaic* (ed. R. Polzin and E. Rothman (Philadelphia: Fortress, 1982).

5) Alter, Robert and Frank Kermode, eds. *The Literary Guide to the Bible* (Cambridge: Harvard Unv. Press, 1987)와 Frye, Northrop, *Anatomy of Criticism* (Princeton: Princeton Unv. Press, 1957) 그리고 Ryken, Leland, *The Literature of the Bible* (Grand Rapids: Zondervan, 1974).

262

우리에게 주어졌다고 해석하면서 기독교는 세계에서 가장 문학적
인 종교라고 주장하였다.6) 톨스토이는 그의 『예술론』에서 모든 예
술은 결국 기독교적이어야 한다고 주장하였고 워즈워스와 함께 영
국 낭만기 제1세대의 위대한 시인인 블레이크는 자신의 예언적 능
력(visionary)을 신화 형태로 시에 담은 『천국과 지옥의 결혼』(*The
Marriage of Heaven and Hell*)에서 플라톤적인 이원론에 의해 굳
어진 예수를 배격하고 예수를 인간의 상상을 꽃 피우게 하는 인물
로 보았다. '상상은 문학의 본질적 요소'7)이다.

또한 19세기의 많은 작가들은 1611년 판 영역성서8)의 운율을
끊임없이 흉내내고 있는데 이것은 마치 다른 문화의 글 속에서 유
행하고 있는 속담들을 흉내낼 때에 얻은 것과 같은 효과를 내고
있다. 그리고 미국대학의 많은 강좌들이 "문학으로서의 성서"(The

---

6) T. S. Eliot은 'Four Quartets'의 제2부에서 "가톨릭적인 심경, 칼빈적인
   정신유산과 청교도적인 기질을 겸비한 인간"으로서의 자신의 작품세계
   를 규정하였으며 그럼에도 불구하고 경험하는 인간과 창작하는 시적
   정신과의 사이의 미묘한 유대에 대한 확실한 인식을 고전으로부터 프
   랑스의 상징주의에 이르는 다채로운 표현으로 거침없이 미학적으로 형
   상화하였다. 카프카문학은 인간존재의 본질적인 취약성을 하나님의 심
   판과 은총이라는 일관된 주제를 『관찰』『판결』『심판』등의 작품 속에
   서 다루고 있으며 톨스토이는 내면생활의 모순에서 오는 사상적 동요
   를 과학이나 철학에 의해 해결하지 못하고 기독교에서 구원을 얻은 일
   생을 살면서 그의 작가적 소신을 『전쟁과 평화』『안나 카레니나』등과
   『요약복음서』『교회와 국가』『나의 신앙은 어디에 있는가』등의 작품
   을 통해 삶과 신앙과 문학을 일체화시켰다.
7) Walter Besant and Henry James, *The Art of Fiction* (Boston: De
   Wolfe, Fiske & Co., 1934).
8) 제임스 1세의 재가에 의해 54명의 성서학자들이 번역 편집하여 1611년
   완성한 Authorized Version으로 King James Bible이라고도 함. 영국
   산문의 한 기념으로 근대 영어문체 형성에 큰 영향을 미쳤음.

Bible as Literature)를 개설하고 있다. 성경은 이렇게 문학적인 영
향을 끼쳐왔는데 영문학의 기준으로 볼 때에 가장 큰 영향은 성경
이 그 존재의 필연성과 함께 하나의 통일체로 읽히면서 통일체로
서 인간의 상상을 끊임없이 자극했다는 점이다. 내가 기독문학을
전력적으로 인식하는 이유는 여기에 있다.

즉 성서는 천지 창조와 함께 시간이 시작되는 곳에서 시작해서
요한 계시록과 같이 시간이 끝나는 곳에서 끝을 맺는다. 그리고
성서는 그 사이에 있는 인간의 역사, 즉 아담과 이스라엘이라는
상징적 이름 아래 성서가 가지고 있는 역사의 모습을 개관하고 있
다. 뿐만 아니라 짧은 구체적인 이미지들로 가득차 있다. 도시, 산,
강, 정원, 나무, 기름, 샘, 빵, 포도주, 신부, 양, 그리고 다른 많은
것들이 있는데 이것들은 자주 반복됨으로써 어떤 통일적 원리를
뚜렷하게 보여주고 있다.

그럼에도 불구하고 한국의 기독문학은 협의의 문학론에 근거를
두고 있다. 현재 한국의 기독문학에 대한 정의를 논한 대부분의
글에서는 챠드 왈쉬(Chad Walsh)가 정의한 '기독문학은 하나님,
그리스도, 영혼 등과 같은 단어가 자주 나오는 책, 혹은 교회 생
활, 목사, 혹은 헌신적인 영혼 등을 취급하고 있는 책'9)이라고 말
한 내용을 대부분 인용하고 있다.

즉 현실적으로 한국기독문학은 개인적인 신앙체험을 쓴 간증문
이나 선교를 목적으로 한 설교문, 그리고 기독교인 작가의 작품으

---

9) Chad Walsh, "A Hope for Literature" in *The Climate of Faith in
   Mordern Literature*, ed., Nathan A. Scott, Jr. (New York: Seabury
   Press, 1964) 232.

로 소재와 배경을 교회생활 또는 성서에서 취하였을 때 이들을 기
독문학이라고 규정한다. 이로 인하여 한국의 기독문학은 해결해야
할 두 가지 과제를 안고 있다. 하나는 기독문학의 본질, 즉 개념의
정립과 관계된 문제이고 다른 하나는 일반문학과의 관계에서 야기
된 문학의 작품성과 예술성의 문제이다.

그러나 나는 기독문학을 기독교적으로 만드는 것은 그러한 소재
에 있는 것이 아니라 모든 소재에 대하여 문학적 광명을 줄 수 있는
열린 관점이라고 생각한다. 이에 대해 플래너리 오코너(Flannery
O'Conner)는 '기독문학은 반드시 기독교화된 세계에 관한 것일 필
요는 없다. 기독문학이란 소재에 의해서 분류될 수는 없으며 단지
작가가 인간적 또는 신적인 실체에 대하여 어떻게 생각하는가에 의
해서만 분류될 수 있다'[10]고 하였다.

한국의 기독문학이 안고 있는 두 가지 과제에 대한 하나의 답을
제시함으로써 한국의 기독문학을 전력적으로 인식함과 동시에 이
를 통해 이 시대의 혼란을 극복하고 인간의 삶에 하나의 비전을
제시하려는 데 목적을 두고 있는 본 연구는 다음과 같은 내용으로
구성된다.

먼저 Ⅱ장에서는 기독문학론을 논의한다. 기독문학론은 이제까
지 연구된 일반 문학론에 근거할 것이다. 그 이유는 일반 문학작
품의 "가능케 하는 대화들(enabling conversation)"[11]에 익숙하지

---

10) Flannery O'Connor, *Mystery and Manners*, ed., Sally and Robert
Fitsgerald (New York: Farrar, Straus and Giroux, 1957) 174. 196.
11) J. Culler, *Structuralist Poetics* (Ithaca: Cornell, 1975) 113.

못한 상태로 독자들은 성경문학을 읽을 능력을 갖기 어려우며 작가 역시 문학적 능력(competency in literature)을 향상시킬 수 없기 때문이다.

Ⅲ장에서는 한국 기독문학의 역사와 현재 논란이 되고 있는 기독문학의 정체성을 중심으로 그 대안을 제시하고자 한다. 이러한 논의를 바탕으로 Ⅳ장에서는 한국기독문학의 과제와 그 대안을 '기독문학의 본질'과 문학의 조건인 작가와 작품에 초점을 맞추어 제시하고자 한다.

그리고 Ⅴ장에서는 각 장의 논으로 도출된 결론에 부합되는 기독문학만이 미학적 의미에서의 기독문학이 될 수 있다는 것과 기독문학이 보다 더 전력적이어야 할 이유를 말함으로써 결론을 대신한다.

2. 기독문학을 위한 변명

1) 문학론

문학이란 무엇인가? 문학의 정의의 가장 흥미로운 특성은 그 불안정성이다. 새로운 문화적 단계가 나타남으로써 문학의 정의는 문화적 변화—새로이 나타나는 관심의 방향, 이데올로기, 철학 쟁점 등—에 대응하여 혁신되기 때문이다. 그러나 짧은 안목으로 볼 때는 중대한 문화적 변화가 생기는 것을 의식하지 못하기 때문에 문학의 현장적 정의(field definition)를 인정할 수밖에 없다. 현장적 정의는 비규범적이며 고도의 문화 수준에서 나오는 문학뿐 아니라 그 밖의 모든 수준에서 발견되는 문학적 담화를 문학 속에 포함시키는 것이다.

나는 문학을 순전히 객관적인 사실로도 보지 않고 순전히 주관적인 의식으로도 보지 않는다. 우리 자신이 세계 내에서 지각했다고 생각하는 기술된 부호나 발화된 음성을 우리의 정신이 반창조하는 것과 마찬가지로 우리 자신이 타인의 정신으로부터 받아드렸다고 생각하는 의미나 명제들을 우리의 정신은 반창조한다. 때문에 끊임없이 변화하는 문학의 속성을 한정적으로 확정짓는 논리는 불가능하다. 그러나 최소한 문학에 관한 일부 이론 중에 몇 가지는 문학세계를 이해하는 데 있어서 탁월한 기준이 될 수 있어야 한다고 생각한다. 바로 이 점이 내가 '기독문학'을 논하는 이유이다.

또한 문학은 사람의 인식 자체의 주관성이 다른 학문에서보다도 더 강력하게 작용한다. 이 때문에 하나의 문학론을 수용하는 사람은 그 순간부터 그 담론에 따라서 문학에 대한 스스로의 관점을 형성하게 된다. 그 결과 문학에 대한 다른 관점의 이해나 다양한 각도의 인식에 방해를 받을 수도 있다. 이런 의미에서 문학은 다른 학문보다도 비체계적이고 비논리적이다.

따라서 한 사람이 자신의 이론으로 문학을 논한다 하더라도 문학이라는 다채로운 무지개를 완벽하게 포착하지는 못한다. 단지 문학을 논하는 것은 문학이라고 하는 거대한 무지개의 수많은 찬란한 색깔들 중 그 한두 개의 색을 어렴풋이 보여주는 것에 불과하다. 그럼에도 불구하고 우리가 문학을 숙고하고 논할 필요가 있는 것은 문학론이 사람들로 하여금 무지개 그 하나의 색깔에서도 독특한 아름다움을 느낄 수 있도록 도와주기 때문이다.

그렇다면 가장 비체계적인 문학을 체계적이고 합리적으로 논한다는 것이 어느 정도 가능할까. 문학은 역사적으로 항상 개념적 이론적 규정의 틈과 문학론이라는 제도적 울타리를 부수고 헤집으면서 새로운 영토를 창출해왔다. 굳이 그 영토를 구분한다면 아마도 추상적인 학술적 문학론으로부터 안이한 문학 개론, 학문적 이론 없이 단지 예술가의 직관에 의해 쓰인 에피그램(epigram) 형식의 문학론 등이 될 것으로 생각한다.

나는 본고에서 이러한 영역과는 조금은 다른 문학론, 즉 문학으로서의 기독문학론을 말하고자 한다. 이것은 일반적인 문학 이론에 근거하여 성서를 대할 때에도 누구에게나 성서가 문학으로 매우 자연스럽게 수용될 수 있는 문학론을 말한다. 독자에게 이성과 지성으로 성서의 문학적 조건들을 인지함과 동시에 영성으로 성서문학의 생명력을 경험할 수 있는 기회를 제공해주고 싶은 것이다. 다시 말하면 "성서의 미적 정서를 통한 감동"이 기독문학론의 목적이다.

그런데 성서는 진리의 말씀이고 문학은 허구의 세계인데 어떻게 성서와 문학을 동일시할 수 있을까. 원래 성서문학(biblical literature)이란 문학으로서의 성서와 성서가 문ス학에 끼치는 영향에 대해 연구하는 학문분야를 가리킨다. 이를 위해서는 두 가지 방법이 있을 수 있다. 그 하나는 성서를 하나님이 계시한 책일 뿐만 아니라 하나의 문학서로 간주하고 연구하는 것이며 다른 하나는 성서가 문학에 끼치는 직접적인 영향을 함께 포함하여 연구하는 것이다.

본고에서 '성서문학'이란 의미는 성서의 진리를 문학적 형식으로 표현한 것, 다시 말하면 성서의 내용을 표현하는 방식이 문학적이라는 의미로서 본고가 다루고 있는 기독문학의 한 부류로 사용한다. 언어적 형식으로 표현된 그 말 속에 아무리 오묘한 진리가 있다 하더라도 그 표현이 학술적이거나 신학적이라면 독자에게 감동을 주기 어렵다. 미적 감동이 없는 글은 문학일 수 없다.

인간은 문학을 통하여 길을 찾고 진리를 모색하고 생명을 꿈꾼다. 문학을 통해 찾아가는 길은 감동이라고 하는 심리적 반응을 통해서이다. 감동이라는 이 울림은 한 인간이 대상을 자기의 온몸으로 직관으로 파악하는 행위이다. 인간은 문학적 감동을 통해 자신과 다른 사람의 삶의 기쁨에 동참한다. 그리고 슬픔과 고통을 확인함과 동시에 그것들이 자기의 일부일 수도 있다는 느낌을 갖게 된다.

이 느낌으로 자신의 삶을 반성하고 이 반성으로 인한 각오가 우리를 억압하는 것과 억압당하는 것의 정체를 파악하게 만들며 그것의 부정적 힘을 인지하게 한다. 인간을 억압하는 이 부정적인 힘에 대한 인식이 우리로 하여금 세계를 개조하여 보다 살기 좋은 세상을 만들고자 하는 열망을 갖게 한다. 에덴 회복에의 열망은 인간의 잠재된 욕망이다.

본고는 문학의 세계에서 '성서문학'을 관찰하고자 할 때에 이러한 시각의 양식을 통하여 보이는 것에 초점을 맞추어 문학적 반응을 유발하고 그 보상으로 언어구조물을 바탕으로 해서 기독문학의 개념을 형성하고자 한다. 문학이 인간에 의해 '말하여지고 만들어진' 인간을 위한 진리의 길이라면 성서문학은 인간을 위해서 '하나님이 말하고 그에 의해 만들어진' 진리의 길이다. 때문에 인간이 문학을 통해서 찾고자 하는 길은 결국 성서문학 속에 숨겨져 있는 길이 아닐까 한다. 내가 기독문학을 전력적으로 인식하는 이유는 이 때문이다.

그리고 '기독문학이란 무엇인가'라는 논의 자체는 오늘날 이 시대가 문학성이라 규정하는 것으로부터 자유로울 수 없다는 것을 전제한다. 문학의 개념정립은 역사의 산물이다. 오늘날 우리가 문학이라고 부르고 있는 것은 18세기 이후의 문학을 보는 관점에 의해서 규정하고 있기 때문이다. 오늘날의 문학이론은 어쩌면 다음 세대의 새로운 관점에 의해서는 문학이 아닌 것으로 취급이 될 수도 있다.

미술 사가들은 미술의 기원을 원시인의 동굴벽화에서 찾는다. 문학 사가들은 인간의 모방충동이나 쾌락본능에서 그 기원을 찾기도 한다. 그러나 문학이라는 개념이 없는 곳에서는 문학적이라고 추론할 수 있는 활동이라 해서 그것 자체가 문학이 아니다. 그것을 문학으로 인지하는 것은 오늘날의 문학적 관점이지 고대의 문학적 관점이 아닌 때문이다.

우리는 고대의 사가(saga)나 끊임없이 이어져 내려온 민담(folk-tale), 오늘날의 익살까지도 구전문학작품으로 간주하고 있다. 그리고 서사 장르들인 무대극과 오페라 영화 라디오 극, 발레나 무언극과 같은 비언어적 이야기로 전달하는 예술까지를 포괄하여 문학을 논하기도 한다. 그리고 이 잡다한 딜레마와 함께 현대문학의 관심의 중심으로 들어온 것이 "문학으로서의 성서"이다.

그동안 문학의 변방에서 홀대받던 기독문학이 문학의 관심으로 들어오게 된 것은 시대의 변화에 따른 여러 가지 원인이 있을 수 있다. 그러나 문학적 관점에서는 성서는 미적 정서의 최고의 기능인 열정과 그 열정의 최상위 단계에 자리잡고 있는 사랑을 다루고 있기 때문이다. 영어의 passion의 어원 passio는 '고통을 받는다'라는 뜻이다. 열정은 단순히 사랑한다는 감정의 차원을 넘어서 사랑하기 때문에 자기의 전부를 희생하고 그 고통을 감수하는 상태이다. 성서는 바로 이러한 미적 정서로 감동을 주는 작품이기 때문에 이 시대가 목말라 찾는 구원의 길이 될 수 있다고 본다.

때문에 문학이란 무엇인가를 규정하기 위해서는 이제까지 연구된 결과가 보여주는 안정되어 있는 엄격한 접근법도 중요하지만 불안정하지만 융통성 있는 접근법 역시 이점을 지니고 있다. 불안정하지만 융통성 있는 접근법은 개개의 독자에 의한 문학이론의 구체화를 가능하게 한다. 독자들은 때때로 문학적 규준 형성과 과정의 원칙들에 대하여 매우 날카로운 통찰력을 보여주며 좋은 문학과 그렇지 못한 문학을 판단할 수 있는 근거를 제시해주기도 한다.

이에 대해 잉가르덴(Roman Ingarden)은 "개개의 독자에 의한 깊고 다양한 '구체화'(concretizations) 속에 문학작품은 '생명'을 갖는다12)"고 하였다. 이 개념으로 맥패든(George McFdden)은 잠재적으로 문학작품의 생명력을 지속시켜 주는 모든 텍스트의 독자를 현저하게 서로 다른 기호 성향을 갖는 세 부류 즉, 작가, 전문적인 학자나 비평가, 일반 독서 대중으로 분류하였다.

문학의 정의를 교육적인 것과 연관하든 미학적인 것으로 인지하든 아니면 독자의 중층적 구체화의 결과로 수용하든 간에 복잡 미묘한 문학적 구조물들의 연구를 통해서 습득되는 지적 훈련의 결과는 소통전반에 대한 우리의 이해와 참여도를 높여준다. 동일한 집단 안에서도 문학에 관한 현대적 관념들이 서로 다양하게 상충하고 있는 현상을 생각할 때 문학 이론들은 국경을 초월한 지평선

---

12) Roman Ingaeden,, *Das Literarische Kunstwerk*(1931), 3rd rev. ed. (Tibingen, 1975) 353–80.

에 관한 의식을 보여주어야 할 것이다. 비록 현실적으로 불가능하다 할지라도 우리는 개개의 독자에 의한 깊고 다양한 구체화를 통해서 문학의 이 길에 좀더 가까이 갈 수가 있다.

이런 의미에서 기독문학이론에 근거하여 한국의 기독문학의 과제를 숙고해본다는 것은 매우 의미 있는 일이라 생각한다. 인간을 억압하는 세상의 모든 것은 유용하고 유용한 것이기 때문에 권력을 지닌다. 그러나 문학은 인간을 억압하지 않기 때문에 문학적 감동의 원초적 느낌의 단계는 힘이 아닌 쾌락이다. 쾌락은 반성과 각오를 통해 삶의 본질을 총체적 파악할 수 있도록 도와주고 인생에 대하여 비전을 갖도록 만들어준다. 이것이 문학을 통해서 인간이 찾고자 하는 길이다. 본 연구는 기독문학을 통하여 그 하나의 길을 제시하고자 한다.

2) 미적 정서의 불확실성과 대안

한국문단의 포스트모더니즘의 논쟁은 리얼리즘과 모더니즘의 논쟁이 한창이던 1980년대부터였다. 포스트모던이란 용어는 원래 건축에서 처음 사용한 용어인데 문학에서는 모더니즘과 리얼리즘에 반발하여 새롭게 시작된 지적 움직임을 일컫는 말이다. 이 지적 움직임의 핵심적 이유는 종래의 관습적인 문학 양식으로는 20세기 후반의 이 계시록적 시대의 리얼리티를 도저히 담아낼 수 없다는 문학적 고갈의식 때문이었다.

전통적으로 작가는 문학예술이 인간과 사회에 보다 나은 삶을 위한 비전을 제시할 수 있다고 믿어왔다. 그러나 지구촌 곳곳에서 일어나는 대사건들과 정치적 경제적 사회적 현실의 상황들이 고답

적이고 귀족적인 모더니즘문학관이나 문학이 현실을 반영하고 재
현할 수 있다고 믿는 리얼리즘문학관 모두에 대하여 회의하고 반
발하도록 만들었다. 포스트모더니스트들은 문학의 이 부정적 한계
는 극복될 수 있는 것이 아니라고 보고 있다. 오직 작가는 파편화
된 현실의 모습을 있는 그대로 인정하고 제시하여 포용할 뿐이라
는 생각을 하는 것이다.

　기독문학은 포스트모더니즘의 문화에도 여러 있어야 한다. 우리
는 리얼리즘의 전통 속에서 태어나 모더니즘의 영향 속에서 자란
후, 포스트모더니즘의 상황 속에서 살고 있다. 그래서 핫산(Ihab
Hassan)은 "우리 모두는 다소간 리얼리스트이고 다소간은 모더니
스트이며 또 동시에 다소간은 포스트모더니스트라고도 할 수 있
다"13)라고 하였다. 만일 문학이 동시대를 반영하는 것이라면 오늘
날의 문학은 분명 포스트모던적일 수밖에 없다.

　리얼리즘이나 모더니즘시대에는 작가란 특별한 사람으로서 사회
로부터 분리된 자이며 전지전능한 신적인 존재라는 낭만주의적 생
각을 갖고 있었다. 그래서 작가의 상상이 창조력을 지니기 때문에
문학이 인간을 구원할 수 있다고 주장하였다. 그래서 작가의 현실
참여는 문학적 사명으로서 상당한 권위 의식을 느끼게 하였다. 그
러나 포스트모더니즘의 작가들은 이러한 작가적 존재의미와 사명
을 전적으로 부인한다. 나는 이런 현상을 '작가의 정서적 불확실
성'이라 정의하고자 한다.

　미적 정서의 불확실성은 독자의 입장에서도 마찬가지이다. 독자

---

13) Ihab Hassan, "POSTFACE 1982: Toward a Concept of Postmod-
　　ernism" in *The Dismemberment of Orpbeus: Toward a Post-*
　　modern Literature (Madison: Univ. of Wisconsin Press, 1982) 264.

들은 문학작품의 에피파니(epiphany: 계시의 현현)를 거부한다. 작품을 통하여 고양되고 심오한 지적 내지 정서의 깨우침을 받을 수 있다는 사실을 믿지 않는다. 에피파니의 부정은 질서의 회복에 대한 불신이다. 한 작품이 추구하는 구심점을 거부하며 작품이 지향하는 사상도 인정하지 않는다. 리얼리즘과 모더니즘시대의 작가의 권위는 더 이상 존재하지 않는다.

이러한 독자의식의 한 예를 우리는 패러디(parody)에서 찾아볼 수 있다. 패러디는 기존의 어떤 것에 대한 흉내를 통해 그것이 미처 깨닫지 못하고 있거나 또는 그것이 할 수 있다고 착각하고 있는 것을 지적하고 비판하는 하나의 전략이다. 문학작품에 대한 패러디를 독자는 일종의 창작으로 느끼며 쾌감을 얻고 스스로를 비평가의 입장으로 승격시킨다. 수많은 해석의 가능성을 인정하는 열린 시대, 열린 사조의 흐름 속에서 문학작품은 나름대로의 결말조차도 내지 못한 채 막을 내린다. 그리고 결말은 독자의 몫으로 돌아간다.

이 때문에 '독자반응비평'이라는 새로운 용어가 만들어졌고 '작가의 죽음'을 주장하는 탈구조주의가 부각됨으로써 다원주의 상대주의적 민주 지향적 사조가 팽배해졌다. 독자도 작가와 함께 공동으로 창작에 참여해야 한다고 보는 것이다.

나는 미적 정서의 불확실성은 타락한 상태의 결과라고 생각한다. 아무리 포스트모더니스트들이 열린 사조와 열린 의식을 특징으로 강조하여도 타락한 상태에서는 우리의 시야는 근본적인 한계를 지닐 수밖에 없다. 창조된 인간은 최초에는 하나님의 형상을 닮은 존재였다. 창세기의 창조의 사건은 생명의 형태는 '하나님이 말함'으로써 생긴 것을 보여준다. 이것은 비록 생명들이 만들어지고 창조되었다 하더라도 그것들은 다른 것을 재료로 하여 만들어지지 않았다는 뜻이다.

때문에 인간의 의식은 하나님에 대하여 열려 있었고 하나님의
속성을 닮은 무한한 상상이 가능한 존재였다. 그러나 타락으로 인
하여 인간은 하나님과 자연에 대해서 타자(他者)가 된다. 타자란
자기가 추구하는 것의 모델인 동시에 견고한 자아라는 인식이 너
무나도 분명하게 완전히 분해되는 상태로서 소외감을 동반한다.
소외감은 극도의 불안과 혼란과 회의를 증폭시킴으로써 진리에 대
하여 눈을 멀게 한다.

지라르(Rene Girard, 1923~)[14]는 문학이야말로 인간의 욕망관
계를 적나라하게 복합적으로 알려주는 과학이라고 정의하고 그의
학문적 여정을 총결산한 『문화의 기원』(Les Orgines de la Culture)
에서 문학적 욕망은 주체와 그 주체가 선망하는 '모델'을 통하여 우
회하는 길이라 하였다. 일반적으로 말하는 욕망은 욕망하는 주체와
그 대상과의 관계인데 지자르는 욕망을 '모델의 모방'과 같은 의미
로 쓰고 있다.

포스트모더니즘시대의 제 혼란은 근본적으로 인간이 초월적 종
교성을 인정하기를 거부한 데 있다고 본다. 인간에게 신은 죽었고
인간은 신의 자리에 타자(자가가 추구하는 것의 모델)를 우상으로

---

14) 문학 평론가이자 사회 인류학자인 르네 지자르는 『낭만적 거짓과 소
설적 진실』(*Mensonge Romantique et Verite Romanesque*, 1999)에
서 문학작품 속의 인물들이 어떻게 욕망하는가를 밝힘으로써 인간
욕망의 근원과 성격을 규정하고 이 욕망의 체계를 통하여 우리가 살
고 있는 사회의 특성을 제시함과 동시 폭력과 구원의 문제에 대한
하나의 답을 얻고자 시도하였다. 또한 문학작품 분석이 중심을 이루
고 있는 그의 대부분의 저서들에는 지라르작업의 기독교적 성격과
함께 인간에 대한 기독교적 관점이 많이 들어 있다.

두고 그가 자기에게 없는 가치성과 충만감을 갖고 있다고 착각한
다. 그 때문에 인간의 모방충동은 극대화되고 그로 인해 경쟁은
날로 치열해진다.

한편 사회는 인간이 타자와 나 사이에 존재하는 차이와 간격을
철폐하여 동질화시키려는 행동을 정당한 정의로 여김으로써 평등
주의를 만들었지만 같으려 하고 닮으려 하는 인간의 욕망을 끊임
없이 자극함으로써 폭력을 불러왔다. 그 결과로 평등주의는 욕망
을 목표로 질주하는 광기를 조장한다.

인간의 욕망은 언제나 그가 선망하는 사람들의 욕망을 욕망할
뿐이며 사람들은 타인에 의하여 선망된 대상만을 선택한다. 욕망
의 모방충동은 문학을 발생시킨 하나의 동력이다. 문학이 존재하
는 한 모방하려는 인간의 욕망을 제거한다는 것은 불가능하다. 사
실상 모방 심리가 없다면 문학뿐 아니라 인간의 문화 창조나 교육
도 불가능할지도 모르며 그 결과 폭력이 더 심해질지도 모른다.
그러나 인간은 내형제를 존경과 선망의 표적으로 삼으며 그를 모
방하려는 순간에 이미 그를 제거할 적으로 삼는다. 우리는 창세기
의 아벨과 가인 형제의 이야기에서 그 예를 찾아 볼 수 있다. (창
세기 4:1-8)

똑같은 욕망을 가진 두 인간은 필연적으로 충돌할 수밖에 없음
을 보여준다. 지라르는 욕망은 '나를 닮아라'와 '나를 닮지 말아라'
의 이중 장치의 구조를 지니고 있다고 보았다. 즉 사람은 누구든
지 타인이 선망하는 모델이길 바라고 그런 욕망이 실질적으로 이
루어질 것 같으면 그것을 싫어한다고 하였다.

우리는 보편적으로 막연히 인간이 공감대를 형성하고 동질화되
고 차이가 없어지면 인간관계의 화합과 평화가 올 것이라 생각한

다. 그러나 차이의 소멸, 동일성의 승리는 사회를 가공할 폭력으로 몰고 간다는 것을 구약의 아벨과 가인, 에서와 야곱 형제간을 통해 확인할 수 있다.

앞에서 지적하였지만 타락한 인간의 상태는 자연과 하나님에 대하여 타자의 관계이다. 성경에는 폭력은 타자로서의 인간이 저지른 범죄 행위인 것을 알려준다. 따지고 보면 인간의 역사는 폭력의 역사이며 폭력으로 얼룩져 있다. 그럼에도 불구하고 많은 종교와 고대의 문학이 폭력을 폭력인 줄 모르도록 신화조작을 해왔다. 지자르에 의하면 이러한 위선을 세상에 최초로 폭로한 사람이 예수그리스도라고 분석하고 있다.

신약에서 예수가 바리새인들로부터 언어적으로 또 로마인들로부터 신체적으로 집단폭력을 받은 사실은 이미 하나의 게시였다는 것이다. 성경은 이미 이 시대의 현상을 예수를 통하여 보여주었으며 그것이 포스트모던 사회의 하나의 특징으로 밝혀졌다고 볼 수 있다. 문학적으로 보면 미적 정서의 불확실성은 마찬가지로 폭력을 부르는 요인이다. (마태복음 27:15-31)

폭력과 함께 현대문명의 병리현상 중의 하나는 대중의 소비와 관련이 있다. 대중의 소비생활이라는 외적인 이 현상은 이 시대의 우리의 내면과 정신의 상태를 가장 적나라하게 보여준다. 전통사회에서 인간은 소비 상품과 친밀한 현존관계를 유지해 왔다. 그러나 소비사회에 들어서면서 상품은 사용가치와는 무관하게 그 자체가 기능적인 조직체계를 독자적으로 향유한다. 소비와 생산이 용도에 따른 필요와 충족의 관계에서 이루어지는 것이 아니고 한 개의 상품은 기능과 모습 디자인 등이 다른 기능들과 결합화하여 소비자의 기호적 생활수준을 과시할 뿐이다. 그 결과 각자가 다른 사람과의 생활수준의 차이를 만들기 위하여 최신 유행의 값비싼 상품을 구매하지만 결국 모두 다 똑같아지는 것이다.

보드리야르(Jean Baudrillard, 1929~)는 이처럼 실용적 용도를 벗어난 소비사회에서 소비자는 흉내와 거짓꾸밈으로 소비생활에 탐닉함으로써 그 결과 '음탕함과 비대함'을 최고의 생활지표로 삼는 풍조를 만들어 냈다고 하였다. 결국 자아내면의 음탕함에 대한 기호는 인간과 인간 사이의 따뜻한 교감을 차단한다. 사랑을 증발시킨다.

모든 것에 호기심을 갖지만 아무데도 깊이를 느끼지 못하고 넘치는 정보를 쓸데없이 비축하여 비대해진다. 그리고 폭주하는 광고의 홍수 속에서 대중은 '흉내내기'와 '거짓 꾸밈'의 환상적 열정이 마치 자신의 자아인 것처럼 착각하고 살아가고 있다.

작가가 문학을 통해 인간의 삶을 어루만지는 사람이라면 '음탕함' 대신 진정한 의미의 '사랑'을 '거짓' 대신 '참'을, '허위' 대신 '진실'에 대하여 고뇌할 수밖에 없다. 불안과 불확실성과 혼란과 회의를 뛰어넘을 수 있는 하나의 길을 삶에 제시해줄 책임을 안게 된다. 이 시대는 문학적 비전에 목말라 하는 독자에게 기독문학은 그 하나의 비전을 제시해야 할 것 같다.

3. 한국기독문학의 현주소

1) 한국 근·현대 문학사에서의 기독문학

문학사에서 말하는 '근대'나 '현대'라는 명칭은 서구의 모던(modern)에서 차용한 말로서 시대를 나타내는 용어가 아니라 문예사조를 지칭하는 용어이다. 이 경우에 모더니즘은 '근대주의'이기보다는 '현대주의'에 가깝다. 모더니즘은 한국의 문학사에서는 근대와 현대를 구분하는 분기점이다.

내 개인적으로는 우리의 근대는 갑오동학혁명을 전후한 시기로 보며 전 시대와 구분되는 8·15 해방에서 4·19를 거친 그 이후의 시기를 '현대'로 하는 것이 타당하다고 본다. 비록 우리의 근대가 서구의 19세기 말에서 20세기 초처럼 완숙한 자본주의 사회화는 아니었을지라도 외세의 침략이라는 특징상 타당한 구분이다.

그러나 현대 문학의 경우에는 1920년대 후반부터 30년대 초에 이미 시작이 되었다. 이것은 비록 소수이기는 하나 근대적 의식을 갖춘 지식층의 자체 내 성장을 염두에 두어야 하기 때문이다. 즉 우리는 문학사의 30년대 모더니즘 운동 이후의 한국문학을 현대문학이라 보는 것이 타당하다고 생각한다.

기독문학은 기독교 신앙 안에서 성서적 복음을 토대로 보편적 예술상을 달성할 때 이루어지는 문학이다. 구원은 하나님의 창조의 본래의 모습을 회복하는 것이며 구원이라는 주제를 언어예술로 형상화하는 것이므로 기독문학은 구원을 믿는 신앙을 담고 있거나 그것을 지향하는 문학이다.

그러므로 기독 작가에 의해 창작된 작품으로서 기독교의 진리를 예술적으로 형상화한 작품은 물론 기독문학이 될 수 있지만 작가가 누구이든 간에 기독교적 일반 은총의 논리에 의해 창작한 작품 속에서 기독교적 가치관을 이끌어 낼 수 있는 작품은 기독문학작품이 될 수 있다. 그러나 기독문학의 가장 중요한 특징인 '십자가의 대속'이라는 이 주제는 신앙적 체험이 없이는 영적 흡인력을 지닐 수 없다고 본다. 다시 말하면 구속의 은혜를 체험하지 못한 작가의 글쓰기가 성령의 역사와 같은 영적 감동을 끼치는 것은 극히 어려운 일이라 보기 때문이다.

이 모든 조건을 충족한다 하더라도 작품이 미적 감동을 주는 예술성을 지니지 못하는 작품이라면 진정한 의미의 기독문학이 될 수 없다. 이런 이유로 한국문학의 근·현대사에서 기독문학은 그 위치가 변방에 처할 수밖에 없었다.

한국의 기독문학의 역사를 살펴보면 1900년대에는 개화 계몽의 서사적 형상화로서 존재하였다. 기독교 소설의 출발은 성서의 우리말 번역과 찬송가의 번역을 거쳐 개화기 문학을 주도하면서 시작이 되었다. 작가들은 시대정신의 발로이자 기독교적 박애주의 사상의 실천을 묘사함으로써 서구문명의 바탕이 기독교임을 보여주는 순수한 교리적 입장에서 작품을 구성하였다.

기독교를 증명하는 한편 성령의 역사와 삼위일체 하나님을 투사함으로써 기독교의 진리를 올바르게 표현하려고 시도한 작품이지만 당시 기독교는 개화의 열풍에 휩싸여 양적으로는 대단히 팽창하였으나 신자들 각각의 신앙상태는 지정한 의미의 기독교적 진리와 거리가 멀었다. 작가들은 신자들의 참다운 내적 반성을 촉구함으로써 기독교가 혼탁한 시대의 빛을 비추어야 한다고 주장하고 있다. 그러나 기독교에 대한 깊은 인식이 부족하였기 때문에 교조적이고 상식적인 기독교소제의 등장 정도로 기독성 여부를 파악할 수밖에 없다.

작품들은 기독교의 진리를 선포하기 위한 주제를 매우 교리적으로 다루고 있어서 감동을 통해서이기보다는 교리를 교훈적으로 교시함으로써 독자들의 이성을 움직이고자 한다. 때문에 문학의 기능 면에서 효용성과 교훈설을 구체적으로 나타내며 작품들의 구조적 특성도 매우 단선적이고 평이하다. 따라서 극적인 갈등이나 긴장감이 부족하여 한계를 지니고 있다.

　작품의 기독교적 소재와 함께 플롯과 인물과 구성 면에서 다양한 변모를 보여주는 작품은 춘원 이광수와 김동인, 그리고 전영택의 문학이 그 대표적인 예이다. 기독교적 세계관을 보여주며 기독교의 박애사상을 민족주의와 결합하여 형상화함으로써 당시 한국기독교회를 냉정하게 비판하고 인물들의 풍자적인 묘사와 의식의 흐름을 통한 새로운 소설기법을 시도하였다. 기독교의 교리를 작품의 사상성으로 소화하려고 시도함으로써 작품의 공감의 폭을 넓히고 기독교적 주제를 드러낸 것은 아니지만 기독교가 배경으로 내면화된 소설이란 점에서 기독문학작품으로서의 의미를 지닌다.

　그러나 한편 30년대의 한국의 기독교는 영적 진취력의 고갈을 충족시키려는 신앙운동을 일으킨다. 고난받으신 그리스도와 고난의 체험을 같이 함으로써 그 일치성을 강조하려는 신앙운동은 문학에도 영향을 미친다. 문학은 기독교의 사상에 대한 직접적인 표현을 억제함으로써 기독교의 진리를 독자의 정서에 호소하는 문학적 형식을 취한다.

　전후문학의 시대인 1950년대는 사랑의 문제를 기독교적 윤리의 차원에서 제시하면서 세속적 관능주의를 기독교적 휴머니즘의 입장에서 극복하고자 한다. 『월남전후』 서구휴머니즘과 기독교적 갈등으로부터 새로운 휴머니즘을 이끌어내고자 시도한 김동리의 『사반의 십자가』, 한국교회의 속물주의를 풍자와 해학으로 신랄하게 비판한 작품, 이범선의 『피해자』 등이 있다.

한국전쟁 이후 1980년대 오승재는 『대성리 교회』에서 주인공 김장로를 통하여 "주여, 교회는 무엇하는 곳입니까?" "어떤 사람이 참신자이며 어떤 사람이 참목자입니까?"라는 물음을 던진다. 한국교회가 안고 있는 이 같은 문제들을 주제로 다룬 작가는 오승재 외에 정을병, 강정규, 김원일, 김용운, 백도기, 윤남경 등이 있다.

이 작가들의 작품은 그동안 호교적인 성향을 보여 온 작가들의 작품들과는 확연히 구분된다. 그들은 하나같이 한국교회의 교조주의적 독선, 샤머니즘, 현세적 기복신앙, 위선적 이중성, 타성에 젖은 의식주의를 비판하였고 기독교의 비본질적인 양태들을 고발함으로써 그 반성을 촉구하였다.

기독교와 문학의 이 같은 흐름 가운데서 김은국의 『순교자』는 진정 기독교적인 삶이 무엇이며 전쟁과 고난의 현실에서 구원은 어디에 있는지를 성서의 진리에 근거하여 진지하게 파헤친다. 백도기의 『어떤 행렬』 『청동의 뱀』 역시 그 주제는 인간의 고통의 문제에 집중되어 있다. 십자가의 사랑은 감상이 아니다. 십자가의 사랑을 실천하는 것은 스스로 타인의 고통을 짊어지고 고통에 동참하는 것을 의미한다고 본 작가는 타는 목마름으로 인간의 구원을 성서에 기대어 갈망한다.

1980년대부터 세기말적인 니힐리즘은 한국문학사에서도 외면할 수 없는 문학적 과제였다. 이 시대의 구원의 의미는 무엇인가. 그것은 문학적 과제였던 동시에 기독문학의 중심과제다. 이러한 문제는 1980년대를 지나면서도 계속되어 이문열, 이청준, 조성기, 현의섭 등의 작가들이 이 주제를 형상화하였고 80년대 이후에도 이들 작가들의 작품과 함께 기독교적 성향을 띈 작가들을 몇 명 더 거론할 수 있다.

2) 기독문학의 논란과 그 대안

이상에서 살펴본 바와 같이 한국의 기독문학은 현실적으로 두 가지 측면에서 문제점을 안고 있다. 하나는 기독문학의 본질, 즉 개념의 정의와 관계된 문제이고 다른 하나는 일반문학과의 관계에서 야기된 문학의 작품성과 예술성의 문제이다.

즉 기독문학이란 개인적인 신앙체험을 쓴 간증문학이나 선교를 목적으로 쓴 설교문학, 그리고 기독교인 작가의 작품이거나 작품의 소제와 배경이 성서를 근거로 하여 작품이 구성되었을 경우로 국한되어 있으며 그로 인하여 기독문학작품은 일반적으로 정의되는 문학작품에 비해 작품성과 예술성에서 매우 뒤떨어진다. 그 결과 기독문학은 일반문학계에서 외면당하고 있는 실정이다. 그럼에도 불구하고 기독문학의 개념에 대한 정의도 분명치 않으며 작품의 예술성을 논할 수 있는 준거가 거의 없다.

이런 상황에서 최근 한국기독문학회장을 역임한 원로시인 황금찬 씨는 '창조문예' 10주년 특별대담에서 '기독문학'이란 말 대신 '신앙문학'이란 말을 사용해야 한다고 주장하였다. 황 시인은 이 주장과 연계하여 다음과 같이 신앙문학에 대한 자신의 입장을 밝혔다.

1. 기독문학이라는 말은 서양에는 없고 일본과 대만, 우리나라에만 있다. 우리나라에는 불교적인 문학도 있고 유교적인 문학도 있기 때문에 기독문학이라고 말하는 것으로 알고 있다. 하지만 기독문학의 시대는 이미 지났다고 생각한다.

2. 이 시대는 기독교를 상식적인 면에서만이 아니라 영혼으로 접하고 있기 때문에 기독문학이라는 관념적인 말보다는 신앙문학

이라고 해야 한다.

3. 우리가 신앙문학을 한다면 구약이 아닌 신약을 써야 한다. 구약은 문학에서 이미 다 써먹은 지 오래이다.

4. 이 세상에서 가장 위대한 시인은 예수님이다. 예수님은 그 시대에 없었던 '에바다'나 '달리다굼' 같은 새로운 언어를 창조하셨는데 이 말 안에는 절대성이 담겨 있다. 지금 우리가 쓰고 있는 말에서는 구원을 얻을 수 없다. 우리의 언어를 기독교정신을 바탕으로 완전히 바꿔야 한다.

필자는 먼저 황 시인의 주장에 대한 논리적 모순성을 지적한 후 기독문학에 대한 나의 입장을 언론에 다음과 같이 밝혔다.

1항에 대하여: '기독문학'이란 용어를 대만, 일본, 그리고 한국 불과 세 나라에서 사용하는 말이기 때문에 부적합하다면 '신앙문학'이란 용어는 전세계 어느 나라에서도 사용하지 않는다. 그것은 '신앙'에는 다양한 종교에 따라 수많은 신앙이 존재하며 그 수준도 가름할 수 없도록 천차만별이기 때문이다. 그리고 '신앙'이란 기준이 없는 주관적인 것이다. 그럼으로 이를 구분 짓기 위해서는 '기독교 신앙', '불교신앙', '무속신앙' 등으로 표시하게 된다. 그렇다면 기독문학이란 용어보다 더욱 복잡하고 객관성을 상실하게 된다. '기독교'라는 용어가 첨부된 경우는 그나마도 객관성을 띨 수 있기 때문이다.

또한 '서양에는 기독문학이라는 말이 없다'고 한 것은 문학의 특성을 잘못 이해한 것이라 보인다. 황 시인은 이번 대담에서뿐 아니고 이미 오래전 한 문학심포지엄에서 이 말을 한 적이 있었다. 이에 대하여 필자는 2006년 11월 11일 총신대학교에서 열린 제23

차 기독교학문학회에서 제5분과에서 '기독문학의 개념정립을 위한 시론'이란 연구를 통하여 반대의견을 개진한 바 있다.

문학은 역사의 산물이며 그 기원은 문명과 문화와 예술의 혼합체이다. 서양에서는 2000년 동안 기독교가 문학의 본질을 인식하는 주체였다. 문학은 언제나 인식주체가 개념적 이론적 규정의 문학론을 부수고 그 영토를 구축하는 것이다. 문학은 시대에 따라 그 존재 방식을 달리하면서 현실에 참여해 있다. 때문에 서양에서는 기독교가 보편화되어 있기 때문에 문학이라면 기독문학이 문학 그 자체를 가리키는 것이 일반적이다.

2항에 대하여: 황 시인이 의도한 뜻이 확실치는 않으나 그가 인식하고 있는 기독문학이 무엇인지에 대해 많은 의문을 갖게 한다. 일반적으로 한국의 기독문학 작가들은 기독문학이란 문학을 통해 하나님의 이름을 더 높이고 그가 창조하신 천지만물과 인간들에게 주신 달란트와 그가 베푸신 사랑과 은총을 찬미하는 문학으로 알고 있다. 이것은 관념이 아니다.

관념적이기 때문에 '기독문학' 말을 그만둬야 한다면 문학을 통하여 하나님을 더 이상 찬미하는 것을 중단해야 한다는 뜻이 된다. 뿐만 아니라 기독 신앙을 담은 문학 대신에 이제는 불교나 마호멧, 또는 샤머니즘을 담은 문학을 전개해야 한다는 뜻으로도 해석된다. 그도 아니면 비종교화된 신앙 문학을 새로 만들어야 한다는 주장인가.

그는 또한 기독문학의 시대는 지나갔으며 기독교란 상식적인 것이며 기독문학이란 관념적이며 영혼을 다루기 위해서는 신앙문학이 타당하다고 말했다. 그러나 기독교라는 용어가 상식적이라 한다는 것은 지나친 주장이다. 기독교라는 용어는 하나님(예수님)을 신앙하는 종교라는 뜻인데 이것을 상식적이거나 관념적이라 말하는 것은 있을 수 없는 일이다. 황 시인은 수많은 시를 발표하였는데 그의 아름다운 시들이 기독교적이라 해서 관념적인 시로 바뀌지는 것은 아니다.

3항에 대하여: 문학의 소재는 제한되어서는 안 된다. 칠 흙 같은 어둠 속에서도 빛을 볼 수 있고 절망 속에서도 희망을 보도록 하는 것이 문학의 사명이다. 구약은 다 써먹어 더 이상의 소재가 되지 못한다는 주장은 너무나 엉뚱하다. 다윗의 시편은 읽는 사람들에게 참으로 감동을 더해주고 있다. 더 이상 다윗의 시를 읽지 말라는 뜻인지, 홍해를 건너 출애굽한 극적인 내용들을 더 이상 문학에서 다루지 말아야 한다는 것을 의미하는 것인가?

필자가 좀 너그럽게 말할 수 있다면 황 시인이 구약시대가 끝났다는 신앙에 바탕을 두고 구주로 오신 그분을 소재로 삼아야 한다는 뜻으로 받아드리고 싶다. 어떤 이들은 구약은 이제 존재가치가 없다고 주장하기도 한다. 그러한 신앙은 위험한데(왜냐하면 중세기를 거쳐 오늘에 이르기까지 기독교 신앙은 검증을 거쳐 오늘에 이른 것이다) 이러한 주관적인 신앙이 엉뚱한 결론 즉 구약은 더 이상 문학의 소재가 되어서는 안 된다는 결론을 도출하게 되는 것이 아닌지 우려된다.

4항에 대하여: 예수님께서 그 시대에 없었던 '에바다'나 '달리다굼' 같은 새로운 언어를 창조하셨기 때문에 시인이라는 말에는 어패가 있다. 예수님이 만왕의 왕이며 만주의 주시며 믿음의 창시자

요 지혜의 결정임을 기독교인은 아무도 부인하지 않는다. 그러므로 예수님을 시인이라 하려고 한다면 그분이 사용한 아름다운 말씀들이 모두 아름다운 시라고 말하는 것이 더 타당할 것이다. 예컨대 예수님이 가르쳐 주신 팔복은 하나의 시임에 틀림없다. 그러나 그것은 시의 차원을 넘어서는 진리의 말씀이다. 시 속에는 얼마나 많은 거짓꾸밈과 수사가 들어 있는가. 그뿐 아니라 '에바다'나 '달리다쿰'은 예수님이 창조하신 언어가 아니다. 이미 그 시대에 존재하고 있던 언어를 적절하게 적용하신 것일 뿐이다. 또 그것이 새로운 단어의 창조라 하더라도 그것으로 시인이 되는 것이 아닌 것은 너무나 명백하다. 요즈음 수많은 새로운 용어들이 등장하고 있는데 그 용어를 만든 사람을 우리는 시인이라 부르지 않는 것과 같다.

4. 한국기독문학의 과제

1) 기독문학의 본질 면에서

문학에서의 상상이란 물리적이고 과학적인 척도로 판단하거나 세계를 추상화하는 관념적 사고가 아니라 세계를 다른 사물 다른 이미지를 통하여 이해하고 해석하려는 방법이다. 그것은 구체적이고 감각적인 인식의 수단이다. 문학적 상상을 통하면 우리는 문예 사조의 흐름과 성서와의 관계를 포스트모더니즘의 특징인 패러디로서 충분히 가시화할 수도 있다. 이 패러디는 창작이나 현대문학을 위한 비평의 역할을 할 수도 있으며 또한 기독교적 세계관에 의한 문학세계의 비전이 될 수도 있을 것이다.

출애굽기의 모세의 시대는 이집트인들이 유대인들을 지배하고 착취하던 시대였다. 민중의 지도자인 모세는 왕족출신으로서 그의 역할은 지배계급에 대항하여 억압당하는 백성을 구하는 일이다. 역사적으로 볼 때에 리얼리즘의 기수들은 교육받은 부르주아 계급 출신이었다. 그들은 항상 사회에 대하여 무엇인가를 주어야 한다고 생각하였으며 많은 경우에 문학의 작가들은 억압하는 힘에 대항하며 그 힘을 고발하고 민중을 구원하고자 하는 사명을 스스로에게 부여하였다. 뿐만 아니라 구약시대의 율법은 리얼리즘 사고에 근거하고 있다.

예수의 탄생 목적은 바로 이 구약의 율법을 폐기하는 일이었다. 그의 시대도 모세의 시대와 같이 로마인들의 지배와 착취를 받았다. 그 때문에 유대인들은 예수에게 모세와 같은 지도자의 역할을 기대했고 예수가 자신들을 해방시켜 주기를 바랬다. 그러나 예수의 역할은 근본적으로 모세와는 달랐다.

그는 가난한 목수의 아들로 태어났을 뿐 아니라 바로와 싸우는 대신 마음속의 악과 싸워 이기는 법을 가르쳤고 백성을 이끌고 홍해를 건너는 대신 한 사람 가난한 영혼의 아픔을 치유하기 위해 눈물을 흘리는 인간이었다. 그가 꿈꾼 것은 한 사람 한 사람의 정신적 자유이었다. 그래서 사람들은 예수를 구세주라 불렀다.

문학적으로 본다면 두 사람은 각각 다른 시대에 태어났으며 예수는 모더니즘시대와 포스트모더니즘의 시대를 산 사람이다. 그래서 그리스도의 고뇌와 역할도 모세의 그것과 다를 수밖에 없었다. 모세의 시대에는 저항할 대상이 눈에 보이는 분명히 실재하는 존재였다. 그래서 투쟁의 수단과 목적도 분명하고 그 결과가 눈앞에 가시화될 수 있는 리얼리즘의 시대였다. 그러나 오늘날의 시인들은 바라보고 기어오를 파르나수스나 헬리콘도 없으며 바라볼 피스카도 없기에 시적 영감은 고갈되고 문학은 관개가 잘못되고 늪으로 엉망이 된 습지를 헤매고 있다.15)

그러나 그리스도의 시대에는 로마라고 하는 가시적인 리얼리티뿐만 아니라 유대인의 편견과 마비와 도덕적 타락 등의 보이지 않는 실체와 직면한 시대였다. 투쟁의 대상이 더 복잡하고 보이지 않기에 더 어려운 시대상황에서 그리스도는 전통적인 모세의 율법의 폐지를 주장하였다. 그는 당대의 아방가르드 기수였으며 그 결과는 죽음이었다. 그는 늘 자신의 죽음을 준비하고 작품(성경) 속에서 그 의미를 늘 독자들에게 일깨워주었다. 자신이 길이요 진리요 생명인 것을 보여 줌으로써 포스트모더니즘이 그러하였듯 복음을 대중화시켰다.

그럼에도 불구하고 그리스도의 초림을 재림으로 착각하고 기대했던 사람들에게는 실망과 좌절을 안겨주었다. 십자가의 죽음이 지성소(진리)의 베일을 벗겨내었으나 진리의 법괴는 다시 사라지고 베일에 가려 진리는 또다시 보이지 않게 되었으니 이제 예수의 재림이 불가피하게 되었다.

모더니즘이 은유에 의해 존재하였듯이 그리스도의 발화는 비유(parable)였다. 그리고 포스트모던 시대, 즉 그의 재림을 표상하는

---

15) 파르나수스(Parnassus)나 헬리콘(Helicon)은 시신(詩神)이 산다는 그리스의 산봉우리를 말하며 피스카(Pisgah)는 요단강 동쪽의 산으로서 모세가 멀리 가나인 땅을 바라보았다. 포 스터(Edward Morgan Forster, 1879~1970)는 그의 *Aspect of the Novel*에서 문학적 영감이 사라진 현대 소설에 대해 이렇게 비판을 하였다.

것은 패러디이다. 그리스도의 초림은 죽음을 의미하였으니 그의 재림은 이 세상의 종말을 의미한다. 세상의 종말은 인류의 파멸이다. 그러므로 인류는 불확실성의 시간 속에서 앞이 보이지 않는 혼돈과 불안에 직면해 있다. 진리의 현현이 유보된 불확실한 상황의 시대에 우리가 살고 있는 것이다.

이 시점에서 우리에게 정말 중요한 문제는 무엇으로 이 혼란을 극복할 수 있는가라는 점이다. 나는 기독교적 세계관에 근거한 문학적 비전이 그 하나의 길을 제시할 수 있다는 신념을 갖고 있다. 세계관은 한 인간이 사물들에 대하여 갖고 있는 기본적 신념들의 포괄적인 틀이다. 때문에 세계관은 학문계에서만 유효한 것이 아니다.

세계관은 글자 그대로 '세계의 모든 것'이다. 우리의 세계, 즉 인간의 삶 일반, 고통의 의미, 교육의 가치, 사회 도덕성, 가정의 중요성 등 모두를 포함하며 이 모든 것들에 대하여 인간이 갖는 기본적 신념과 관계된 것이다. 한 사람이 세계에 대하여 가지고 있는 기본적 신념들은 하나의 틀(framework)이나 유형(pattern)을 이루는 경향이 있다. 인본주의 자들은 이것을 가치체계라 한다.

그렇다면 세계관은 우리의 삶에 어떤 역할을 하는가? 세계관은 삶을 어떤 방향으로든 인도해준다. 비록 인식되지 못하고 구체화되지 않았을 때에라도 세계관은 우리 삶의 인도자로서의 기능을 한다. 그것은 인간의 독특한 성격 중의 하나가 세계관이 제공하는 이와 같은 방향감각이나 인도 기능이 없이는 한순간도 살아갈 수가 없기 때문이다. 세계관은 우리의 견해나 논의뿐만 아니라 우리에게 요구되는 모든 결정과정에 결정적으로 영향을 미친다.

그렇다면 세계관은 성경과 어떤 관련이 있는가? 이 문제에 대하여 월터즈(Albert Wolters)는 '세계관은 성경에 의해서 형성되고 점검되어야 한다. 세계관은 성경적일 때에만 비로소 우리의 생활을 정당하게 인도할 수 있다. 이 말은 한 인간의 세계관 문제에서 성경을 하나님의 말씀으로 받아드리는 사람과 받아드리지 않는 사람들 사이에 중요한 차이가 있음을 뜻한다'16)고 하였다. 이 말은 그리스도인들은 항상 성경에 비추어서 자신의 세계관을 점검해 보아야 한다는 것을 의미한다.

나는 문학도 기독교적으로 해야 한다는 신념을 가지고 있기 때문에 기독문학 작가는 반드시 기독교적 문학이 어떤 식으로 가능한지에 대하여 심각하게 고민해야 할 책임이 있다고 본다. 기독작가는 나름대로 문학의 어떤 이론이 구체적으로 기독교적이며 기독교인이 작품 활동을 하거나 독자가 그 작품을 읽을 때 어떤 원칙을 따라야 하는지에 대하여 나름의 신념을 지녀야 한다.

다시 말하면 궁극적으로는 성경을 통해 문학이 어떻게 기독교적 세계관을 잘 담아 낼 수 있는가를 염두에 두는 사람이 기독문학 작가이다. 이 작가의 삶의 전 영역에서 성경에 순종하고자 하는 깊은 열망에서 쓰인 글이 기독문학이다. 그리고 기독교적 세계관은 창조와 타락과 구속의 패러다임이다. 지라르의 예언대로 포스트모더니즘의 종말은 요한계시록의 에페파니의 현현이며 이는 예수의 재림과 관련되어 있으며 여기에 문학적 구원이 있다고 본다.

2) 기독문학 작가의 미학적 정의

문학은 작가의 경험을 그의 상상에 의하여 미학적 언어로 표현

---

16) Albert M. Wolters, *Creation Regained: Biblical Basics for a Reformational Worldview* (Wm. B. Eerdmans Publishing Co., 1985) 7.

한 예술이며 상상은 문학을 다른 언어예술로부터 구별 지워주는 요소이다. 작가의 경험의 내용과 그의 상상이 작품의 문학성과 작가의 자질을 논할 준거를 제시해준다. 작가란 인간경험을 제시하여 우리로 하여금 공유하도록 만드는 일과 그 자신을 미의 대상으로 제공하여 우리의 상상에 의해 예술적으로 관조하도록 만드는 사람인 때문이다. 따라서 기독문학 작가란 기독교적 경험을 언어로 형상화하여 독자의 상상을 기독교적 진리의 차원으로 승화시키는 사람이다. 독자가 작가의 경험을 간접적으로 경험함으로써 자신의 존재를 확대해 가도록 돕는 일, 이것이 문학의 존재이유 중의 하나이다. 우리는 누구나 자신의 존재를 확대하기를 바라며 현재의 자기 이상의 것이 되려는 꿈을 가지고 있으며 문학은 이를 가능하게 해준다.

인간을 기독교적 진리에 의해 살도록 도와주며 기독교적 삶을 찬양할 수 있게 만드는 힘을 가진 문학이 기독문학이다. 따라서 기독문학 작가는 모든 경험은 하나님의 창조세계의 반영이라는 것을 전제로 하여 이를 미학적으로 형상화해야 한다. 모든 경험 중에서 보다 중요한 것은 자기의 마음을 가득 채우고 있는 삶의 기쁨들이며 이는 은혜에 대한 인식과 그 감동으로 온다. 은혜는 기독교가 세상에 줄 수 있는 최고의 선물이다. 작가의 경험은 은혜 속에서는 고통도 기쁨이 됨으로 고통을 극복할 수 있는 힘에 대한 경험을 포함한다.

미학적 언어로 표현한다 함은 인간에 대한 하나님의 사랑과 그가 인간에게 준 선물을 통한 심령적인 기쁨을 선교의 도구로서가 아니라 삶의 예술로 펼쳐 보여 감동을 주는 것을 말한다. 신학이나 교리로서가 아니라 작가의 살아 있는 경험으로서 펼쳐 보이면서 기독교적 인간관으로 완수하는 것을 말한다. 문학을 기독교적으로 만드는 것은 소재에 있는 것이 아니라 모든 소재에 대하여 문학적 광명을 줄 수 있는 작가의 열린 관점에 있다.

작가의 열린 관점은 상상에 의해서만 가능하다. 문학 세계에서의 상상은 문명의 가장 고상한 기념비와 같은 성격을 갖는다. 문학과 예술의 역사는 인간의 느낌과 경험과 상상의 내용을 기록한 것이다. 그 가운데서도 문학은 인간의 상상이 가장 크게 작용하는 영역이다. 그래서 우리는 문학적 유산에 귀를 기울이면서 인간의 진면목을 보고 보다 나은 삶을 꿈꾸는 것이다.

나는 모든 예술 가운데서 문학만큼 인간의 마음에 관한 진실을 잘 말해주는 예술도 드물 것이라 생각한다. 문학은 한 인간으로서 자신이 가장 강하게 경험하였던 바와 가장 자신의 마음을 강하게 사로잡았던 바에 대한 기록으로서 상상을 통하여 다른 사람이 공유할 수 있도록 만드는 예술이다. 때문에 작가의 상상은 독자로 하여금 곧 상상의 세계에 들어가게 한다는 의미이다.

문학의 실재는 과학적으로 입증하거나 시험될 수도 없는 것이며 눈으로 볼 수 있도록 우리 세계 어딘가에 존재하는 것도 아니다. 단지 문학을 보고 만질 수 있는 것은 상상에 의해서뿐이다. 이에 대해 알빈 A. 리(Alyin A. Lee)는 "우리는 다만 상상이라고 부르는 이성과 정서의 혼합물을 통해서만 문학을 할 수가 있다"17)고 하였다.

상상은 한 작가의 정신이나 감성이 글쓰기에 갇히지 않을 때에 무한이 확대될 수 있다. 글쓰기에 갇힌 간증문학 내지 설교, 선교

---

17) Alyvin A. Lee and Hope Arnott Lee, *The Garden and the Wilderness* (New York: Harcourt Brace Jovanovich, 1973) 45.

의 협의의 기독문학으로는 독자의 열린 감응을 기대할 수 없다. 독자의 감응 없는 곳에는 문학적 섬광이 존재하지 않는다.

작품의 성서적 주제와 배경에도 불구하고 문학적 섬광이 없는 글은 독자를 기독교적으로 감동시키지 못한다. 교조적인 말 속에는 기독교적 윤리나 도덕관념들이 있을 뿐 움직임이나 닿음과 같은 생명의 리듬이 없기 때문이다. 이것은 성서를 읽을 때 그 내용들이 살아계신 하나님의 생명력으로 읽는 사람들의 심령을 흔들 때 감동을 느끼고 감동을 받은 사람만이 그 영혼이 소생될 수 있는 이치와 같다.

이때 역사하는 보이지 않는 힘을 우리는 성령이라 한다. 기독 작가의 작품이 성령의 역사와 같은 예술적 생명력을 지녀야 할 당위가 여기에 있다. 때문에 기독문학 작가는 하나님과의 관계에서 늘 삶의 생명력을 공급받아야 하는데 이것은 오직 작가 자신의 문제이며 내밀한 비밀이다. 이 비밀이 작품의 생명력을 결정한다고 본다.

생명은 원초적 일상의 싱그러움이며 닿음이다. 자연에게 너에게 그리고 영원에 닿음이며 감응이다. 삶의 하나의 섬광과 같은 것, 왜소해도 부끄럽지 않은 넉넉함이다. 닫힘에서 열림으로 가는 은밀한 통로이다. 섬광은 연약한 실존을 다독여줄 수 있는 은근하고 따뜻한 배려이며 산뜻한 새벽공기 같은 희망의 기운이다. 기독문학 작가는 독자에게 이러한 생명의 빛을 비추는 자이다. 생명은 감동에서 오는 삶에의 전율적인 힘이며 상상의 산물이다. 이것이 기독문학 작가가 자신의 상상을 무한한 하나님의 세계를 향해 열어두어야 할 당위성이다.

끝으로 사이버 공간으로 대표되는 21세기는 지식사회이며 문화의 시대이다. 그리고 문학은 문화의 꽃이다. 나는 문화의 영역에서도 하나님이 영광을 받으셔야 한다는 작가적 신념을 가지고 있다. 이를 하여서는 기독문학 작가들은 큐베르네테스[18]의 역할을 잘 감당할 사명을 안고 있다고 본다.

5. 결 론

기독문학에 대한 나의 관점은 첫째, 성서는 '창조적 상상'의 '언어적 소산'이라는 점이다. 창조적이라고 하는 말은 어떤 것에서도 그 대응물을 찾을 수 없는 독특한 담화라는 특성을 갖는다. 어떤 특수한 행동 양식 속에만 갇혀 있을 수 없다는 의미다. '언어적 소산'이란 문학은 언어에 의해 '말하여진 것'(things said)과 언어에 의해 '만들어진 것'으로서 구화의 패러다임을 근거로 언어적 소통의 맥락 안에서만 그 의미를 정의할 수 있다는 뜻이다.

성서문학은 '문체'를 특성으로 하는 담화이다. "문학은 문체를 통해서 의미론적 기능이나 작품에서 말하고자 하는 내용을 '초월하는 역기능적'(dysfunctional) 측면을 지닌다."[19] 우미, 우아 매력 호소력 등의 단어들이 이 역기능적 속성을 표현하는 말들이다. 성

---

18) 정충영. 『경영이해』(서울: 박영사, 2006) 299.
   원래 사이버(cyber)라는 단어는 고대 그리스어 큐베르나오에서 나온 것으로서 기본적으로는 '배의 길을 조정하다'(steer)라는 뜻을 가지며 명사형인 큐베르네테스는 '조타수' 조정사, 인도자 통치자 등의 뜻으로 사용되었다고 한다.

19) Morse Peckham, "Literature": Disjunction and Redundancy in the *What is Literature?* ed., Paul.
   Hernadi (Bloomington: Indiana Univ. Press, 1978).

서는 인간이 어떠한 문체로도 표현하기 힘든 초월의 담화를 다루고 있다. 그것은 하늘나라의 사건을 인간의 문체로 표현할 때의 어려움인 것이다. 문학은 그 관점에 있어서는 전적으로 가치중립적이다. 그러나 기독문학이 필요한 이유는 문학의 본질인 경험과 상상에 대한 관점이 기독교 작가와 일반 문학 작가가 전혀 다르기 때문이다.

일반 문학에서는 작가의 상상이 창조력을 지닐 수 있기 때문에 문학이 종교를 대신할 수 있고 인간을 구원할 수 있다고 주장한다. 그러나 기독문학에서는 문학적 상상력은 창조력을 지닐 수 없으며 작가의 경험은 하나님의 창조세계의 반영일 뿐이라고 본다. 따라서 기독문학이란 하나님의 창조세계를 미학적 언어로 가시화하는 작업으로 문학의 영토에 하나님의 깃발을 꽂는다는 상징적 의미를 지닌다.

따라서 기독문학 작가는 그의 문학을 기독교적으로 해야 하며 반드시 기독교적 문학이 어떤 식으로 가능한지에 대하여 심각하게 고민해야 할 책임이 있다고 본다. 기독 작가는 나름대로 문학의 어떤 이론이 구체적으로 기독교적이며 기독교인이 작품 활동을 하거나 독자가 그 작품을 읽을 때 어떤 원칙을 따라야 하는지에 대하여 나름의 신념을 지녀야 한다.

다시 말하면 궁극적으로는 성경을 통해 문학이 어떻게 기독교적 세계관을 잘 담아 낼 수 있는가를 염두에 두는 사람이 기독문학 작가이다. 이 작가의 삶의 전 영역에서 성경에 순종하고자 하는 깊은 열망에서 쓰인 글이 기독문학이다. 그리고 기독교적 세계관은 창조와 타락과 구속의 패러다임이다. 지라르의 예언대로 포스트모더니즘의 종말은 요한계시록의 에페파니의 현현이며 이는 예수의 재림과 관련되어 있으며 여기에 문학적 구원이 있다고 본다.

세이어즈(Drothy Sayers)는 '위대한 일은 …… 하나님에 대하여 염려하지 않는 태도가 아니라, 진리의 모든 영역에서 우리 주 임마누엘을 추방하지 않는 일'[20]이라 하였다. 나는 미학의 모든 영역에서 그리스도를 추방할 수 없다고 생각한다. 때문에 한국의 기독문학은 이상과 같은 관점을 확립할 때에 비로소 미학적 의미에서 기독문학이 될 수 있다.

참고문헌

Alter, Robert and Frank Kermode, eds. *The Literary Guide to the Bible* (Cambridge: Harvard Unv. Press, 1987).

Besant, Walter, and Henry James, *The Art of Fiction* (Boston: De Wolfe, Fiske & Co., 1934).

Chad Walsh, "A Hope for Literature," in *The Climate of Faith in Mordern Literature*, ed., Nathan A. Scott, Jr. (New York: Seabury Press, 1964).

Crossan, D., "'Ruth amid the Alien Corn': Perspectives and Methods in contemporary Biblical Criticism," in *the Biblical Mosaic* (ed. R. Polzin and E. Rothman (Philadelphia: Fortress, 1982).

---

20) Dorothy Sayers, *Christian Letters to a Post-Christian World*, ed. Roderick Jellema (Grand Rapids: William B. Eerdmans, 1969) 71.

Flannery O'Connor, *Mystery and Manners*, ed., Sally and Robert Fitsgerald (New York: Farrar, Straus and Giroux, 1957).

Frye, Northrop, *Anatomy of Criticism* (Princeton: Princeton Unv. Press, 1957).

Frye, Northrup, *The Great Code* (London: Ark, 1982).

Ihab Hassan, "POSTFACE 1982: Toward a Concept of Postmodernism" in *The Dismemberment of Orpheus*: Toward a Postmodern Literature (Madison: Univ. of Wisconsin Press, 1982).

Ingaeden, Roman, *Das Literarische Kunstwerk* (1931), 3rd rev. ed. (Tibingen, 1975).

J. Culler, *Structuralist Poetics* (Ithaca: Cornell, 1975).

Lee, Alyvin A. & Hope Arnott Lee, *The Garden and the Wilderness* (New York: Harcourt Brace Jovanovich, 1973).

Lewis, C. S., *Reflections on the Psalms* (Glasgow: Collins, 1961).

Lewis. C. S., "Preface" to *Paradise Lost* (Oxford Univ. Press, 1942).

Peckham, Morse, "Literature": Disjunction and Redundancy in the *What is Literature?* ed., Paul Hernadi (Bloomington: Indiana Univ. Press, 1978).

Ryken, Leland, *The Literature of the Bible* (Grand Rapids: Zondervan, 1974).

Sayers, Dorothy, *Christian Letters to a Post-Christian World*, ed. Roderick Jellema (Grand Rapids: William B. Eerdmans, 1969).

Wolters, Albert M., *Creation Regained: Biblical Basics for a Reformational Worldview* (Wm. B. Eerdmans Publishing Co., 1985).

본서의 참고문헌

권정생, 『몽실 언니』(서울 창작과 비평사, 1984).

김동리, 『사반의 십자가』(삼성문고, 1972).

김동인, 『약한자의 슬픔』(창조 창간호, 1919).

김은국, 『순교자』(삼중당, 1964).

댄 브라운, 『다빈치 코드』(양선아 역: 서울 베텔스만, 2004).

박계주, 『순애보』(웅진출판사, 1975).

박범신, 『흰소가 끄는 수레』(서울, 창작과 비평사, 1997).

백   철, "기독교와 한국의 현대소설", 『동서문화』창간호, (동서문화연
　　　구소, 1967).

백도기, 『어떤 행렬』(서울신문 신춘문예,1969).

변종호, 『이용도목사 서간집』(성광문화사, 1934).

심승현, 『파페포프 메모리즈』(서울 홍익출판사, 2003).

심   훈, 『상록수』,(동아일보 창간 15주년 현상모집 당선작, 1935).

아리스토텔레스, 『시학』(천병희 역 :서울 문예출판사, 2006).

오승재, 『신 없는 신 앞에』(창조문예사, 2005).

이광수, 『춘원시가집』(경진사, 1954).

이광수, 『흙』(동아일보, 1932).

이문열, 『사람이 아들』(세계의 문학, 1979).

이범선, 『피해자』(일지사, 1963).

이청준, 『낮은 데로 임하소서』(열림원, 1998).

전영택, 『화수분』(조선문단, 1925).

정충영, 『사이버교회 어떻게 할 것인가』(서울: 겨자씨, 2004).

300

정충영. 『경영이해』 (서울: 박영사, 2006).

조성기, 『라하트 하혜렙』 (민음사, 1985).

주요한, 『불놀이』 (청조 창간호, 1919).

최남선, 『해에게서 소년에게』 (소년, 1908).

파울로 코엘료, 『11분』 (이상해 역: 서울, 문학동네, 2004).

파울로 코엘료, 『연금술사』 (최정수 역: 서울, 문학동네, 2004).

홍문표, 『기독교 문학의 이론』 (서울, 창조문학사, 2005).

Abbott, Lyman, *The Life and Literature of Ancient Hebrews* (New York: Hough, Mifflin and Company, 1992).

Abrams, M. H. *The Mirrrow and The Lamp: Romantic Theory and Critical Tradition* (London: Oxford University Press, 1953).

Abrams, M. H., et al., eds. *The Norton Anthology of English Literature* (New York: W.W. Norton, 1979. 4th ed. 2 vols).

Alter, Robert and Frank Kermode, eds. *The Literary Guide to the Bible* (Cambridge: Harvard Unv. Press, 1987).

Alyvin A. Lee and Hope Arnott Lee, *The Garden and the Wilderness* (New York: Harcourt Brace Jovanovich, 1973).

Auden, W.H., "Postscript: Christianity and Art," in *The New Orpheus*, ed., Nathan.

Besant, Walter and Henry James, *The Art of Fiction* (Boston: De Wolfe, Fiske & Co., 1934).

Bradley, A. C., *Oxford Lectures on Poetry* (Lincoln-Rembrandt Publication, 1986).

Brooks, Cleanth, *The Hidden God* (New Haven: Yale Univ. Press. 1963).

Coleridge, Samuel Tayer, *Biographia Literaria: or Biographical Sketches of My Literary Life and Opinions.* Eds. James Engell W. Jackson Bate. Princeton UP, 1983.2 Vols. No.7 of The Collected Works of Samuel Taylor Coleridge.

Crossan, D., "'Ruth amid the Alien Corn': Perspectives and Methods in Contemporary Biblical Criticism," in *the Biblical Mosaic* (ed. R. Polzin and E. Rothman (Philadelphia: Fortress, 1982).

Culler, J., *Structuralist Poetics* (Ithaca: Cornell, 1975).

Eagleton, Terry, *Literary Theory*, (Great Britain: Blackwell Publishers Ltd, 1996).

Emerson, Ralph Waldo, *The Poet, in Eight American Writers*, ed., Norman Foerster et. al.(New York: W.W. Norton, 1963).

Fink, Bruce, *The Lacanian Subject Between Language and Jouissance* (Princeton: Princeton UP, 1997).

Flannery, O'Connor, *Mystery and Manners*, ed., Sally and Robert Fitsgerald (New York: Farrar, Straus and Giroux, 1957).

Frye, Northrop, *Anatomy of Criticism* (Princeton: Princeton Unv. Press, 1957).

Frye, Northrup , *The Great Code* (London: Ark, 1982).

Grosse, Ernst, *The Beginnings of the Art* (D. Appleton and Company, New York, 1899).

Harvey Cox, *The Feast of Fools* (Cambridge, Mass: Harvard Univ. Press, 1969).

Hassan,, Ihab, "POSTFACE 1982: Toward a Concept of Postmodernism" in *The Dismemberment of Orpheus*: Toward a Postmodern Literature (Madison: Univ. of Wisconsin Press, 1982).

Hawkes, Terence, *Metaphor.* (London :Methuen, 1972).

Heyl, Bernard C., *New Bear in Esthetics and Art Criticism.: A Study in Semantics and Evaluation* by Author(s) of Review: C. L. Stevenson in the Journal of Philosophy, Vol. 41. No. 13(June. 22, 1944).

Hirn, Yrjo, *Origins of Art: A Psychological & Sociological Inquiry*

(Blom Publication, 1979).

Hudson, W. H., *An Introduction to the Study of Literature* (Dover Publication, London 1958).

Ingaeden, Roman, *Das Literarische Kunstwerk* (1931), 3rd rev. ed. (Tibingen, 1975).

James, Henry, Preface to "The Lession of the Master," *The Art of Novel*: Critical Prefaces, ed. R. P. Blackmur (New York: Scribner's Sons, 1962).

Janson, H. W., *History of Art*: A Survey of the Major Visual Arts from *the Dawn of History of the Present Day* (Second Edition, Published in 1977 by Harry N. Abrams, Incorporated, New York).

Lee, Alyvin A. and Hope Arnott Lee, *The Garden and the Wilderness* (New York: Harcourt Brace Jovanovich, 1973).

Lewis, C. S, "Preface" to *Paradise Lost* (Oxford Univ. Press, 1942).

Lewis, C. S, *Reflections on the Psalms* (Glasgow: Collins, 1961).

Marshall, Henry Rutgers, *Aesthetic Principles* (Adamant Media Corporation, 2001).

Moulton, Richard Green, *The Modern Study of Literature: An Introduction to Literary Theory and Interpretation* (Kessinger Publishing, LLC, 2007).

N. L. Beaty, *The Craft of Dying*, Yale Univ. Press, 1970).

Parker, Dewitt H., *The Analysis of Art* (New Haven: Yale Univ. Press, 1926).

Peckham, Morse, "Literature": *Disjunction and Redundancy in the What is Literature?* ed., Paul Hernadi (Bloomington: Indiana Univ. Press, 1978).

Quincey, De, *Essay on the Works of Alexander Pope*, (North British Review, August, 1848).

Robert, Alter and Frank Kermode, eds. *The Literary Guide to the Bible* (Cambridge: Harvard Unv. Press, 1987).

Rosa, Maria Rosaria De, Theodor Lipps: *Estetica e critica delle arti* (Italia, Guida publisher, 1990).

Ryken, Leland, *The Literature of the Bible* (Grand Rapids: Zondervan, 1974).

Ryken, Leland, *Triumphs of the Imagination* (Shaw Books: Water Brook Press, 1968).

Sayers, Dorothy, *Christian Letters to a Post-Christian World*, ed. Roderick Jellema (Grand Rapids: William B. Eerdmans, 1969).

Schlesinger, Arthur, Jr., "Implications of Leisure for Government" in *Technology, Human Values, and Leisure*, ed. Max Kaplan and Phillip Bosserman (Nashville: Abingdon Press, 1971).

Scott, Nathan A., *Modern Literature and the Religious Frontier* (New York: Harper and Brothers, 1958).

Walsh, Chad, "A Hope for Literature," in *The Climate of Faith in Modern Literature*, ed., Nathan A. Scott, Jr. (New York: Seabury Press, 1964).

Welleck, R. and A. Wallen, *Theory of Literature 3rd* ed., (New York: Harcourt Brace Jovanovich, 1977).

Winchester, C. T., *Some Principles of Literary Criticism* (New York: Macmillen Company, 1950).

Wolters, Albert M., *Creation Regained: Biblical Basics for a Reformational Worldview* (Wm. B. Eerdmans Publishing Co., 1985).

색 인

· 저자 ·

송영옥

·약 력·

『한국수필』에서 '수필'로『문단』에서 '단편소설'로 등단하여 작
품 활동을 시작하였고 국제 PEN 클럽 정회원이다. 수상집『미
운 남자』『하늘 숲』, 영한시집『The Womb of Life(자궁의 그림
자)』와 세계 문화 예술 기행집『해 지는 곳에서 해 뜨는 곳까
지』『이 지구를 떠돌고 싶다』와 문학에세이『가장 아름다운 사
랑의 언어』문학이론서『기독문학이란 무엇인가?』가 있다.

세종대학교, 미국 텍사스 주립대학에서 영문학을 공부하고 경
북대학교 대학원에서 헨리 제임스 전공으로 영문학 박사학위를
받았다. 75개국이 회원으로 가입하고 있는 Y's Man International
에서 국제여성부장을 두 차례 역임하였고, 전세계 60여 나라를
여행, 문화 예술 기행을 하였다.

현재 대구경북 기독문학회 부회장, 대구제일 감리교회 권사이
며 대신대학에서 기독문학을 강의하고 있다.

blog : http://kr.blog.yahoo.com/mejee7
e-mail: mejee7@hanmail.net

기독문학이란
무 엇 인 가

· 초판 인쇄	2008년 2월 28일
· 초판 발행	2008년 2월 28일
· 지 은 이	송영옥
· 펴 낸 이	채종준
· 펴 낸 곳	한국학술정보㈜
	경기도 파주시 교하읍 문발리 513-5
	파주출판문화정보산업단지
	전화 031)908-3181(대표) · 팩스 031)908-3189
	홈페이지 http://www.kstudy.com
	e-mail(출판사업부) publish@kstudy.com
· 등 록	제일산-115호(2000. 6. 19)
· 가	31,000원

ISBN   978-89-534-8196-4 98230 (Paper Book)
       978-89-534-8196-1 98230 (e-Book)